手掌图像处理及特征提取

李海燕 著

科学出版社
北 京

内 容 简 介

为了协助医学专家研究手掌特征和乳腺癌的相关性，本书利用计算机图像处理算法，提取出手掌指纹及掌纹特征，并研究手掌特征与乳腺癌的相关性。本书提出的指纹及掌纹特征提取算法，为手掌特征信息研究者提供了一个统一的手掌特征提取手段，也为后期手掌特征与乳腺癌相关性研究提供了技术支持。同时，本书提出的手掌特征融合方法及与乳腺癌相关的研究方法，为精准、科学、合理地分析手掌特征与乳腺癌的相关性奠定了基础，为乳腺癌的易感检测提供了一种无创、便携的方式。

本书适合生物医学工程领域和图像处理领域的科技工作者研读，也可作为高等院校相关专业研究生的参考用书。

图书在版编目(CIP)数据

手掌图像处理及特征提取 / 李海燕著. --北京：科学出版社，2024.6
ISBN 978-7-03-076468-3

Ⅰ. ①手… Ⅱ. ①李… Ⅲ. ①掌纹–数字图像处理 Ⅳ. ①D918.91

中国国家版本馆 CIP 数据核字（2023）第 183936 号

责任编辑：华宗琪 / 责任校对：彭　映
责任印制：罗　科 / 封面设计：墨创文化

科学出版社 出版

北京东黄城根北街16号
邮政编码：100717
http://www.sciencep.com

成都锦瑞印刷有限责任公司 印刷
科学出版社发行　各地新华书店经销

*

2024 年 6 月第 一 版　　　开本：787×1092 1/16
2024 年 6 月第一次印刷　　印张：13 1/2
　　　　　　　　　　　　　字数：320 000
定价：149.00 元
（如有印装质量问题，我社负责调换）

前　言

当代的生物医学图像处理研究充分表现出多学科大跨度交叉的特点，即将信息科学、医学和生物学知识与计算机程序设计思想有机地融合在医学图像处理研究之中，是生物医学工程领域发展最迅速的研究方向之一。近年来，研究手掌特征提取的人员主要分为两类：一类是医学研究者，靠人眼视觉手工提取；另一类是计算机专家，利用检测算法自动提取。医学研究者依靠人眼视觉提取的掌纹主线可靠性及一致性较差，因此对手掌特征与疾病相关性的研究结果准确性也较差。另外，由于手工计算的局限性，现有的特征测量方法多是对视觉可见特征进行定性或近似的描述，加上人眼视觉对掌纹局部细节特征的可分辨性差且手工提取困难，从而极大地减缓了研究的进度。计算机专家则通过设计算法对指纹及掌纹特征进行提取，其优点是速度快、可重复性和一致性高，但是目前大多数算法所提取的指纹及掌纹特征主要用于身份识别，不能直接用于与疾病相关的研究。

为了协助医学专家研究手掌特征和乳腺癌的相关性，本书借助计算机视觉代替人眼视觉，利用计算机图像处理算法，实现手掌图像预处理，提取出手掌特征，并研究手掌特征与乳腺癌的相关性。

本书着重介绍手掌特征提取方法及用于研究手掌特征与乳腺癌相关性的生物医学图像处理技术，希望可以对读者起到一定的启发作用。本书内容安排如下：第 1 章概述手掌图像处理及特征提取基础，涵盖掌纹及指纹特征、指纹方向场基础理论和乳腺癌与手掌特征相关性方面的内容。第 2 章提出一些掌纹及指纹图像增强算法，包括多尺度复合窗的指纹方向场建立及分级平滑算法、自适应曲率驱动 STFT 指纹图像增强算法、基于方向权值扩散的指纹方向场算法、基于方向权值扩散法求取方向的改进的短时傅里叶变换(short-time Fourier transform，STFT)增强算法以及基于复合块自适应的方向场平滑算法。第 3 章在深入研究与乳腺癌相关的指纹特征后，提出一些指纹特征提取算法，包括基于 Bresenham 算法的指纹 a-b 嵴线数计算方法、基于三方向图的多尺度平滑低质量指纹与奇异点检测以及基于信息融合的多尺度奇异点检测。第 4 章提出若干掌纹特征提取算法，包括基于方向可调滤波器的掌纹主线特征提取及分类算法、基于形态滤波的掌纹主线特征提取算法、基于邻域搜索的掌纹主线特征提取算法以及基于复数滤波器的多尺度 ATD 点检测算法。第 5 章研究提取的手掌特征在疾病易感性方面的应用，包括数据库的建立及图像的预处理、手掌特征的提取与融合、手掌特征统计分析和手掌特征与乳腺癌的相关性分析。

本书在写作过程中，参阅了生物医学图像处理领域的相关著作及科研成果。研究生王唐宇、程龙、侯观庆、潘培哲和陈安东为本书做了大量的研究工作。本书获得了国家自然科学基金项目(61561050)的支持。由衷感谢云南大学信息学院各级领导对本书出版给予的大力支持，感谢云南大学生物医学工程研究团队的陈建华教授、周冬明教授、宗容教授等付出的辛勤劳动。

由于时间有限，书中难免存在不足之处，敬请各位专家、同行和广大读者批评指正。

目 录

第1章 手掌图像处理及特征提取基础 ··· 1
  1.1 掌纹及指纹特征 ·· 1
  1.2 指纹方向场基础理论 ··· 2
  1.3 掌纹主线 ·· 3
  1.4 乳腺癌与手掌特征的相关性 ·· 4
  参考文献 ·· 6

第2章 掌纹及指纹图像增强算法 ··· 7
  2.1 多尺度复合窗的指纹方向场建立及分级平滑算法 ·································· 7
    2.1.1 梯度法 ··· 7
    2.1.2 复合窗的概念 ··· 8
    2.1.3 多尺度复合窗的指纹方向场建立 ·· 9
    2.1.4 方向场分级平滑 ··· 11
    2.1.5 实验结果分析 ··· 13
    2.1.6 小结 ·· 18
  2.2 自适应曲率驱动STFT指纹图像增强算法 ··· 19
    2.2.1 传统基于STFT分析的指纹图像增强算法 ·································· 19
    2.2.2 传统STFT指纹图像增强存在的问题 ·· 21
    2.2.3 改进的STFT指纹图像增强算法 ··· 24
    2.2.4 实验结果分析 ··· 28
    2.2.5 小结 ·· 31
  2.3 基于方向权值扩散的指纹方向场计算 ·· 32
    2.3.1 预处理 ·· 32
    2.3.2 梯度 ·· 33
    2.3.3 平方梯度法 ·· 34
    2.3.4 投票法 ·· 35
    2.3.5 基于方向权值扩散的指纹方向场建立 ·· 36
    2.3.6 小结 ·· 41
  2.4 基于方向权值扩散法求取方向的改进的STFT增强算法 ························ 41
    2.4.1 窗函数 ·· 41
    2.4.2 参数分析 ·· 42
    2.4.3 改进的STFT增强算法 ·· 44

2.4.4	实验结果分析	45
2.4.5	小结	46
2.5	基于复合块自适应的方向场平滑算法	46
2.5.1	掌纹图像预处理	46
2.5.2	掌纹切片方向场的基本概念	52
2.5.3	梯度法	52
2.5.4	基于复合块自适应的方向场建立	55
2.5.5	方向场的计算	55
2.5.6	自适应方向场平滑	57
2.5.7	实验结果分析	60
2.5.8	小结	62
参考文献		62

第3章 指纹特征提取算法 … 64

3.1	基于 Bresenham 算法的指纹 a-b 嵴线数计算方法	64
3.1.1	指纹图像预处理	64
3.1.2	a-b 嵴线数	75
3.1.3	Bresenham 算法及其改进算法	75
3.1.4	直嵴线求交法	78
3.1.5	a-b 嵴线数提取系统	80
3.2	基于三方向图的多尺度平滑低质量指纹与奇异点检测	84
3.2.1	指纹图像的初步增强	84
3.2.2	方向图的计算和平滑	89
3.2.3	多个平滑尺度下的奇异点定位	95
3.2.4	实验结果分析	98
3.2.5	小结	110
3.3	基于信息融合的多尺度奇异点检测	111
3.3.1	基于 Poincaré Index 的奇异点检测	111
3.3.2	基于复数滤波器的奇异点检测	112
3.3.3	结合复数滤波和 Poincaré Index 值的多尺度奇异点检测	114
3.3.4	实验结果分析	116
参考文献		118

第4章 掌纹特征提取算法 … 121

4.1	基于方向可调滤波器的掌纹主线特征提取及分类算法	121
4.1.1	图像预处理	122
4.1.2	掌纹方向特征提取	125
4.1.3	方向跟踪性算法对主线特征点的提取	131
4.1.4	最小二乘法拟合掌纹主线	133
4.1.5	实验结果	135

4.2 基于形态滤波的掌纹主线特征提取算法·····139
 4.2.1 掌纹图像预处理·····140
 4.2.2 数学形态学概述·····147
 4.2.3 基于形态学变换的掌纹主线提取算法·····151
 4.2.4 改进的基于形态学变换的掌纹主线提取算法·····153
4.3 基于邻域搜索的掌纹主线特征提取算法·····156
 4.3.1 邻域搜索概述·····156
 4.3.2 基于邻域搜索的掌纹主线提取算法·····158
 4.3.3 实验结果分析·····162
4.4 基于复数滤波器的多尺度 ATD 点检测算法·····164
 4.4.1 传统的 Poincaré Index 检测算法·····165
 4.4.2 基于复数滤波器的三角点检测·····168
 4.4.3 基于复数滤波器的多尺度 ATD 点检测·····170
 4.4.4 实验结果分析·····173
 4.4.5 小结·····175
参考文献·····176

第 5 章 手掌特征融合及与乳腺癌相关性研究·····178
5.1 数据库的建立及图像的预处理·····179
 5.1.1 手掌图像数据库的建立·····179
 5.1.2 手掌图像的预处理·····183
5.2 手掌特征的提取与融合·····186
 5.2.1 掌纹主线的提取·····186
 5.2.2 ATD 角和 a-b 嵴线数的提取·····193
 5.2.3 指长比特征提取·····196
5.3 手掌特征统计分析·····197
 5.3.1 掌纹主线的量化·····198
 5.3.2 特征筛选·····199
5.4 手掌特征与乳腺癌的相关性分析·····201
 5.4.1 逻辑回归·····201
 5.4.2 Adaboost 增强算法·····204
 5.4.3 小结·····205
参考文献·····206

总结与展望·····207

第1章 手掌图像处理及特征提取基础

1.1 掌纹及指纹特征

本书对国内外遗传学和乳腺癌方面的大量权威期刊(*Nature*、*Genetics*、*Clinical Genetics*、*Heredity*、*American Journal of Medical Genetics*、*The Breast*、*The Lancet*、*IEEE Transactions on Medical Imaging*、*Pattern Recognition*、《遗传》等)进行了深入研究,拟提取和量化的手掌特征见表1-1,其中包括已有研究中与乳腺癌相关的手纹和指形特征,以及本书提出的与乳腺癌变异有相同基因族的新特征、手纹的细节特征和遗传学定义的手纹波动性不对称(fluctuating asymmetry,FA)特征。掌纹是指手掌手指以下的各种纹线,主要包括嵴线、褶皱线和掌纹主线。嵴线(又称乳突纹)是这三种纹线中最细小的,它形状同指纹的纹线一样广泛分布于整个手掌之中。掌纹主线(也称为曲肌线)是掌纹中最粗最长的纹线,通常有三条。主线中包含大量的生理信息,不仅可以用于身份识别,还与乳腺癌等疾病有一定的相关性。褶皱线是粗细介于主线和嵴线之间的纹线,通常较短。本书将继续深入研究遗传学及乳腺癌病因学理论,探索新的手掌特征并研究其与乳腺癌的相关性。

表1-1 拟提取和量化的手掌特征

手掌特征	特征种类	分类与计量	特征说明	特征数量
纹理特征	掌纹主线纹型	分类	普通型、桥贯型、通贯型、叉贯型、悉尼型、其他型	2
	手指纹型	分类	斗形、左箕形、右箕形、弓形、帐篷弓形	10
	手指纹型出现率	计量	五类纹在双手中的出现率	5
拓扑特征	手指嵴纹总数	计量	十个手指中心点到三角点的嵴线总数	1
	a-b 嵴纹	计量	两手掌 a、b 两个三角点之间的嵴线数	2
	ATD 角	计量	手掌 a、t、d 三个三角点连线之间的夹角	2
	2D∶4D 指长比	计量	第二指与第四指长比	2
对称性特征	ATD 角 FA	计量	双手 ATD 角的差值	1
	指纹 FA	计量	双手对应手指感兴趣区域(region of interest,ROI)细节特征相似度	5
	掌纹 FA	计量	双手对应手掌 ROI 细节特征相似度	1
细节特征	指纹细节	计量	指纹纹线的方向、形态及分布等局部细节特征	特征向量
	掌纹细节	计量	掌纹嵴线的方向、形态及分布等局部细节特征	特征向量

1.2　指纹方向场基础理论

指纹前景区域中任意一点的方向定义为其嵴线(或谷线)的方向与水平轴之间的夹角，统称为指纹嵴线方向，如图 1-1 所示。

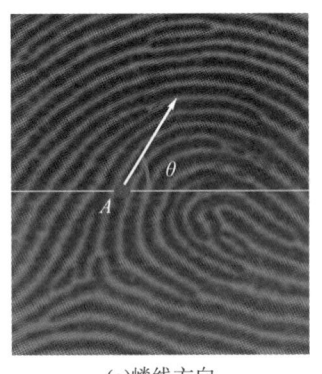

(a)嵴线方向　　　　　　　　(b)指向同一角度的向量

图 1-1　指纹方向

图 1-1(a)中的右上方向箭头表示点 A 处的嵴线方向，水平线条表示水平轴，θ 表示当前点 A 的方向分布。值得注意的是，嵴线方向 θ 的取值范围并不是$[0,2\pi)$，而是$[0,\pi)$或者$[-\pi/2,\pi/2)$。在图 1-1(b)中，尽管右上方向向量与左下方向向量为指向相反的两个向量，但是在指纹嵴线方向定义中，它们表示同一个方向。

指纹前景区域(嵴谷交替出现的区域)内的每一点均存在方向。由指纹前景区域内所有点的方向信息组成的方向图称为指纹图像的方向场、方向场描述了指纹前景区域内嵴线和谷线走向信息。指纹图像的方向场通常分为点方向场和块方向场。点方向场一般采用$[0,180)$的灰度值(对应$[0,\pi)$的角度值)来表示，如图 1-2(b)所示。块方向场则是将指纹图像分割成互不重叠的小块，并取小块主方向作为这一小块区域内所有点的方向。通常块方向场采取向量形式来表示，如图 1-2(c)所示。

(a)原图　　　　　　(b)点方向场　　　　　　(c)块方向场

图 1-2　方向场类型

点方向场和块方向场均有各自的优点和缺点。点方向场能够准确求得奇异点区域内嵴线的真实走向，精度较高；但是点方向场鲁棒性较低且计算量过大。块方向场则对噪声不敏感且计算时间少，然而块方向场由于分块原因，难以准确估计奇异点区域的嵴线方向，且块选得越大，精度越低。在实际应用中，通常会根据实际需要选择点方向场或者块方向场。在实验中，均选择块方向场。

1.3 掌纹主线

掌纹主线可以粗浅地定义为手掌中最深、最粗、最长的三条纹线。由于主线不仅形态明显，还有其既定的生长位置，这种定义是非常不严谨的，为了明确地提取主线，必须对主线进行严格定义。根据 Wu 等[1]对主线的定义，掌纹主线主要分为生命线、智慧线和感情线，如图 1-3 所示。

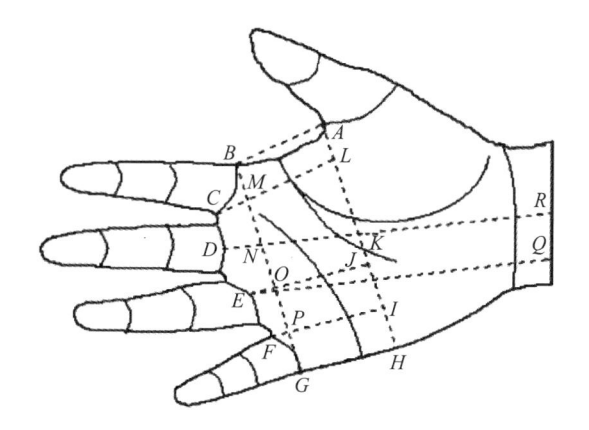

图 1-3　手掌中定义主线的点和线段

点 A、B、C、F、G 分别是大拇指、食指和小指的指根点；点 D、E 分别是中指和无名指根线的中点；过点 A 作直线 AH 与 BG 平行，与手掌边缘交于点 H；过点 C 作直线 CL 与 AB 平行，且与线段 BG 交于点 M；线段 EJ、FI 都是 GH 的平行线，与线段 BG 分别交于点 O 和点 P；点 K 是线段 AH 的中点，射线 DK 的延长线与手掌根部交于点 R；直线 EQ 平行于直线 DR，与手掌根部的交点为 Q。

用这些点和线段，其将三条主线定义如下：

(1) 生命线。始于区域 $ABML$，穿过线段 AH，不穿过直线 DR。

(2) 智慧线。始于区域 $ABML$，穿过直线 DR，且该主线的起点和终点连线的延长线会穿过直线 EQ。

(3) 感情线。始于区域 $GHIP$，穿过线段 OJ，不穿过线段 BG。

这种定义方法是根据掌纹主线统计规律的先验知识，即掌纹主线方向的确定性、起始点与终点的规律性而提出的。如是定义了主线之后，主线就与褶皱线和嵴线完全区别开了。

1.4　乳腺癌与手掌特征的相关性

乳腺肿瘤是女性发病率最高的恶性肿瘤和造成女性死亡的重要原因之一，提高乳腺癌患者生存率的关键在于早发现和早治疗[2]。乳腺癌是乳腺上皮细胞发生基因突变，增生失控程度超过自我修复限度而发生癌变的疾病[3]。乳腺癌细胞很容易随血液或淋巴液等扩散至全身，直接威胁着人的生命，给乳腺癌的临床治愈带来很大困难[3]。据世界卫生组织(World Health Organization，WHO)的报告，乳腺肿瘤是全球女性发病率最高的恶性肿瘤之一[2]。全球每年约有 138 万名妇女患乳腺癌，每年以 2%~3%的速度递增[4]。随着我国经济的发展和人们生活方式的改变，乳腺癌发病率显著上升，发病率的年增长速度达 3%~4%，高于全球，发病年龄比西方女性一般早 10~15 年，40~49 岁的女性是患乳腺癌的高危人群。I 期乳腺癌死亡率在 10%以下，而 II 期和 III 期患者五年生存率分别不足 70%和 40%[2]。我国女性患者由于不重视日常检查，就诊时许多患者已经是晚期，因此死亡率较高，2003~2009 年的 7 年内，我国城市乳腺癌患者死亡率增长了 38.91%[2]。可见，发病早和早期检出率低是我国乳腺癌的特点。因此，WHO 和我国有关防治乳腺癌的专家委员会一致认为，提高乳腺癌患者生存率的关键在于早发现和早治疗，而这些措施实施的关键在于要对乳腺癌病因及特异性特征进行认识与研究。

乳腺癌的病因十分复杂，迄今尚未完全阐明。经过多年的探索，学者认识了一些乳腺癌易感的原因，主要包括遗传因素[4]及环境因素[5]。20 世纪 90 年代初，国外学者通过对乳腺癌患者的研究认识到，乳腺癌与家族基因链中 *BRCA1* 和 *BRCA2* 基因的突变有关，是一种遗传性家族病[4]。近十几年来，国内外学者通过基因分析、流行病学调查及双生子研究等，证实了乳腺癌具有遗传性[4]。此外，环境也是导致乳腺癌发病的危险因素。早在 1990 年，Trichopoulos[5]就指出：个体自身及胚胎期母体子宫较高的雌性激素水平，会增加个体及胎儿出生后患乳腺癌的风险。此外，长期接触辐射、吸烟、饮酒、睡眠质量差、情绪抑制等也会导致乳腺癌的发生[5]。因此，乳腺癌的病因复杂且是多方面的，有些因素(如胎儿的性激素水平等)无法测定或客观度量，这给乳腺癌的易感预测和防治带来严重困难。因此，如何基于遗传与环境因素有效地提取乳腺癌患者的特异性特征并进行易感预测，受到越来越多研究者的关注，也给他们带来了前所未有的挑战。

现有的乳腺癌易感估计方法具有使用的医疗设备昂贵、有创及检出率低等缺点。较普及的乳腺癌诊断方法(如医学影像和病理活检)除了需要昂贵的医疗设备和专业的医疗技术，还需要结合乳腺癌的早期症状(如微钙化点或肿块)，无法在乳腺癌发病之前进行易感估计，因此研究者从遗传基因方面探索乳腺癌的易感基因并估计携带者的发病风险性[5,6]。但是，现有的基因突变检测技术存在有创、费时及成本高等缺点。据英国学者 Eccles 等[6]估计，在普通人群中检测出乳腺癌易感基因 *BRCA1* 的一个突变点需要

114240 英镑①。可见，将基因分析大规模用于乳腺癌易感预测在中国国情下几乎是不可能的。Li 等[7]的研究结果表明：即使在遗传背景强烈的乳腺癌发病人群中，*BRCA1* 和 *BRCA2* 基因致病性突变的检出率也不超过 25%。这说明基因分析对乳腺癌的检出率不高，同时也揭示对乳腺癌易感的研究还要考虑环境因素。因此，如何综合遗传因素与环境因素提供无损、便携、经济的乳腺癌易感预测手段，是目前国内外乳腺癌研究的一个重点。

鉴于病理与基因检测的局限性，研究者开始探索从其他领域提取乳腺癌的特异性特征，其中手掌的手纹和指形特征是研究的一个热点。首先，手掌及乳腺癌的遗传性与同一基因族相关，并且遗传学的前导研究表明：人体的遗传性病变会体现在手纹上。Goodman 等[8]的研究指出：手指的形成及分化与 HOX 基因(homeotic genes)相关，HOX 基因是一个高度保守的转录因子家族，它的突变会引起手纹特征的改变。Raman 等[9]也在国际顶级杂志上提出：乳腺癌是由 *HOXA5* 基因突变引起抑癌基因 *p53* 表达缺失所致。其次，手掌纹理(手纹)是人体暴露于外表的一种多基因性状，具有高度的稳定性、个体特异性和较强的遗传性[8,9]。手纹和指形特征形成于胚胎期，手掌的纹线包括褶皱线、嵴线和掌纹主线，虽然褶皱线通常与手掌的活动程度、职业种类有很大关系，但是嵴线是细小纹线的凸凹结构，横压在褶皱线之下，具有唯一性，嵴线和掌纹主线的形态及分布从出生到死亡都不易发生变化，因此可在疾病出现症状之前，作为估计个体发育和生理是否出现异常的特征参数。此外，手掌发育也受到环境因素的影响。手纹和人体乳腺同源于外胚层[9]，两者的发育均始于胚胎期的第 6 周，这一时期手纹和乳腺发育容易受到宫内或宫外各种环境因素的影响。大量研究结果证实：手纹特征的改变是先天性发育异常的一个明显标志[8]，而胚胎期乳腺的发育异常是日后人体患乳腺癌的风险因素之一。此外，Manning 等[10]的研究发现：指长比与个体自身的性激素水平，甚至胚胎期母体子宫内性激素的水平有关；胚胎期母体子宫内的雌性激素和雄性激素分别对食指和无名指的生长有一定的刺激作用。同时，乳腺癌的病因学研究也指出：个体自身及胚胎期母体子宫较高的性激素水平会增加乳腺癌发病的风险[10]。最后，左右手掌的 FA 可以作为个体遗传信息是否受到环境压力扰动的度量指标。20 世纪 50 年代 Mather[11]首次提出 FA 的概念，FA 指相对于两侧对称的细微及方向性随机偏离，生物体的对称性状越精确，表明个体的发育稳定性越强，越能应对环境压力。因此，许多学者认为：手纹 FA 可以作为个体发育能否应对环境压力的度量指标[10,11]。

综上所述，由于乳腺与手纹均形成于外胚层，两者的发育均受遗传因素与环境因素影响，手指分化及乳腺变异与相同的基因族相关，乳腺在胚胎期的发育环境不能直接呈现，而且个体对环境压力的适应能力难以客观度量，因此研究者开始探索手掌特征与乳腺癌发病的相关性[9,10]，并且手纹特征从出生至死亡都不改变，若能从手掌提取乳腺癌的特异性特征，势必能从遗传和环境因素方面为乳腺癌的易感预测提供一种无损、便携的途径，给乳腺癌的防治及病因学发展带来巨大的突破。

---

① 1 英镑≈9.168 元人民币(2024 年 3 月 15 日，有波动)。

参 考 文 献

[1] Wu X Q, Zhang D, Wang K Q, et al. Palmprint classification using principal lines[J]. Pattern Recognition, 2004, 37(10): 1987-1998.

[2] 杨玲, 李连弟, 陈育德, 等. 中国乳腺癌发病死亡趋势的估计与预测[J]. 中华肿瘤杂志, 2006, 28(6): 438-440.

[3] Linos E, Spanos D, Rosner B A, et al. Effects of reproductive and demographic changes on breast cancer incidence in China: A modeling analysis[J]. Journal of the National Cancer Institute, 2008, 100(19): 1352-1360.

[4] Nanda R, Schumm L P, Cummings S, et al. Genetic testing in an ethnically diverse cohort of high-risk women: A comparative analysis of BRCA1 and BRCA2 mutations in American families of European and African ancestry[J]. The Journal of the American Medical Association, 2005, 294(15): 1925-1933.

[5] Trichopoulos D. Hypothesis: Does breast cancer originate in utero?[J]. The Lancet, 1990, 335(8695): 939-940.

[6] Eccles D M, Englefield P, Soulby M A, et al. BRCA1 mutations in southern England[J]. British Journal of Cancer, 1998, 77(12): 2199-2203.

[7] Li W F, Hu Z, Rao N Y, et al. The prevalence of BRCA1 and BRCA2 germline mutations in high-risk breast cancer patients of Chinese Han nationality: Two recurrent mutations were identified[J]. Breast Cancer Research and Treatment, 2008, 110(1): 99-109.

[8] Goodman F R, Scambler P J. Human HOX gene mutations[J]. Clinical Genetics, 2001, 59(1): 1-11.

[9] Raman V, Martensen S A, Reisman D, et al. Compromised HOXA5 function can limit p53 expression in human breast tumours[J]. Nature, 2000, 405(6789): 974-978.

[10] Manning J T, Leinster S J. Re: The ratio of 2nd to 4th digit length and age at presentation of breast cancer: A link with prenatal oestrogen?[J]. The Breast, 2001, 10(4): 355-357.

[11] Mather K. Genetical control of stability in development[J]. Heredity, 1953, 7(3): 297-336.

第 2 章 掌纹及指纹图像增强算法

2.1 多尺度复合窗的指纹方向场建立及分级平滑算法

本节主要介绍基于梯度法求取指纹方向场的方法。针对传统复合窗难以选定合适外窗大小的问题，本节提出一种多尺度复合窗。为了进一步修正错误嵴线方向，同时不引起奇异点偏移，本节提出一种具有奇异点保护特性的方向场分级平滑算法。

2.1.1 梯度法

本节介绍由 Kass 等[1]提出的应用最为广泛的指纹方向场建立方法——梯度法。在数字图像处理中，图像梯度向量指向图像灰度变化最剧烈的方向。由指纹方向场的定义可知，梯度方向与指纹嵴线方向相互垂直。如图 2-1 所示，指向左上方向的箭头表示梯度方向，指向右上方向的箭头表示指纹方向。

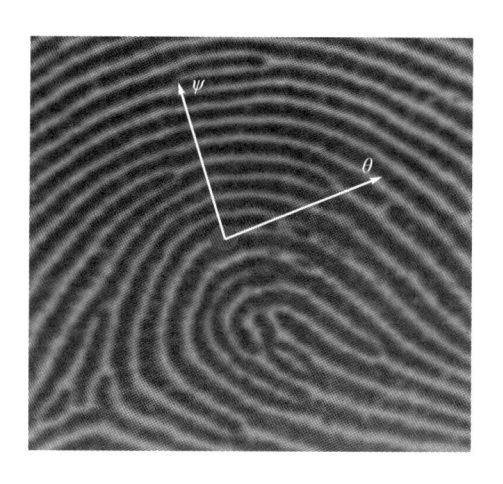

图 2-1 梯度与指纹方向的关系

假设指纹图像 $I(x,y)$ 的高度为 H，宽度为 W，x 和 y 表示当前点的坐标。利用梯度法提取指纹方向场的具体过程如下。

(1) 利用式 (2-1) 求取整幅图像的梯度：

$$G_x = \frac{\partial g(x,y,\sigma)}{\partial x} \times I(x,y), \quad G_y = \frac{\partial g(x,y,\sigma)}{\partial y} \times I(x,y) \tag{2-1}$$

式中，$g(x,y,\sigma)$ 表示尺度为 σ 的二维高斯函数；$\dfrac{\partial}{\partial x}$ 和 $\dfrac{\partial}{\partial y}$ 分别表示 x 方向和 y 方向的偏导数。尽管可以使用简单的索贝尔(Sobel)算子求取图像梯度，但为了减少噪声对计算结果的干扰，采用二维高斯偏导数而不是 Sobel 算子。

(2) 梯度带有正负号符号属性，因此不能直接将梯度相加求平均值，为此利用式(2-2)将梯度向量转换为平方梯度向量：

$$\left[G_{sx}, G_{sy}\right]^{\mathrm{T}} = \left[G_x^2 - G_y^2, 2G_xG_y\right] \quad (2\text{-}2)$$

(3) 将指纹图像划分为互不重叠的小块，每一小块的大小为 $w \times w$。

(4) 利用式(2-3)求取小块内平方梯度向量的平均向量：

$$[G_{mx}, G_{my}]^{\mathrm{T}} = \left[\sum_{i=1}^{w}\sum_{j=1}^{w}G_{sx}, \sum_{i=1}^{w}\sum_{j=1}^{w}G_{sy}\right] \quad (2\text{-}3)$$

(5) 利用式(2-4)求取小块内平均梯度向量的角度：

$$\psi = \frac{1}{2}\arctan\left(\frac{G_{my}}{G_{mx}}\right) \quad (2\text{-}4)$$

(6) 由式(2-5)求取指纹块方向：

$$\theta = \psi + \frac{\pi}{2} \quad (2\text{-}5)$$

2.1.2 复合窗的概念

当图像质量较高时，梯度法能得到一个较为准确的方向场。但对于受到断线、污损、过干和过湿等噪声影响的低质量指纹图像，梯度法常常会得到一个错误的结果。尽管增加分块的大小可以提高对噪声的抑制能力，但这也会引起另外一个问题：降低高曲率区域的计算精度，导致奇异点区域的方向偏移真实嵴线(或谷线)方向。为了解决这个问题，文献[2]提出了复合窗的概念。复合窗包含内窗和外窗，内窗与外窗共享一个中心区域，如图 2-2 所示。复合窗的主要思想是：在内窗的基础上增加一个额外的外窗，内窗方向由外窗的主方向决定。通常情况下外窗尺度大于或等于内窗尺度。这种做法能较好地降低对方向场计算精度的损害。

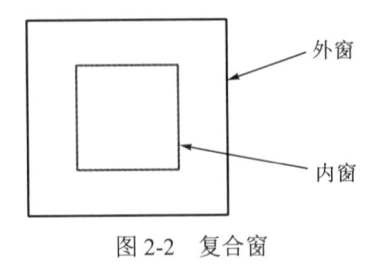

图 2-2 复合窗

复合窗的思想与求取点方向场的思想类似。当求取指纹点方向场时，总是利用当前点某个邻域内的方向信息来对其做补充。嵴线方向通常指的是某一邻域内的主方向，单独求取孤立点的方向没有任何意义。在点方向场求取过程中，一般会将该点 5×5 邻域内的主方向作为该点的嵴线方向。对于复合窗，相当于选择内窗尺度为 1×1、外窗尺度为 5×5 的复合窗来计算当前点的方向。将复合窗的概念应用于求取指纹块方向场时，内窗取为有效块，外窗大小则根据需要来选取。当内窗与外窗大小相同时，复合窗方法便退化为前面介绍的基于梯度法求取指纹块方向场的方法。图 2-3(b) 和图 2-3(c) 分别为利用梯度法和复合窗方法建立的指纹方向场。

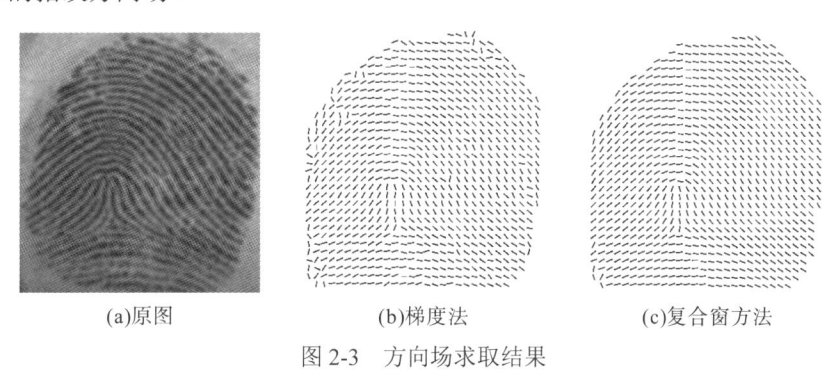

(a)原图　　　　　　(b)梯度法　　　　　　(c)复合窗方法

图 2-3　方向场求取结果

2.1.3　多尺度复合窗的指纹方向场建立

对于低质量指纹图像，单一尺度外窗所建立的方向场总是很难在有效抑制噪声的同时准确估计嵴线真实走向。而大外窗尺度会降低计算精度，小外窗尺度则会使鲁棒性降低。图 2-4 为不同尺度外窗所建立的方向场。图 2-4 所选择的内窗大小均为 9×9，而外窗的大小各不相同。可以观察到图 2-4(b) 能很好地估计奇异点区域的嵴线方向，但对噪声较为敏感。通过增加外窗尺度，图 2-4(d) 的噪声抑制能力明显增强，但此时奇异点开始出现偏移现象。图 2-4(f) 为 31×31 的外窗求得的方向场，该尺度下的方向场能有效抑制噪声，准确估计噪声区域的嵴线走向。但是对于奇异点区域，由于增大了外窗尺度，更多的低频信息被用于计算奇异点区域的方向，导致奇异点区域的方向严重偏离真实嵴线走向。为了解决外窗尺度选择困难的问题，一种多尺度复合窗方向场建立方法被提出。其基本思想是：利用平方梯度一致性指标将不同外窗尺度下所求得的方向场进行整合，使其能更好地用于权衡抑制噪声和提高计算精度之间的矛盾。与方向一致性也类似，平方梯度一致性也用于衡量某一区域内方向的相同程度。某一尺度下的平方梯度一致性越高，该尺度在整个尺度系列中所占的比重越高。

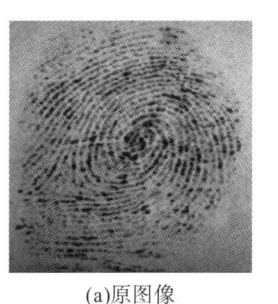

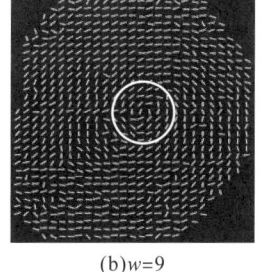

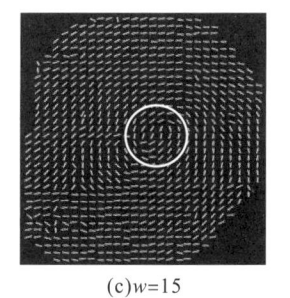

(a)原图像　　　　　　(b)w=9　　　　　　(c)w=15

(d)w=23　　　　　　　(e)w=31　　　　　　　(f)w=37

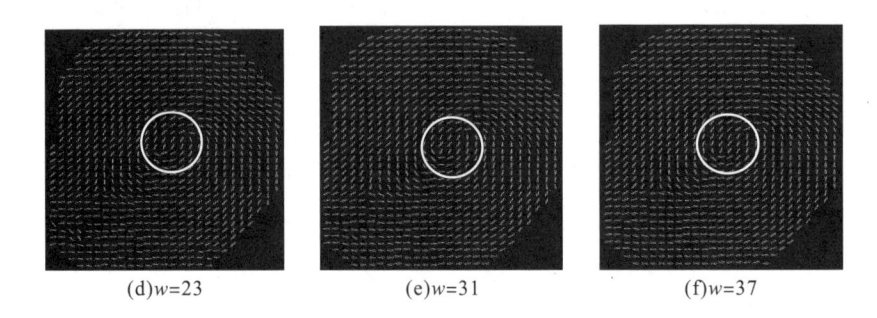

图 2-4　不同尺度外窗建立的方向场

设 Coh(p,q,l) 表示外窗大小为 $p×p$ 的平方梯度一致性，可由式(2-6)计算。$\theta(p,q,l)$ 表示由大小为 $p×p$ 的外窗建立的方向场。其中，$q×q$ 表示内窗大小。在实验中 $q=9$，$p=q+l×k$。其中，$l=1,2,\cdots,L$。

$$\text{Coh}(p,q,l) = \frac{\left| \sum_{i=-\frac{p}{2}}^{\frac{p}{2}} \sum_{j=-\frac{p}{2}}^{\frac{p}{2}} (G_{dx}(i,j), G_{dy}(i,j)) \right|}{\sum_{i=-\frac{p}{2}}^{\frac{p}{2}} \sum_{j=-\frac{p}{2}}^{\frac{p}{2}} \left| (G_{dx}(i,j), G_{dy}(i,j)) \right|} \tag{2-6}$$

L 与 k 均为常数。L 表示尺度系数；k 用于控制两个相邻尺度外窗之间的尺度差异，称为尺度差异系数。对于一系列不同尺度外窗的方向信息，当它所对应的平方梯度一致性 Coh(p,q,l) 较大时，说明这个尺度下建立的方向较为可靠，它在整个尺度系列中所占的比重比平方梯度一致性较低的尺度要高。整合后的方向场 θ_{final} 可由式(2-7)计算得到：

$$\theta_{\text{final}} = \arctan\left(\frac{A}{B}\right) \tag{2-7}$$

$$A = \frac{\text{Coh}(p,q,1)}{\sum_{l=1}^{L} \text{Coh}(p,q,l)} \sin(2\theta(p,q,1)) + \frac{\text{Coh}(p,q,2)}{\sum_{l=1}^{L} \text{Coh}(p,q,l)} \sin(2\theta(p,q,2))$$
$$+ \cdots + \frac{\text{Coh}(p,q,L)}{\sum_{l=1}^{L} \text{Coh}(p,q,l)} \sin(2\theta(p,q,L)) \tag{2-8}$$

$$B = \frac{\text{Coh}(p,q,1)}{\sum_{l=1}^{L} \text{Coh}(p,q,l)} \cos(2\theta(p,q,1)) + \frac{\text{Coh}(p,q,2)}{\sum_{l=1}^{L} \text{Coh}(p,q,l)} \cos(2\theta(p,q,2))$$
$$+ \cdots + \frac{\text{Coh}(p,q,L)}{\sum_{l=1}^{L} \text{Coh}(p,q,l)} \cos(2\theta(p,q,L)) \tag{2-9}$$

2.1.4 方向场分级平滑

奇异点区域的嵴线属于高频信号,这一区域的嵴线方向变化剧烈。除奇异点区域,嵴线方向均缓慢变化。尽管基于多尺度的方法解决了传统复合窗外窗尺度选择困难的问题,能在很好地抑制噪声的同时准确估计奇异点区域的嵴线方向,所得到的方向场相比用 Kass 等[1]的方法以及用单一复合窗[2]方法得到的方向场更加准确,但对于部分大噪声区域,它仍然不能得到令人满意的结果。原因在于,所选用的最大外窗尺寸没有超过被噪声污染的区域,有效嵴线信息并没有被包含在不同外窗中。一种可行的方法是增加尺度系数 L 或者尺度差异系数 k 的数目。但这会引起计算代价剧增,因此后续的平滑处理很有必要。传统的方向场平滑算法利用高斯低通滤波器对方向场进行滤波。通常大尺度高斯核可以有效抑制噪声,但会使得奇异点位置处的方向发生改变,导致奇异点发生偏移;小尺度高斯核能很好地保护奇异点区域的方向,但对噪声的平滑能力较弱。

平滑方向场时需要遵从两个基本原则:①修正错误的嵴线方向;②保持奇异点区域的方向。为此,本书提出一种具有奇异点保护特性的方向场分级平滑算法,其基本思想是:通过分析指纹嵴线方向模式,自适应地对方向场进行平滑。文献[3]提到,将连续的方向场量化为有限的方向模式时(两种不同方向模式的相交线为断裂线),奇异点必定是断裂线的交会点。图 2-5(c)～图 2-5(e)为将方向场[图 2-5(b)]量化为不同数目的方向模式时得到的结果。通过观察图 2-5(c)～图 2-5(e)可以发现三个现象,下面一一解释这些现象产生的原因,并将这三个现象应用到方向场平滑中。

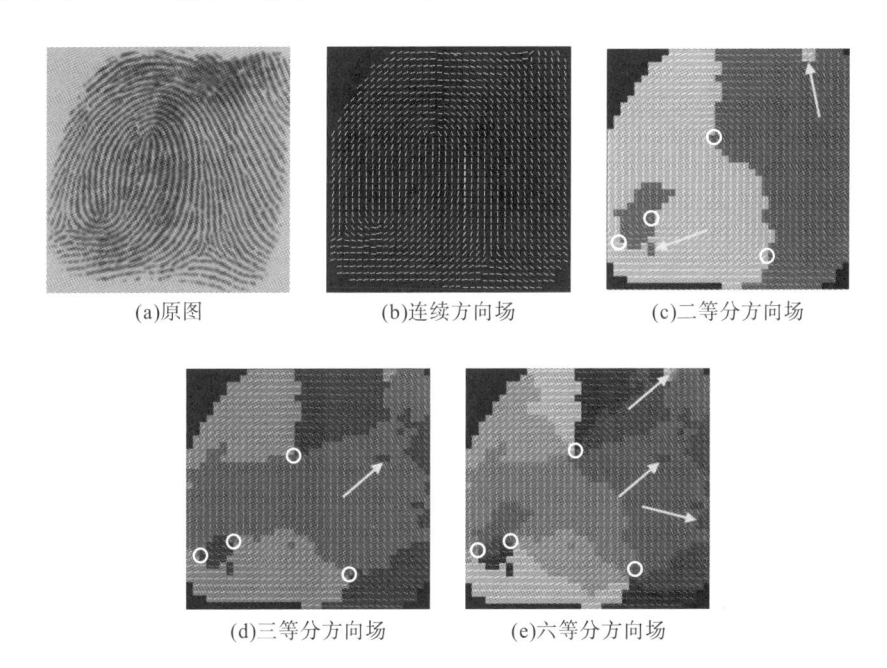

(a)原图　　　　(b)连续方向场　　　　(c)二等分方向场

(d)三等分方向场　　　　(e)六等分方向场

图 2-5　方向场分析

现象 1：奇异点位于不同方向模式相互交会的区域。指纹奇异点包括两种类型：中心点和三角点。指纹奇异点区域定义为方向不连续区域，即嵴线曲率最大的区域。这一区域内嵴线方向的变化与平滑区域并不相同。在奇异点区域嵴线变化最为剧烈，平滑区域则变化缓慢。将定义在$[0,\pi)$的方向场 θ 量化为 N 等分的离散方向场，如图 2-5(c)～图 2-5(e)所示，图中不同颜色的区域代表不同方向模式。对于曲率最大的区域，该区域嵴线方向的改变程度远大于平滑区域，因此它必定是指纹图像中方向种类数目最多的区域。

现象 2：孤立的方向模式往往由一些噪声导致。指纹由一系列嵴线和谷线交替组成。对于整个指纹图像，它是二维非稳定流模式；但对于局部区域，指纹是一种稳定流模式。因此，除奇异点区域和被噪声污染的区域，局部嵴线方向总是处于某一变化范围之内。当指纹受到断线、污迹和手指不同干湿程度等噪声影响时，局部指纹的稳定流模式特性被破坏。由于噪声具有随机特性，利用梯度法提取的方向场也具有随机的特点，表现在离散方向场上便是一些孤立的方向模式。

现象 3：随着量化方向数目的增加，方向模式的汇聚区域变得分散且不明显。由于奇异点区域的方向场变化剧烈，当增加量化方向数目时，一些原本属于大方向模式的嵴线方向便从中分离出来，形成独立的方向模式。通过比较图 2-5(c)～图 2-5(e)，可以看出随着量化方向数目的增加，不同方向模式的交会区域逐渐偏离真奇异点区域且汇聚区域逐渐模糊。

通过以上观察分析，本节提出一种具有奇异点保护特性的方向场分级平滑算法。为了保护奇异点区域的方向信息，算法充分利用以上所观察到的三个现象。平滑算法由两部分组成：第一部分为一级平滑，第二部分为二级平滑。图 2-6 为滤波流程图。

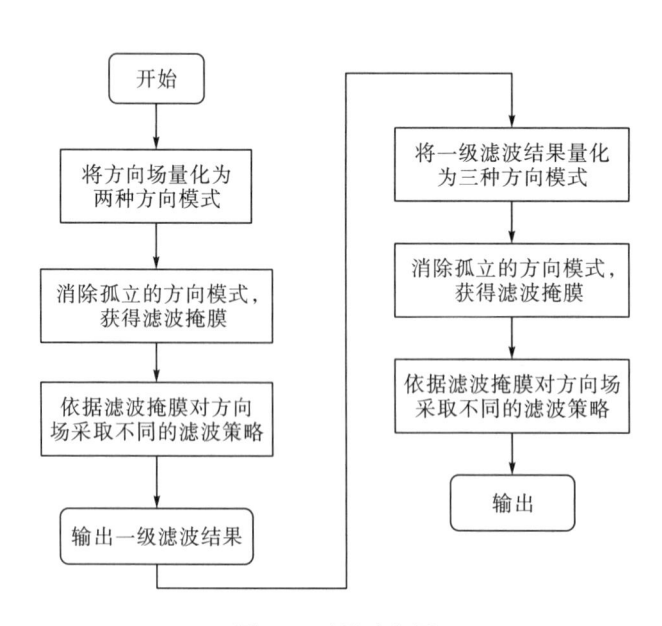

图 2-6 滤波流程图

本节提出的方向场分级平滑算法并不会将方向场量化为四等分或者更多等分的方向模式，这主要是因为增加方向模式数目时，不同方向模式的汇聚区域会偏离原来的奇异点区域且汇聚区域会随着方向模式的增加变得不明显。因此，选择三等分方向模式。下面介绍各级平滑下所采取的滤波策略。

(1) 一级平滑。首先将指纹方向场分为两种方向模式：w_1 和 w_2。其中 w_1 表示角度小于 90°的方向模式，w_2 表示角度大于或等于 90°的方向模式。由以上分析可知，奇异点必定处于两种模式的交界线上，并且每种方向模式并不以孤立形式存在，因此可以消除那些孤立点。在方向模式内部进行平滑并不会导致奇异点发生偏移，因此所采取的滤波策略是：当 7×7 邻域内相同类型的方向模式数目超过 40 时，采用 7×7 的高斯核对方向场进行平滑，否则考察 5×5 邻域内的方向分布；若 5×5 邻域内相同类型的方向模式数目超过 20，则采用 5×5 的高斯核对方向场进行滤波，否则考察 3×3 邻域内的方向分布；若 3×3 邻域内相同类型的方向模式数目超过 7，则采用 3×3 的高斯核对其进行平滑，否则不做任何处理。

(2) 二级平滑。将一级平滑的结果量化为三种方向模式：w_1、w_2 和 w_3。其中 w_1 表示角度小于 60°的方向模式，w_2 表示角度大于或等于 60°且小于 120°的方向模式，w_3 表示角度大于 120°的方向模式。消除孤立的方向模式，在这一步中采取如下滤波策略：当 5×5 邻域中仅有两种方向模式时，采用 5×5 的高斯核对方向场进行平滑，否则考察 3×3 邻域内的方向模式；若在 3×3 邻域内仅有两种方向模式，则采用 5×5 的高斯核进行平滑，否则不做任何处理。

2.1.5 实验结果分析

本章的实验分为三部分：多尺度复合框的指纹方向场建立、方向场分级平滑及结合两种算法的低质量指纹方向场建立。在第一部分中，将本节提出的多尺度方向应用到公用指纹数据库中，并与文献[4]提出的梯度法、Jain 等[5]提出的分层梯度法及梯度投票法[6]进行比较。第二部分将 2.1.3 节提出的方向场平滑算法应用到指纹方向场平滑中，并与文献[7]提出的方向场模型及 Liu 等[8]提出的自适应平滑算法做比较。第三部分将提出的多尺度方向建立方法与分级平滑算法进行结合，用于求取低质量指纹图像的方向场。本章实验均在 Windows 10 系统下的 Visual Studio 2017+OpenCV 3.4.1 平台上完成。

1. 多尺度复合窗的方向场建立结果

这里主要完成多尺度复合窗的方向场建立，并与其他流行算法进行比较。应用较为广泛的是文献[7]所提出的方向场建立方法。对于高质量指纹图像，这些方法能够得到较为令人满意的结果，且计算简单。但是当图像受到的噪声污染较为严重时，它们往往得不到准确的结果。图 2-7 为各种算法建立的方向场。

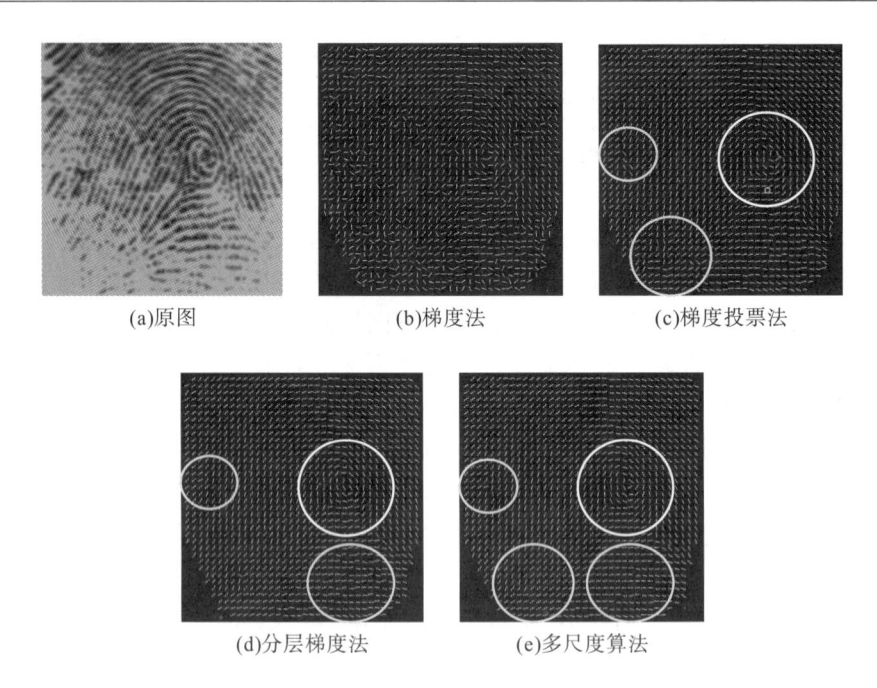

(a)原图　　　　　　　　(b)梯度法　　　　　　　　(c)梯度投票法

(d)分层梯度法　　　　　　　　(e)多尺度算法

图 2-7　方向场实验结果 1

图 2-7(b)～图 2-7(e)分别为梯度法[4]、梯度投票法[5]、分层梯度法[6]和本节提出的多尺度算法所建立的方向场。所有块方向场的小块大小均取为 11 像素×11 像素。图 2-7(a)为原图，为了减少计算时间和满足块方向场分块要求，利用 OpenCV 提供的缩放函数 cvResize 将原指纹图像的尺寸调整为 440 像素×440 像素。受到手指过干的影响，该指纹图像大部分区域并不存在明显的嵴-谷线交替出现现象。由于梯度法极易受到噪声的干扰，图 2-7(b)下半部分和右半部分显示求得的方向场与真实嵴线(或谷线)走向存在较大差异，呈现出杂乱无章的现象。由于梯度投票法在求取方向场过程中，将方向一致性较低的块重新在一个更低尺度上进行了重建，因此这种方法所得到的方向场更加平滑，但在奇异点区域出现了一些错误的嵴线方向。图 2-7(d)为分层梯度法求得的方向场，尽管左下部分存在一些错误的方向，但是对于大部分区域，该方法能够准确求取嵴线方向。值得注意的是，奇异点区域的方向场[图 2-7(d)中右半区域大圆所标记的部分]出现了轻微偏移现象。图 2-7(e)显示本节提出的多尺度算法能较好地拟合奇异点区域的方向，而且能准确估计噪声区域的方向，如图 2-8 所示。

(a)原图　　　　　　　　(b)梯度法　　　　　　　　(c)梯度投票法

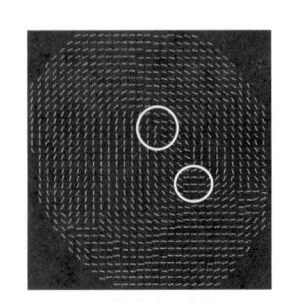

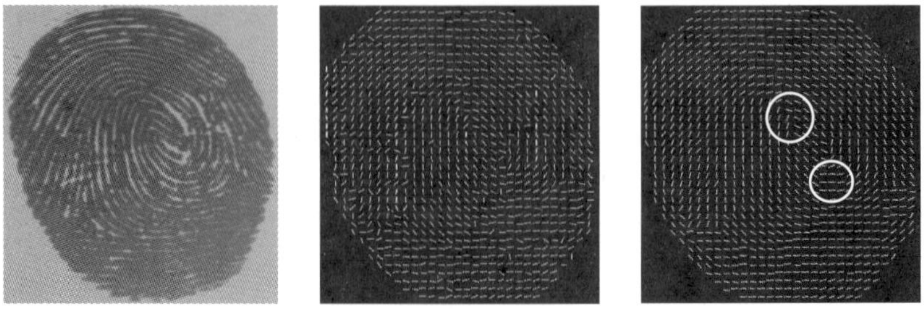

(d)分层梯度法　　　　　　　(e)多尺度算法

图 2-8　方向场实验结果 2

图 2-8 为湿手指指纹图像。与干手指指纹图像不同，湿手指指纹图像的嵴线会出现粘连且谷线不明显的情况。与图 2-7(d)一样，图 2-8(d)中的奇异点发生严重偏移现象。梯度投票法在奇异点附近容易出现错误的嵴线方向，如图 2-8(c)中的两个圆圈区域部分，而本书提出的算法则是一种较好的折中算法。

2. 方向场分级平滑结果

指纹奇异点区域的方向信息本质上是一些高频信号，这一区域内的方向会发生剧烈的变化。一般的低通平滑算法(如高斯低通平滑滤波)，常常会由于其低频特性而引起奇异点区域的方向发生改变，表现到宏观上就是奇异点区域发生偏移。一个好的平滑算法应能够修正噪声区域的方向，同时不引起奇异点区域发生偏移。本节的实验目的就是验证所提出的方向场平滑算法能否很好地修正错误方向，同时不引起奇异点区域的方向发生偏移。这里，将本书提出的算法与文献[7]提出的 PDE(偏微分方程)方向场平滑算法和 Liu 等[8]提出的自适应平滑算法进行比较。下面逐步解释分级平滑算法的平滑过程。

在图 2-9 中，图 2-9(a)为原图，图 2-9(b)为基于梯度法[4]求取的块方向场。椭圆区域下半部分为噪声区域，椭圆区域上半部分为奇异点区域。由于噪声的影响，块方向场的下半部分出现了一些错误方向，如下半部分椭圆区域内的方向。本节的目标是修正该椭圆区域内的错误方向，同时不影响上半部分椭圆区域内的方向。下面使用本节提出的算法对其进行修正。图 2-10 为一级平滑过程。

(a)原图　　　　　　　　　(b)方向场

图 2-9　含噪方向场

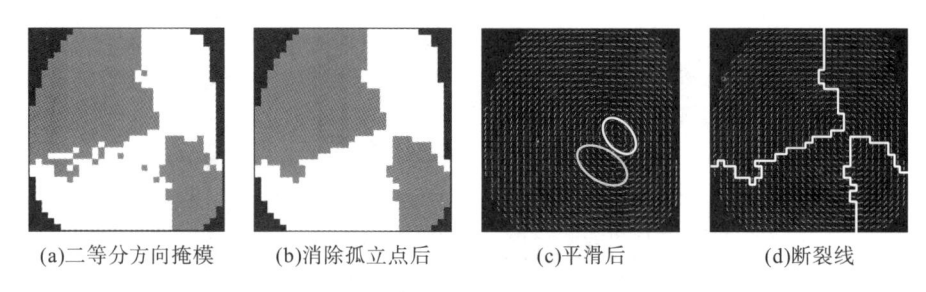

(a)二等分方向掩模　　(b)消除孤立点后　　(c)平滑后　　(d)断裂线

图 2-10　一级平滑

消除图 2-10(a)中的孤立点后得到方向掩模,图 2-10(c)为一级平滑结果。从图 2-10(c)中可以看出,相比原始块方向场,修正后的方向场更加平滑,且椭圆区域内下半部分的一部分错误方向被修正,同时椭圆区域内上半部分的方向没有受到任何影响。当将方向场划分为两种方向模式时,奇异点区域必定位于两种方向模式的交界处,为了保护奇异点区域的方向不被破坏,在一级平滑中并没有对交界处的方向进行滤波,如图 2-10(d)中的分界折线段所示。为了修正交界处的方向信息,采用二级平滑来进一步修正方向场。

图 2-11(a)为将一级平滑结果划分为三种方向模式时的掩模,图 2-11(b)为消除孤立点后所得到的掩模,图 2-11(c)为二级平滑的结果。对比图 2-10(c)与图 2-9(b)可知,错误的方向信息被修正,同时奇异点区域的方向信息没有受到任何影响。

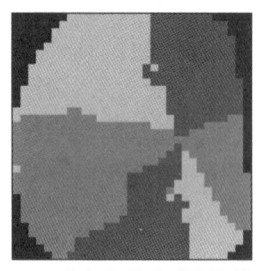

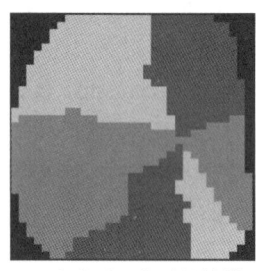

(a)三种方向模式时的掩模　　(b)消除孤立点后的掩模　　(c)二级平滑的结果

图 2-11　二级平滑

下面将本节提出的分级平滑算法与文献[7]提出的基于 PDE 模型的指纹方向场建立方法和 Liu 等[8]提出的平滑算法做比较。尽管文献[7]提出的建立方向场的方法基于 PDE 模型,但是本质上是对方向场数据进行各向异性扩散滤波,因此该方法可以看成一种方向场修正方法。

图 2-12 为几幅具有代表性的指纹图像的比较结果,重点观察奇异点区域的方向信息。图 2-12(b)～图 2-12(d)中有圆圈标记的为奇异点。文献[7]和文献[8]提出的算法均造成奇异点区域的方向发生偏移,而本节提出的分级平滑算法没有造成奇异点发生偏移。从图 2-12(d)中可以直观地看出,错误的嵴线方向[图 2-12(d)中第三行的大圆圈标注区域]被修正,同时没有引起奇异点发生偏移,证明分级平滑算法能有效修正错误信息,同时不会引起奇异点发生偏移。

第 2 章　掌纹及指纹图像增强算法

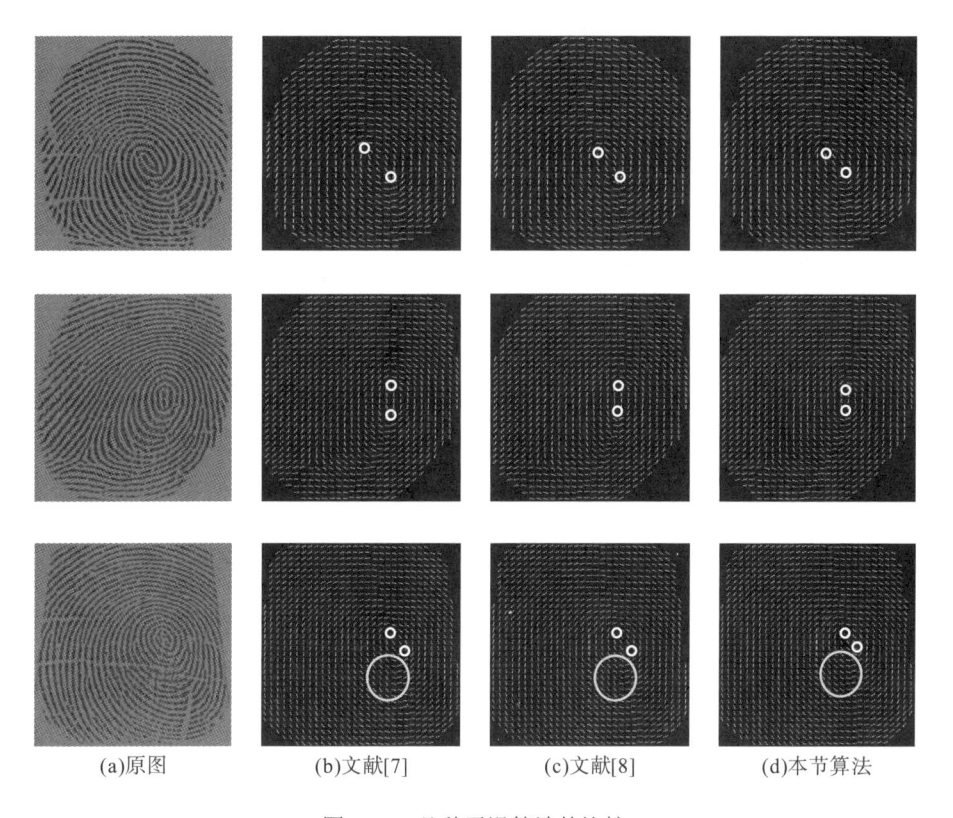

(a)原图　　　　(b)文献[7]　　　　(c)文献[8]　　　　(d)本节算法

图 2-12　几种平滑算法的比较

3. 结合多尺度复合窗和分级平滑算法的方向场求取

这里将多尺度复合窗和分级平滑算法结合起来，用于建立低质量指纹图像的方向场。图 2-13 给出了几种方向场的建立结果。

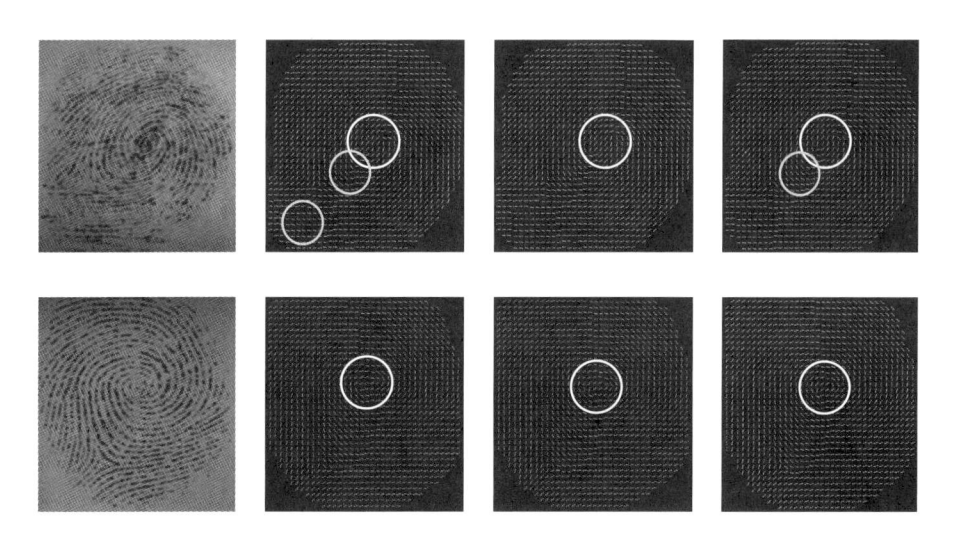

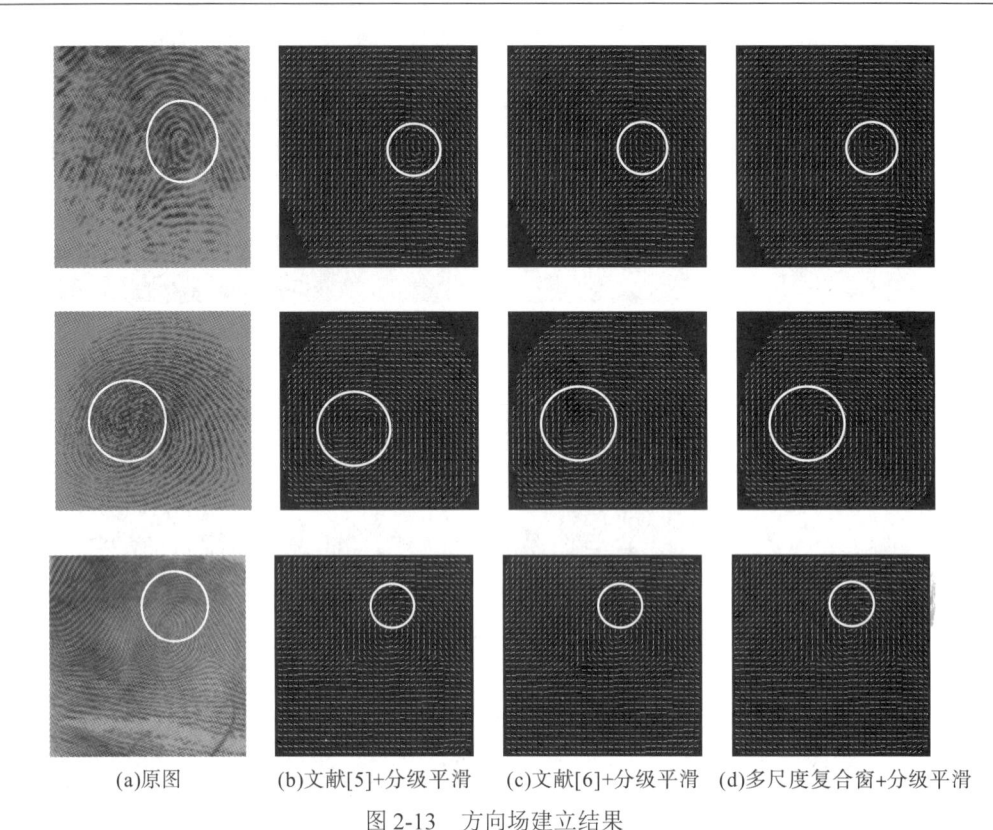

(a)原图　　　　(b)文献[5]+分级平滑　　(c)文献[6]+分级平滑　　(d)多尺度复合窗+分级平滑

图 2-13　方向场建立结果

图 2-13(a)为原图,图中中间圆圈标注的区域表示奇异点区域,剩余圆圈标注的区域为嵴线方向错误的区域。图 2-13(b)中或多或少地存在一些错误嵴线方向,造成这种问题的原因是利用梯度法求得的方向场被噪声污染得较为严重,尽管本节提出的分级平滑算法能有效修正大部分错误的方向信息,但是达不到完全修正的目的。相比图 2-13(b),图 2-13(c)采用了求取原始方向场的方法,所得到的原始方向场相比图 2-13(b)中的方向场有了较大的改善,因此平滑后的方向场不会大范围出现错误嵴线方向。但文献[5]在求取原始方向场时选择了低分辨率估计方向一致性较差的块,导致奇异点区域的方向发生了偏移。图 2-13(d)与图 2-13(c)类似,同样存在奇异点区域方向发生偏移的现象。图 2-13(d)为本节提出的算法所得到的最终结果,图中圆圈标注区域的方向准确地反映了真实嵴线的走向,且不存在错误的方向信息。

2.1.6　小结

本节介绍了基于梯度求取指纹图像方向场的方法,并在复合窗的基础上提出了一种基于多尺度复合窗的方向场建立方法。尽管基于多尺度复合窗的方向场建立方法能很好地解决鲁棒性和精度之间的矛盾,但并不能完全抑制噪声,因此本节还提出了一种方向场分级平滑算法,用于修正错误嵴线(或谷线)方向。最后,通过实验证明了本节提出的算法具有可行性。

2.2　自适应曲率驱动 STFT 指纹图像增强算法

本节重点介绍基于 STFT（短时傅里叶变换）分析的指纹图像增强算法，详细分析传统基于 STFT 分析的指纹图像增强算法的缺点，并针对传统算法存在的缺点，提出一种改进的 STFT 指纹图像增强算法。

2.2.1　传统基于 STFT 分析的指纹图像增强算法

指纹图像是一种整体非平稳、局部平稳的二维信号，因此 STFT[9]特别适合用于局部指纹图像分析，STFT 分析的窗如图 2-14 所示。Chikkerur 等[9]成功利用 STFT 分析来对指纹图像进行增强。二维离散短时傅里叶变换可以表示为

$$I(\tau_1,\tau_2,u,v) = \int_{-\infty}^{+\infty}\int_{-\infty}^{+\infty} f(x,y)W^*(x-\tau_1,y-\tau_2)\mathrm{e}^{-\mathrm{j}(ux+vy)}\mathrm{d}x\mathrm{d}y \qquad(2\text{-}10)$$

式中，$f(x,y)$ 是二维时域信号；W^* 为窗函数的共轭，窗函数可以选为汉明窗或者高斯窗等。对于指纹图像分析，由于增强发生在傅里叶域，为了更好地重建增强后的图像和减少块效应，一般采用升余弦窗[9]。

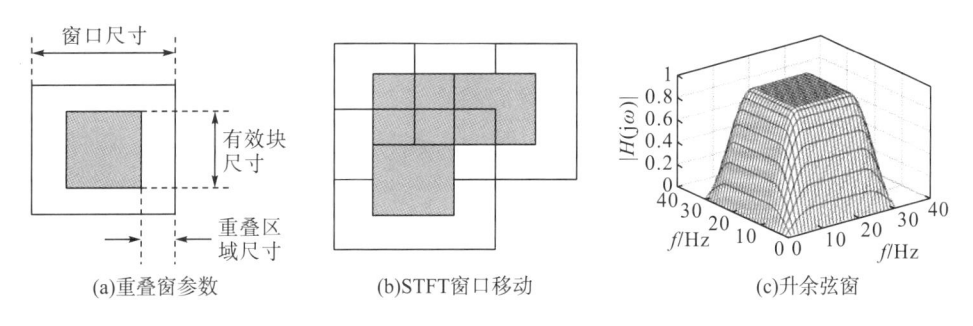

图 2-14　STFT 分析的窗

对于局部指纹，可以将其看作具有方向和频率的正弦波。正弦波的方向和频率可以通过 STFT 分析得到。图 2-15 为局部指纹图像频谱变换图。

图 2-15　局部指纹图像频谱变换图

观察图 2-15 可知局部嵴线方向与频谱图中两个亮点的连线垂直，局部嵴线频率与两个亮点之间的距离有关。利用 STFT 分析指纹图像的主要目的是获取局部嵴线的方向和频率。文献[9]将嵴线方向和频率看作两个随机变量，利用概率近似的方法获得两个参数的取值。首先，将局部频谱表示成极坐标形式 $F(r,\theta)$。概率密度函数 $Z(r,\theta)$、边缘概率密度函数 $\psi(\theta)$ 和 $f(r)$ 由式(2-11)~式(2-13)定义：

$$Z(r,\theta) = \frac{|F(r,\theta)|^2}{\iint |F(r,\theta)|^2 \mathrm{d}\theta \mathrm{d}r} \tag{2-11}$$

$$\psi(\theta) = \int Z(r,\theta) \mathrm{d}r \tag{2-12}$$

$$f(r) = \int Z(r,\theta) \mathrm{d}\theta \tag{2-13}$$

正如前面所分析的，指纹嵴线方向定义在 $[0,\pi)$ 上。为了解决模棱两可的问题，将 θ 表示为其二倍角形式。利用概率学的知识，可通过式(2-14)和式(2-15)得到局部嵴线角度和频率的期望值：

$$E(\theta) = \frac{1}{2}\arctan\left(\frac{\int \psi(\theta)\sin(2\theta)\mathrm{d}\theta}{\int \psi(\theta)\cos(2\theta)\mathrm{d}\theta}\right) \tag{2-14}$$

$$E(r) = \int f(r) r \mathrm{d}r \tag{2-15}$$

利用概率获得指纹图像方向场和频率场后，由于噪声的影响，需要进一步利用低通滤波器方向场和频率场进行滤波处理以获得平滑的方向场和频率场。STFT 分析完成之后，Chikkerur 等[9]根据局部嵴线方向和频率构造了角度滤波器和径向滤波器，并对指纹图像进行频域增强，用 $H(\theta,r)$ 表示角度滤波和径向滤波组合

$$H(\theta,r) = H_\psi(\theta) \cdot H_r(r) \tag{2-16}$$

获得。其中

$$H_r(r) = \sqrt{\frac{(r \times r_{\mathrm{bw}})^{2n}}{(r \times r_{\mathrm{bw}})^{2n} + (r^2 - r_m^2)^{2n}}} \tag{2-17}$$

$$H_\psi(\theta) = \begin{cases} \cos^2\left[\dfrac{\pi(\theta - \theta_m)}{2\theta_{\mathrm{bw}}}\right], & |\theta - \theta_m| < \theta_{\mathrm{bw}} \\ 0, & |\theta - \theta_m| \geq \theta_{\mathrm{bw}} \end{cases} \tag{2-18}$$

式中，r_{bw} 和 θ_{bw} 分别表示径向滤波器的带宽和角度滤波器的带宽；r_m 和 θ_m 分别表示局部嵴线的频率和角度。其中角度滤波器的带宽 θ_{bw} 与方向一致性有关，方向一致性可用式(2-19)求得

$$C(x,y) = \frac{1}{w \times w}\sum_{i=-\frac{w}{2}}^{\frac{w}{2}}\sum_{j=-\frac{w}{2}}^{\frac{w}{2}}|\cos[\theta(x,y) - \theta(x+i, y+j)]| \tag{2-19}$$

$C(x,y)$ 可衡量局部范围内的方向与中心方向 $\theta(x,y)$ 的差异性。中心块方向与周围邻域方向越一致，该参数的值越高，反之越低。利用 $H(\theta,r)$ 完成对局部嵴线频谱的滤波后，通过逆变换便可得到增强后的图像。

2.2.2 传统 STFT 指纹图像增强存在的问题

2.2.1 节详细阐述了传统基于 STFT 分析的指纹图像增强方法。尽管这种方法能很好地处理一些低质量指纹图像，但是这种方法存在两个严重的缺点，本节将详细分析这种方法存在的缺点。

首先，分析在整个频谱图中运用式(2-13)和式(2-14)求取局部嵴线方向和频率时会遇到的问题。需要对局部指纹图像进行 STFT 并增加主频谱成分，然后采用式(2-14)求取局部嵴线方向，得到如图 2-16 所示的结果。

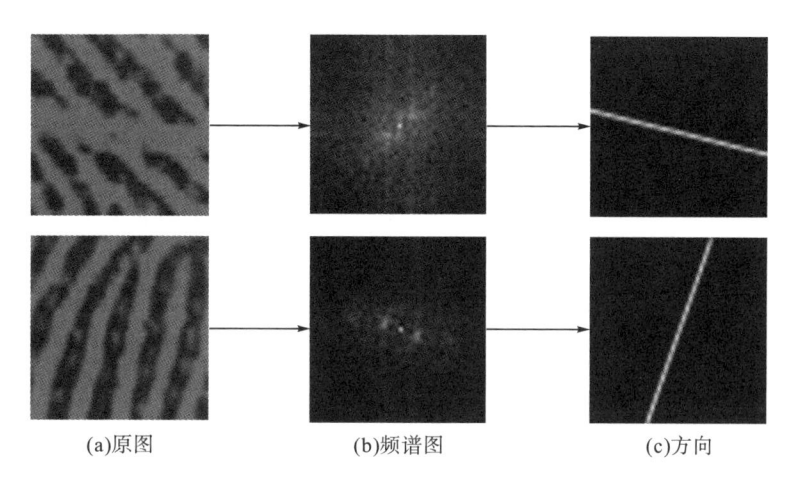

(a)原图　　　　　(b)频谱图　　　　　(c)方向

图 2-16　局部 STFT 分析

当局部小块(第二行)不含断线或者其他噪声时，传统的 STFT 分析得到的嵴线方向比较准确，但当局部小块(第一行)存在断线或者其他噪声时，得到的结果往往会严重偏离真实嵴线走向。嵴线频率会受到相同的影响。利用整个频谱块计算嵴线方向信息不合理。图 2-17 为利用传统 STFT 分析得到的整幅指纹图像的方向场。

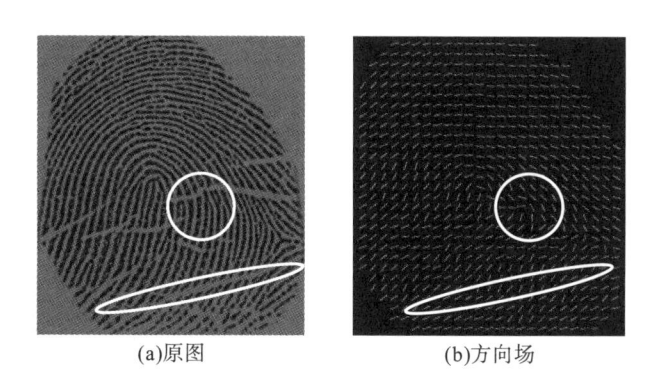

(a)原图　　　　　(b)方向场

图 2-17　传统 STFT 分析得到的方向场

传统 STFT 指纹图像增强的另一个缺点与滤波器的设计有关。为了更好地进行理解，首先观察局部峭线频谱，如图 2-18 所示。

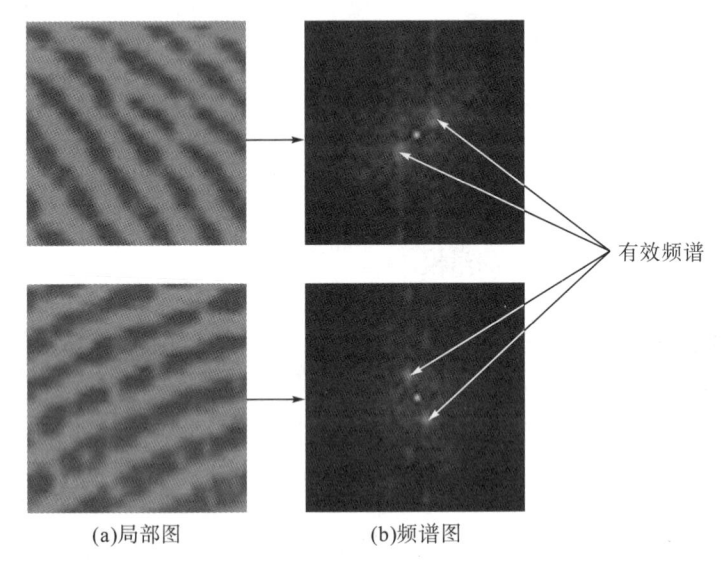

(a)局部图　　(b)频谱图

图 2-18　局部频谱分析

局部峭线有效频谱被包含在频谱图的两个次亮点中，这两个次亮点关于原点对称。频域滤波增强能否成功的关键是能否有效地保持有效频谱成分，滤除其余的噪声频谱。如果频域滤波器设置不当，则一部分有效频谱会被滤除，导致增强结果出现严重的块效应。

传统的基于 STFT 分析的指纹图像增强所用到的滤波器由角度滤波器和径向滤波器组成，如图 2-19 所示。

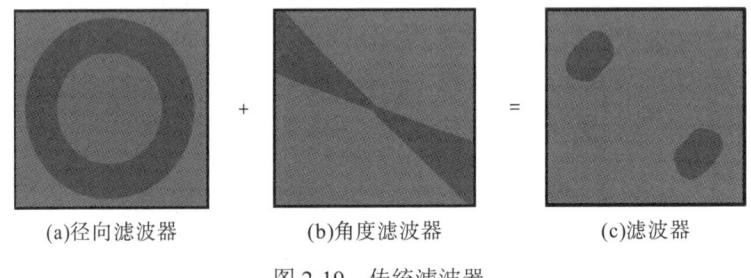

(a)径向滤波器　　(b)角度滤波器　　(c)滤波器

图 2-19　传统滤波器

图 2-19(c) 所示的传统滤波器可以保留对角线区域内的频谱成分，滤除该区域外的噪声频域。传统滤波器对局部峭线角度和频谱的要求较为严格，且径向滤波器和角度滤波器的带宽设计各不相同。当指纹峭线频率变化较大时，局部峭线频率与频谱的关系如图 2-20 所示。

为了便于描述问题，图 2-20(c) 和图 2-20(e) 均是调整后的频谱。如果局部峭线的频率较大，则两个亮点距中心点的距离较远；反之，则较近。当局部峭线有效频谱成分距离中心点较近或者峭线不稳定特征较突出时，角度滤波器可能会因为带宽设计不当而导致有效频谱被滤除，如图 2-21 所示。

(b)高嵴线频率　　　(c)频谱1

(d)低嵴线频率　　　(e)频谱2

(a)原图

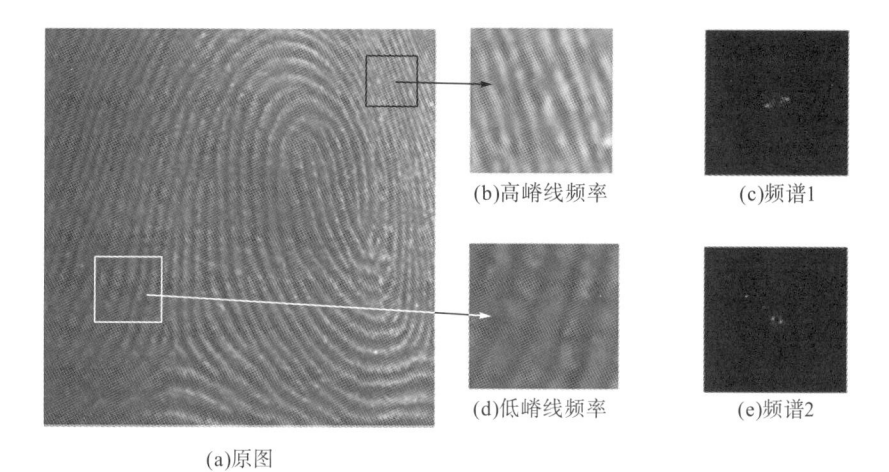

图 2-20　局部嵴线频率与频谱的关系

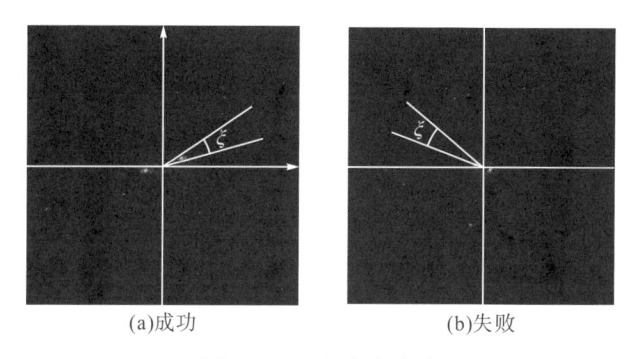

(a)成功　　　　　　(b)失败

图 2-21　局部角度滤波

由于有效频谱距离中心点较近，经过角度滤波器处理后，图 2-21(b)中部分有效频谱被当作噪声滤除。因此，部分有效频谱的丢失导致增强后出现块效应。图 2-22 为采用不同角度带宽进行局部滤波的结果。由图 2-22 可知，如果角度带宽取得过小，则有可能导致产生块效应。

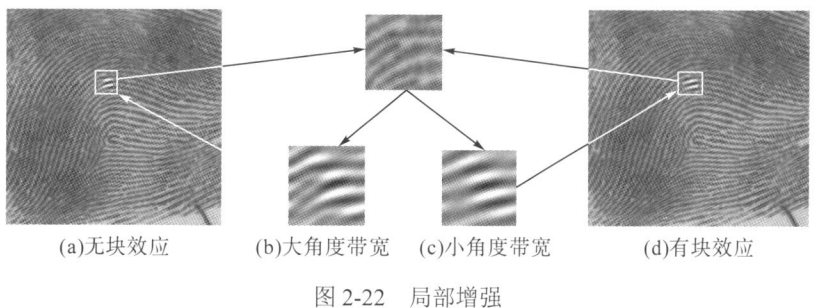

(a)无块效应　(b)大角度带宽　(c)小角度带宽　(d)有块效应

图 2-22　局部增强

通过以上分析，可以总结出传统 STFT 存在以下两个缺点：①采用整个频谱来计算局部嵴线方向和频率，导致计算结果受噪声影响较大；②角度滤波器和径向滤波器的参数选取较为困难，对局部嵴线方向要求较高，且不能有效处理嵴线频率较大的块。

2.2.3 改进的 STFT 指纹图像增强算法

2.2.2 节详细分析了传统 STFT 指纹图像增强算法存在的两个主要问题。本节将针对这两个问题提出一种改进的 STFT 指纹图像增强算法。

针对传统 STFT 分析存在受噪声影响较大的问题,本节提出一种阈值门限方法来确定频谱有效区域,并将局部嵴线方向和频率的计算限制在有效区域内。针对传统 STFT 分析存在滤波器带宽参数设置困难、对嵴线方向和频率要求严格以及有效频谱丢失的问题,提出用陷波带通滤波器和高斯带通滤波器来取代传统的角度滤波器和径向滤波器。

1. 基于有效区域的 STFT 分析

对指纹进行 STFT 分析的主要目的是提取局部嵴线方向和频率。Chikkerur 等[9]直接对经 STFT 后的频谱采用概率计算局部嵴线方向和频率,但由于局部指纹图像信号并非严格意义上的周期性二维信号,某些局部指纹图像信号的主频谱成分并不明显,若直接求取局部嵴线方向和频率,难免存在较大误差。为了降低噪声对计算的干扰,首先提取频谱有效区域。在对局部指纹图像进行 STFT 后,首先利用式(2-20)对频谱进行处理,以扩展主频谱,得到图 2-23(c)。

$$F(u,v) = I(u,v) \times Q, \quad Q = \left(\frac{|I(u,v)|}{\mathrm{DC}}\right)^K \tag{2-20}$$

式中,DC 为频谱直流成分;$|I(u,v)|$ 为频谱幅值;K 为一个常数,在实验中取为 3。

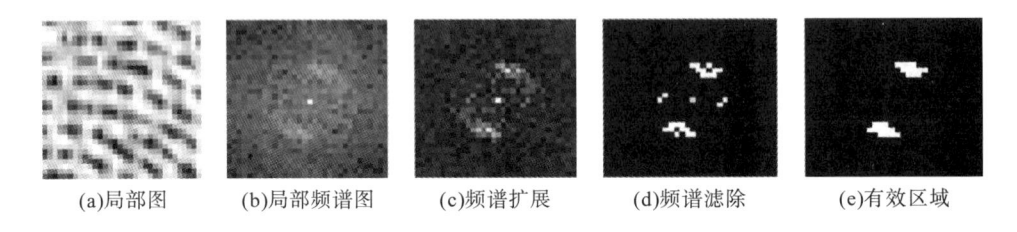

(a)局部图　　(b)局部频谱图　　(c)频谱扩展　　(d)频谱滤除　　(e)有效区域

图 2-23　确定频谱有效区域的过程

图 2-23(b)～图 2-23(e)中的主频谱成分并不明显且整个频谱分布较为零散。经过处理后,嵴线纹理模式的主频谱成分被有效保留,而噪声频谱被弱化,如图 2-23(c)所示。接下来,利用式(2-21)求取图 2-23(c)中的频谱能量均值(Mean):

$$\mathrm{Mean} = \frac{1}{n \times m} \sum_{i=0}^{n} \sum_{j=0}^{m} |F(i,j)| \tag{2-21}$$

式中,$n \times m$ 为频谱图像的大小;$|F(i,j)|$ 为频谱能量。若某一点处的频谱能量满足式(2-22),则认为是有效点,否则为无效点。

$$|F(i,j)| - \mathrm{Mean} > \mathrm{Threshold} \tag{2-22}$$

式中,Threshold 为阈值常数,在本实验中其值为 80。

如图 2-23(d)所示，经过式(2-22)处理后，仍然存在一些孤立的点及孔洞。因此，采用数学形态学中的开闭运算来消除这些孤立点，得到如图 2-23(e)所示的结果，即有效区域。

得到有效嵴线频谱区域后，将局部嵴线方向和频率的求取限定在有效区域内。为了减少计算时间和便于计算机程序实现，不采用 Chikkerur 等[9]提出的方法求取局部嵴线方向和频率，而用如下步骤求取局部嵴线方向和频率。

首先，利用式(2-23)将其转换成极坐标形式 $F(\theta,r)$，其中 θ 表示角度，r 表示模值。

$$\begin{cases} \theta = \arctan\left(\dfrac{v}{u}\right) \\ r = \sqrt{u^2+v^2} \end{cases} \tag{2-23}$$

然后，将频谱进行等分划分，如图 2-24 所示。其中图 2-24(a)为角度划分，图 2-24(b)为同心圆划分。

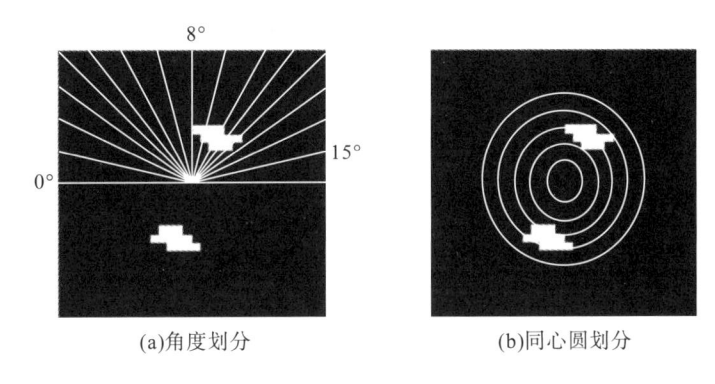

(a)角度划分　　　　(b)同心圆划分

图 2-24　频谱划分

对于图 2-24(a)，利用式(2-24)计算每一角度等分所包含的频谱幅值，再利用式(2-25)估计局部嵴线角度 θ。其中，a 和 b 由式(2-26)求得。

$$M_i = \sum |F(\theta,r)|, \quad i \leqslant \dfrac{\theta}{16} < i+1, \quad i=0,1,\cdots,15 \tag{2-24}$$

$$\theta = \dfrac{1}{2}\arctan\left(\dfrac{a}{b}\right) + \dfrac{\pi}{2} \tag{2-25}$$

$$a = \sum_{i=1}^{15}\left[\dfrac{M_i}{\sum_{l=1}^{15}M_l}\sin\left(2\times i\times\dfrac{180}{16}\right)\right], \quad b = \sum_{i=1}^{15}\left[\dfrac{M_i}{\sum_{l=1}^{15}M_l}\cos\left(2\times i\times\dfrac{180}{16}\right)\right] \tag{2-26}$$

与指纹图像方向场类似，嵴线频率 r 也是一种描述指纹纹理模式的重要特征。正确计算嵴线频率，对于增强算法至关重要。对于某一个固定数据库，嵴线频率所处的范围是固定的，因此在频域计算嵴线频率时，可以将计算限制在某一个范围之内，这样可以减少计算量。以频谱图像的中心点为原点、l 为半径对频谱图像进行等分分割，如图 2-24(b)所示。利用式(2-27)可以得到每一个同心圆所包含的频谱能量：

$$E_l = \sum |F(\theta,r)|, \quad l \leqslant r < l+1 \tag{2-27}$$

式中，l 表示同心圆的半径。l 的具体取值视所应用的数据库及局部块大小而定。在本节中，l 的取值为 1～15。求得各个同心圆包含的频谱能量后，利用式(2-28)确定频谱峰值与原点的距离。

$$L = \sum_{i=1}^{15} \frac{E_i}{\sum_{l=1}^{15} E_l} \times i \tag{2-28}$$

一般而言，由 STFT 所得到的指纹方向场和频率场并不平滑。为了得到平滑的方向场和频率场，通常会对其进行低通滤波处理。STFT 分析结果如图 2-25 所示。

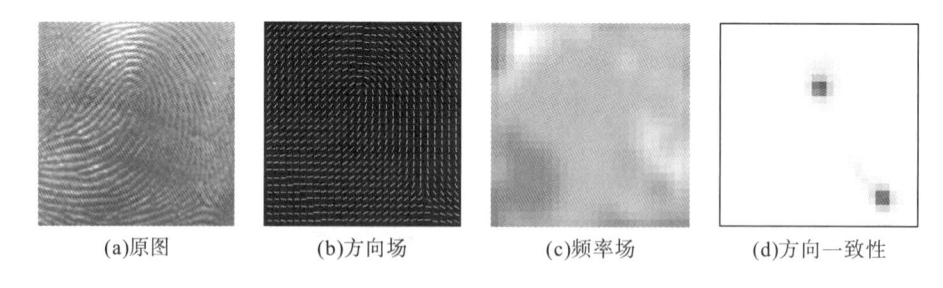

(a)原图　　(b)方向场　　(c)频率场　　(d)方向一致性

图 2-25　STFT 分析结果

2. 陷波滤波器和高斯带通滤波器

在频域对指纹图像增强成功的关键是有效保留嵴线频谱，滤除噪声频谱。由 2.2.3 节的分析可知，传统 STFT 滤波器的设计有时并不能达到保护嵴线频谱的目的。为此，本节提出用巴特沃思陷波带通滤波器和高斯带通滤波器来取代传统 STFT 滤波器。陷波滤波器的频谱响应如图 2-26 所示。

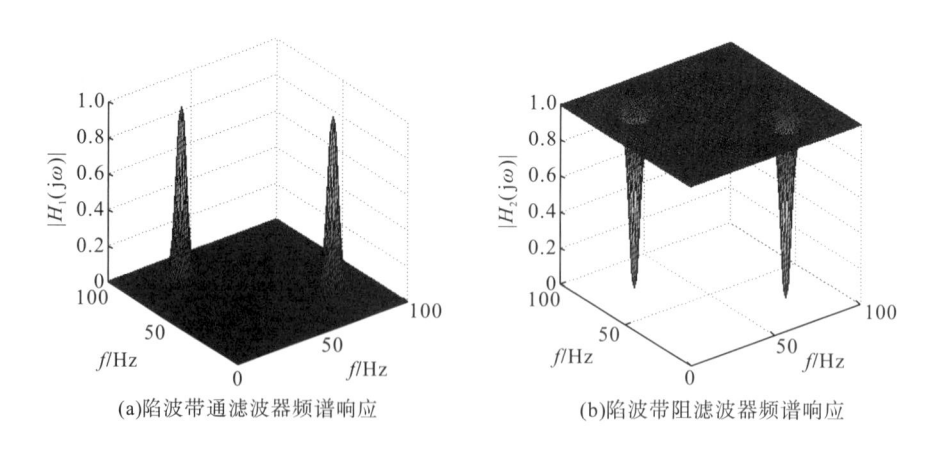

(a)陷波带通滤波器频谱响应　　(b)陷波带阻滤波器频谱响应

图 2-26　陷波滤波器频变响应

陷波带阻滤波器可以用中心频率被平移到陷波滤波器中心的高通滤波器的乘积来构造。在实验中，采用高斯高通滤波器作为构造陷波带阻滤波器的基本滤波器，巴特沃思陷波带阻滤波器可以通过式(2-29)求得

$$H_{\mathrm{NR}}(u,v) = H_k(u,v)H_{-k}(u,v) \qquad (2\text{-}29)$$

式中，$H_k(u,v)$ 和 $H_{-k}(u,v)$ 为高通滤波器，它们的频率中心分别位于 (u_k,v_k) 和 (u_{-k},v_{-k}) 处。这些中心是根据频率矩形的中心 $\left(\dfrac{n}{2},\dfrac{m}{2}\right)$ 确定的，$\left(\dfrac{n}{2},\dfrac{m}{2}\right)$ 为坐标系的原点。对于每个滤波器，距离的计算由式(2-30)执行：

$$\begin{cases} D_k(u,v) = \left[\left(u-\dfrac{n}{2}-u_k\right)^2 + \left(v-\dfrac{m}{2}-v_k\right)^2\right]^{\frac{1}{2}} \\ D_{-k}(u,v) = \left[\left(u-\dfrac{n}{2}+u_k\right)^2 + \left(v-\dfrac{m}{2}+v_k\right)^2\right]^{\frac{1}{2}} \end{cases} \qquad (2\text{-}30)$$

巴特沃思高通滤波器的二维数学表达式为

$$H_k(u,v) = \dfrac{1}{1+\left[\dfrac{D_0}{D(u,v)}\right]^{2n}} \qquad (2\text{-}31)$$

式中，D_0 为滤波器截止频率；n 为滤波器阶数。因此，巴特沃思陷波带阻滤波器可以表示为

$$H_{\mathrm{NR}}(u,v) = \dfrac{1}{1+\left[\dfrac{D_0}{D_k(u,v)}\right]^{2n}} \times \dfrac{1}{1+\left[\dfrac{D_0}{D_{-k}(u,v)}\right]^{2n}} \qquad (2\text{-}32)$$

陷波带阻滤波器与陷波带通滤波器类似，唯一不同的是陷波带阻滤波器阻止预先设定的频谱成分，接受其余频谱成分；而陷波带通滤波器接受预先设定的频谱成分，拒绝其余频谱成分。陷波带通滤波器可以通过陷波带阻滤波器得到，通过式(2-33)，可得到陷波带阻滤波器。

$$H_{\mathrm{NP}}(u,v) = 1 - H_{\mathrm{NR}}(u,v) \qquad (2\text{-}33)$$

在高曲率区域，指纹方向发生剧烈变化，其频谱分布呈现不规则环状结构。为了保护这一区域内的嵴线信息，采用如式(2-34)所示的高斯带通滤波器来对这一区域的指纹图像进行滤波增强处理：

$$H(p) = \begin{cases} \exp\left[-\dfrac{(\rho-\rho_0)^2}{\rho_{\mathrm{BW}}}\right], & |\rho-\rho_0|<\rho_{\mathrm{BW}}, \quad p = \sqrt{\left(u-\dfrac{n}{2}\right)^2 + \left(v-\dfrac{m}{2}\right)^2} \\ 0, & \text{其他} \end{cases} \qquad (2\text{-}34)$$

式中，ρ_{BW} 为滤波器的带宽，与所选择的窗口大小有关；ρ_0 为中心频率，其设定与嵴线频率 $L'(i,j)$ 有关。在本节中，依据方向一致性指标 Coh 来划分指纹图像中的高曲率区域和低曲率区域。方向一致性可由式(2-19)计算。因此，滤波器 H 可表示为

$$H' = \begin{cases} H_{\mathrm{NP}}(u,v), & \mathrm{Coh} < \mathrm{Threshold} \\ H(p), & \text{其他} \end{cases} \qquad (2\text{-}35)$$

在本节中，巴特沃思陷波带通滤波器的截止频率 D_0 可简单地取为 $D_0 = 1.0 + \text{Coh}$，Coh 为当前块的方向一致性值。为了保护奇异点区域内的嵴线结构，高斯带通滤波器的带宽取为 1.5。

3. 算法描述

综合前面的分析和设计，本节提出的改进的 STFT 指纹图像增强算法可归纳为以下 5 个步骤。

步骤 1：将指纹图像分成相互重叠的块，其中窗口大小为 WNDSZ×WNDSZ，有效块大小为 BLKSZ×BLKSZ。

步骤 2：提取图像方向场(θ)和频率场(f)信息。

(1) 将块 $B(i,j)$ 加上升余弦窗口，然后对 $B(i,j)$ 进行离散傅里叶变换，即 $F = \text{FFT}(B)$。

(2) 对 F 进行根滤波处理，其目的是增强频谱的主要成分，削弱次要成分，即 $F' = F \times |F|^n$。

(3) 对 F' 进行傅里叶分析，分别根据式(2-23)和式(2-25)计算块方向 $\theta(i,j)$ 和块频率 $f(i,j)$。

步骤 3：根据式(2-19)计算方向一致性 Coh。

步骤 4：根据块方向 $\theta(i,j)$、块频率 $f(i,j)$ 和块方向一致性 $\text{Coh}(i,j)$，在频域进行滤波增强，即 $F' = F \times H'$。

步骤 5：对 F' 进行傅里叶逆变换，即 $I' = \text{IFFT}(F')$，并由各个子块增强图像，重构整幅图像。

2.2.4 实验结果分析

为了验证改进的 STFT 指纹图像增强算法的有效性，首先将其应用到非接触式指纹图像中。相比传统的按捺式指纹图像，非接触式指纹图像的嵴线频率变化更大。在本节中所用的非接触式指纹图像均通过索尼 ILCE-6000 获得，在进行采集之前，首先将炭黑均匀地涂在手指上，目的是减少背光的影响，使采集到的图像样本的嵴线更加清晰。实验所针对的样本集是非接触式指纹图像，因此在增强之前对原图进行一次局部均衡处理。为了方便处理和减少程序运行时间，采用 OpenCV 提供的函数 cvResize 对原图的尺寸进行调整。在这里，将原尺寸调整为 550 像素×495 像素，块大小选取为 11 像素×11 像素，窗口大小为 33×33。窗口大小的选择与指纹嵴线频率有关，一般而言，窗口应至少包含 2~3 条嵴线。陷波带通滤波器 D_{0k} 和高低带通滤波器 ρ_{BW} 的选取与窗口大小和方向一致性有关，在本节中，它们均取为 1.5。

将本节提出的算法与文献[9]~文献[11]提出的算法做详细对比，图 2-27 为各种增强算法的实验结果。图 2-27(b)和图 2-27(c)为空域滤波结果；图 2-27(d)和图 2-27(e)为频域滤波结果。其中，图 2-27(d)为传统基于 STFT 分析的指纹图像增强算法，图 2-27(e)为本节提出的改进算法。由于原图被噪声污染得较为严重，而这些噪声主要来自不均匀地涂墨和背光不均匀,因此很难利用梯度法得到可靠的方向场。图 2-27(b)和图 2-27(c)的增强结果中出现了一些走向错误的嵴线,这是由不准确的方向场引起的。图 2-27(c)为用相干一致扩散滤波增强后的结果。相干一致扩散滤波本质上是利用各向异性高斯低通滤波器沿着嵴线方向对指纹图像进行滤波增强。由于没有利用嵴线和谷线的频率特性,滤波后嵴线和谷线之间的对比度比其他同时利用嵴线方向和频率信息进行增强的算法要低。传统基于 STFT 分析的指纹图像增强算法采用整个小块内的频谱来计算局部嵴线方向和频率。对于被噪声严重污染的区域,这样的做法使得计算结果受噪声影响较大,导致滤波沿着错误的嵴线方向进行,出现一些虚假嵴线,如图 2-27(d)中第一行和第三行的圆圈区域所示;若滤波器设计不当,则会导致出现嵴线不连续的增强结果,如图 2-27(d)中第二行的圆圈区域所示。而本节提出的算法是通过 STFT 分析来求得方向场和频率场信息,在进行 STFT 分析时仅利用块的有效频谱区域来计算方向场和频率场,从而避免了噪声对计算结果的干扰,求得的方向场和频率场更准确。在滤波阶段,采用陷波滤波器对重叠块进行滤波处理,最大限度地保留了原有的嵴线频谱成分,因此图 2-27(e)中很少出现嵴线不连续的情况。

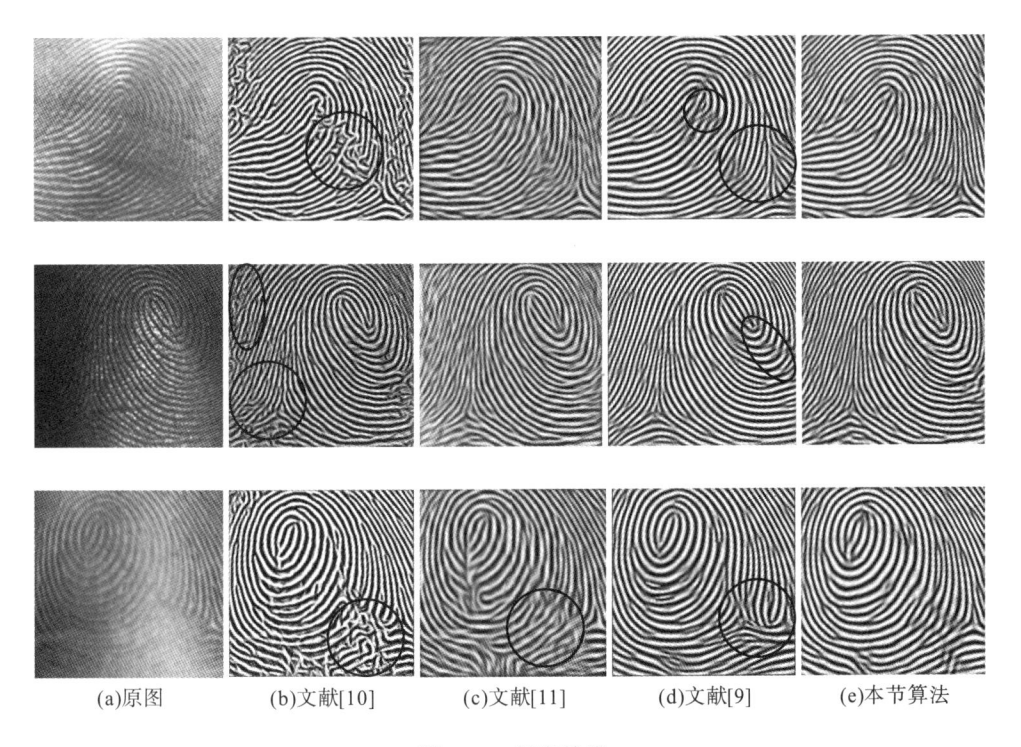

(a)原图　　(b)文献[10]　　(c)文献[11]　　(d)文献[9]　　(e)本节算法

图 2-27　增强结果

图像增强的目的是更可靠地提取特征点,增强算法的好坏直接通过特征点提取准确度来衡量。为了进一步衡量本节提出的算法的有效性,对增强后的图像进行特征提取,这里主要提取嵴线端点和三角点,所选用的指纹数据库图像是使用索尼 ILCE-6000 获取的非接触式指纹图像,样本集为 10 个人的 100 幅图像,每个人的每个手指各采集一幅图像,统计结果如表 2-1 所示。

表 2-1　各种算法错误率对比(%)

算法	文献[10]	文献[11]	文献[9]	本节算法
丢失特征点	6.54	7.43	5.21	4.35
增加特征点	18.25	16.74	15.43	8.49
错误特征点	14.27	10.31	8.27	8.31
总错误率	39.06	34.48	28.91	21.15

FVC2004 DB1 包含 880 幅指纹图像，其中 DB1A 包含 800 幅图像，DB1B 包含 80 幅图像，每幅图像的分辨率均为 500dpi（每英寸点数，1in=2.54cm），大小为 640 像素×480 像素。从中挑出 300 幅图像，通过本节提出的算法增强后对其进行特征提取。通过统计，得出特征点总错误率为 27.52%。值得注意的是，有时候对于手指较湿的指纹图像，单次滤波处理并不能取得很好的效果，需要进行多次处理，一般完成两次滤波后便可以得到令人满意的结果。在实验中，为了统一对重叠块的选取，统一采用 OpenCV 提供的函数 cvResize 来修改各个 FVC 数据库图像尺寸的大小。

图 2-28 为一些低质量指纹的增强及特征点提取结果。图 2-28(a)为原图，图 2-28(b)为增强后的图像，图 2-28(c)为细化后的图像，图 2-28(d)为分叉点提取结果，图 2-28(e)为端点提取结果。从特征提取结果中可以看出，本节提出的增强算法能很好地保护原有的特征点，对端点的保护效果特别明显。对于一些虚假的特征点，二值化算法不完备，导致丢失分叉点和产生虚假端点，如图 2-28 中第 2~4 行圆圈中的点所示。

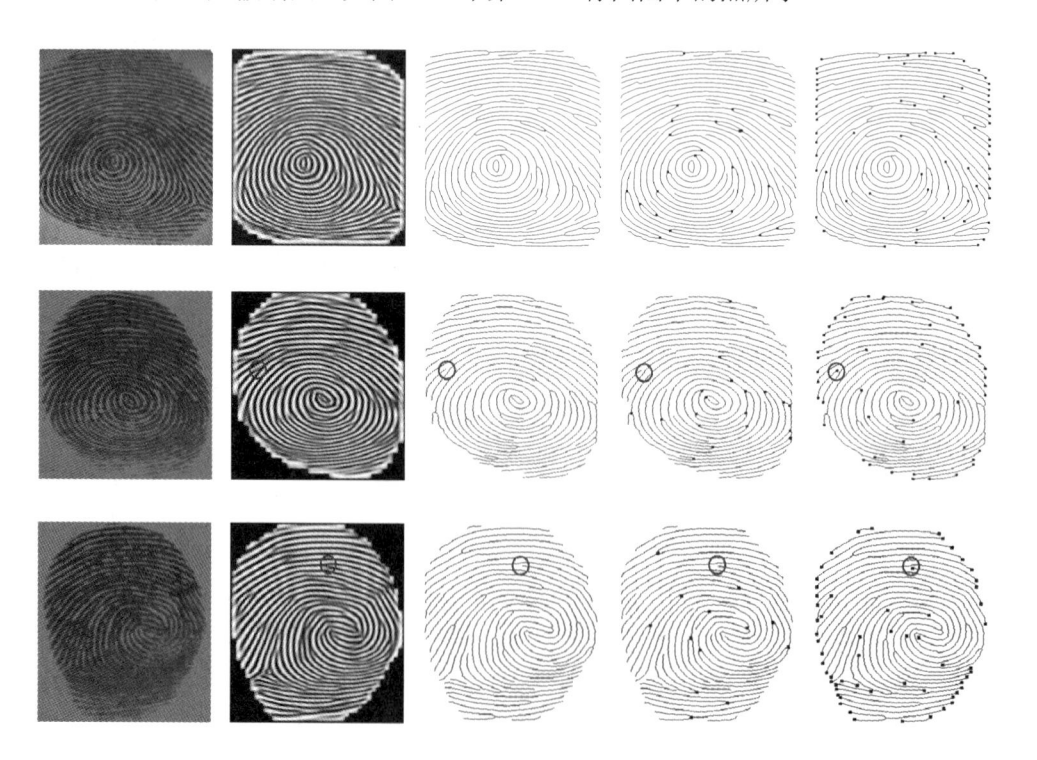

(a)原图　　(b)增强后的图像　　(c)细化后的图像　　(d)分叉点提取结果　　(e)端点提取结果

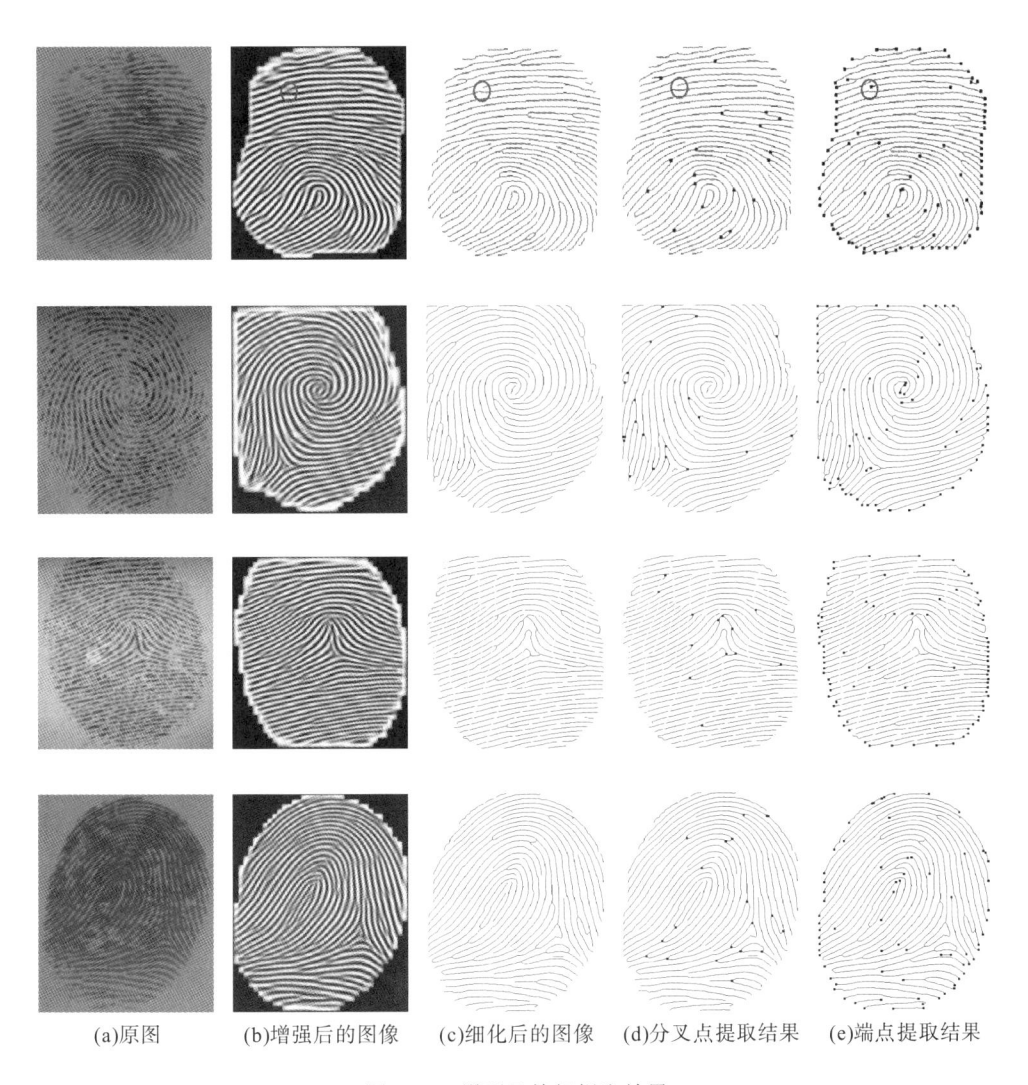

图 2-28　增强及特征提取结果

2.2.5　小结

本节重点研究了基于 STFT 分析的指纹图像增强算法，详细剖析了传统基于 STFT 分析的指纹图像增强算法存在的缺点，并针对其缺点提出了一种改进的算法：首先，利用块频谱有效区域内的频谱成分来计算指纹嵴线方向场和频率场，降低噪声对嵴线方向场和频率场计算的影响；然后，用陷波滤波器来代替方向滤波器和径向滤波器，使得滤波过程能更好地保护嵴线频谱成分，其在设计上比方向滤波器和径向滤波器更加简洁，参数要求更宽松。本节通过实验证明了该算法具有可行性且有效。

2.3 基于方向权值扩散的指纹方向场计算

在指纹识别系统中，指纹方向场识别是指纹特征提取过程中不可或缺的一步，它反映了指纹结构的大致走向，以及指纹的基本形状。指纹方向场在指纹增强、奇异点检测、指纹分类等过程中都发挥着重要的作用。一幅指纹图像方向场的求取结果将直接影响指纹识别系统的准确程度。虽然指纹研究已经相对成熟，但现存的指纹中质量差的指纹仍占约10%[12]，对指纹算法的研究仍具有重要的意义。针对指纹低质量区域方向场难以判断的问题，本节提出一种基于方向权值扩散的方法，即先求出质量高的块的方向，然后逐步求出质量差的块的方向。

2.3.1 预处理

在求取指纹方向场之前要先对输入指纹进行预处理，包括归一化、分割等。在不同环境条件下采集的指纹灰度图像存在较大差异，因此需要对指纹进行归一化处理，给所有指纹灰度赋固定的参数，调整对比度，为后续的处理打下基础。指纹分割则将输入指纹的有效区域提取出来，由此可以提高计算效率。

1. 指纹归一化

对于一幅输入指纹，假设 $I(i,j)$ 为输入指纹 (i,j) 点的灰度值，指纹的大小为 $N\times M$，根据式(2-36)和式(2-37)可以分别求出均值和方差：

$$\text{Mean} = \frac{1}{N\times M}\sum_{i=0}^{M-1}\sum_{j=0}^{N-1}I(i,j) \qquad (2\text{-}36)$$

$$\text{Var} = \frac{1}{N\times M}\sum_{i=0}^{M-1}\sum_{j=0}^{N-1}\left[I(i,j)-\text{Mean}\right]^2 \qquad (2\text{-}37)$$

根据式(2-38)可以求出归一化结果：

$$G(i,j)=\begin{cases} M_0+\sqrt{\dfrac{V_0\left[I(i,j)-\text{Mean}\right]^2}{\text{Var}}}, & I(i,j)>\text{Mean} \\ M_0-\sqrt{\dfrac{V_0\left[I(i,j)-\text{Mean}\right]^2}{\text{Var}}}, & \text{其他} \end{cases} \qquad (2\text{-}38)$$

式中，Mean 和 Var 分别为输入指纹的均值和方差；M_0 和 V_0 分别为根据经验值设定的均值和方差，在本实验中 M_0 取 100，V_0 取 1000。实验结果如图 2-29 所示，可以看出归一化后指纹灰度图像的对比度较原图有了很大的改善。

2. 指纹分割

应用基于形态学的方法对原始指纹进行分割，具体步骤如下。

步骤 1：把输入指纹划分为大小为 9×9 的互不重叠的小块。

步骤 2：根据式(2-39)和式(2-40)，求出每个小块的灰度值的均值和方差。

$$\text{Mean}(x,y) = \frac{1}{W \times W} \sum_{i=0}^{W-1} \sum_{j=0}^{W-1} I(i,j) \tag{2-39}$$

$$V(x,y) = \frac{1}{W \times W} \sum_{i=0}^{W-1} \sum_{j=0}^{W-1} \left[I(i,j) - \text{Mean}(i,j) \right]^2 \tag{2-40}$$

式中，$x = 0,1,\cdots,X$，$y = 0,1,\cdots,Y$，X、Y 为指纹的大小；W 为块的大小；$I(i,j)$ 为点 (i,j) 的灰度值。

步骤 3：对块的方差 $V(x,y)$ 设定阈值 Threshold (本实验中为 30)，若 $V(x,y)>$ Threshold，则为前景区域的块，把整块标记为 255，并存储在矩阵 A 中；反之则为背景区域的块，把整块标记为 0，并存储在矩阵 A 中。

步骤 4：运用形态学对矩阵 A 进行闭操作和开操作。

步骤 5：得到分割图像。

分割后的指纹图像如图 2-30 所示。

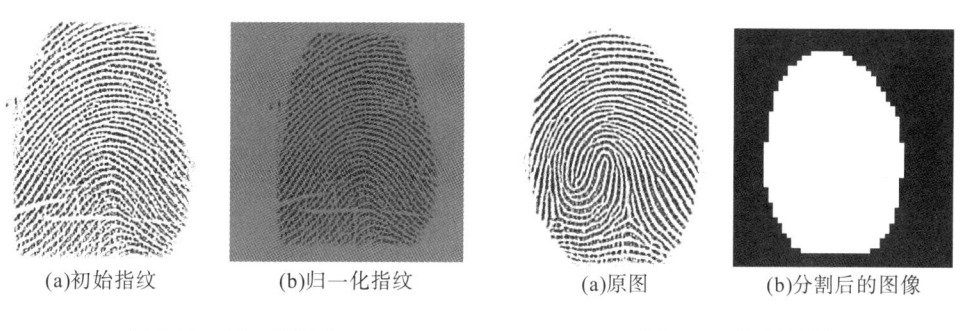

(a)初始指纹　　(b)归一化指纹　　(a)原图　　(b)分割后的图像

图 2-29　归一化图像　　　　图 2-30　指纹分割

2.3.2　梯度

用梯度检测指纹方向场是目前最为流行的方法，梯度向量的方向总是指向灰度值变化最剧烈的方向。将某个块的梯度方向加(减)π/2 即得该块的块方向。求取梯度的步骤如下。

步骤 1：用式(2-41)求出前景区域每个点的偏导数。

$$G_j^1 = \frac{\partial g(i,j,\sigma)}{\partial_j}, \quad G_i^1 = \frac{\partial g(i,j,\sigma)}{\partial_i} \tag{2-41}$$

式中，G_j^1、G_i^1 分别为 j 方向和 i 方向的偏导数。

步骤 2：用式(2-41)与图像灰度进行卷积运算，得到式(2-42)。

$$G_j = \frac{\partial g(i,j,\sigma)}{\partial_j} * I(i,j), \quad G_i = \frac{\partial g(i,j,\sigma)}{\partial_i} * I(i,j) \tag{2-42}$$

式中，$g(i,j,\sigma)$ 为二维高斯函数；$I(i,j)$ 为点 (i,j) 处的灰度；G_j 和 G_i 分别为 j 方向和 i 方向的梯度。

2.3.3 平方梯度法

平方梯度法是求指纹方向场时最简单的方法，其特点是计算简单，且对于质量好的指纹能比较准确地求出方向场，但在噪声区域鲁棒性较差。平方梯度法的推导过程如下。

(1) 利用式(2-43)将梯度转换为极坐标形式：

$$\begin{bmatrix} G_\rho \\ G_\varphi \end{bmatrix} = \begin{bmatrix} \sqrt{G_x^2 + G_y^2} \\ \arctan\left(\dfrac{G_x}{G_y}\right) \end{bmatrix} \tag{2-43}$$

(2) 当 $-\dfrac{\pi}{2} < G_\varphi \leqslant \dfrac{\pi}{2}$ 时，G_x 指向总是为正，梯度向量转换为笛卡儿坐标形式，即

$$\begin{bmatrix} G_x \\ G_y \end{bmatrix} = \begin{bmatrix} G_\rho \cos G_\varphi \\ G_\rho \sin G_\varphi \end{bmatrix} \tag{2-44}$$

(3) 利用三角函数，求得平方梯度向量为

$$\begin{bmatrix} G_{s,x} \\ G_{s,y} \end{bmatrix} = \begin{bmatrix} G_\rho^2 \cos(2G_\varphi) \\ G_\rho^2 \sin(2G_\varphi) \end{bmatrix} = \begin{bmatrix} G_\rho^2 \left(\cos^2 G_\varphi - \sin^2 G_\varphi\right) \\ G_\rho^2 \left(2\sin G_\varphi \cos G_\varphi\right) \end{bmatrix} = \begin{bmatrix} G_x^2 - G_y^2 \\ 2G_x G_y \end{bmatrix} \tag{2-45}$$

(4) 利用式(2-46)求出块内的平均平方梯度：

$$\begin{bmatrix} \overline{G}_{s,x} \\ \overline{G}_{s,y} \end{bmatrix} = \begin{bmatrix} \sum_{i=0}^{W-1}\sum_{j=0}^{W-1} G_x^2 - G_y^2 \\ \sum_{i=0}^{W-1}\sum_{j=0}^{W-1} 2G_x G_y \end{bmatrix} \tag{2-46}$$

(5) 由式(2-47)可以求出块内梯度的角度：

$$\psi = \frac{1}{2}\arctan\left(\frac{\overline{G}_{s,y}}{\overline{G}_{s,x}}\right) \tag{2-47}$$

(6) 由式(2-48)求出块内的指纹方向：

$$\theta = \psi + \frac{\pi}{2} \tag{2-48}$$

其方向场如图 2-31 所示。由图 2-31 可以看出，基于平方梯度法求得的块方向场基本上能反映出指纹方向，但在噪声污染区域[图 2-31(b)中用圆圈标记的区域]会出现方向检测出错。

(a)原图　　　　　　　　(b)基于平方梯度法的块方向场

图 2-31　基于平方梯度法的指纹方向场

2.3.4　投票法

如果指纹的质量较好,则基于平方梯度法能比较准确地检测出其方向场,但对于质量差的区域(如指纹过干、有伤疤、粘连的区域),基于平方梯度法并不能很好地检测出其方向场。为了使方向场的求取更加准确、鲁棒性更强,Wang 等[6]提出了一种基于投票机制的方法,其基本思想如下。

(1)利用式(2-49)求出块内的梯度一致性:

$$\text{Coh}_B = \frac{\left| \sum_{i=1}^{N} \sum_{j=1}^{N} \left(g_{sx}(i,j), g_{sy}(i,j) \right) \right|}{\sum_{i=1}^{N} \sum_{j=1}^{N} \left| \left(g_{sx}(i,j), g_{sy}(i,j) \right) \right|} \tag{2-49}$$

式中,N 代表块的尺度;$g_{sx}(i,j)$ 和 $g_{sy}(i,j)$ 分别代表水平方向和垂直方向的梯度。梯度一致性反映了该尺度下块的可靠性,一致性越高越可靠。

(2)对于当前块,利用邻域块把待评估块和 8 邻域组合成四个区域,如图 2-32 所示。把块 Ⅰ、块 Ⅱ、块 Ⅳ、块 Ⅴ 划分为 D_1 区域,块 Ⅱ、块 Ⅲ、块 Ⅴ、块 Ⅵ 划分为 D_2 区域,块 Ⅳ、块 Ⅴ、块 Ⅶ、块 Ⅷ 划分为 D_3 区域,块 Ⅴ、块 Ⅵ、块 Ⅷ、块 Ⅸ 划分为 D_4 区域。分别求出四个区域(圆圈包含的四个块)的一致性,然后选取一致性最高的区域的方向代替目标块 Ⅴ 的方向。

投票法主要利用指纹局部区域方向变化平缓的特性,用邻域内可靠块的方向取代目标块的方向,用四个邻域块的方向代替一个目标块的方向可以提高抗噪性。相比传统的平方梯度法,投票法具有更强的鲁棒性。图 2-33(b)和图 2-33(c)分别为用平方梯度法和投票法求取的方向场。

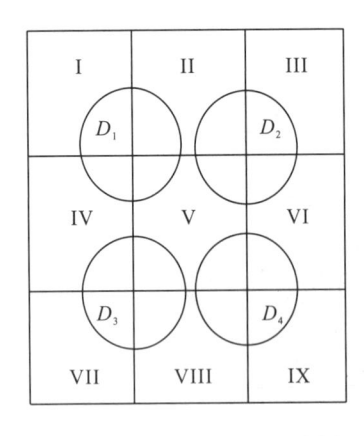

图 2-32　以块 V 为目标块的区域划分示意图　　　图 2-33　方向场对比结果

(a)原图　　(b)平方梯度法　　(c)投票法

2.3.5　基于方向权值扩散的指纹方向场建立

虽然基于投票法求取方向场能充分利用邻域内最可靠的区域来提高鲁棒性，但如果质量差的区域覆盖了目标块的整个邻域，则会导致四个区域的可靠性都不高，用一致性最高的区域求出的方向场也不准确。而且由于四个邻域块对目标块的方向都有影响(对目标块的方向都有贡献)，单纯用一致性较高区域的方向取代目标块的方向在奇异点区域很容易引起奇异点偏移。

为了使邻域的可靠性提高和减少奇异点偏移，受文献[13]启发，本节提出一种基于方向权值扩散求指纹方向场的方法。首先用 2.3.1 节提出的指纹归一化方法对输入指纹的方向场进行粗提取，然后用一种对梯度赋予权重的方法，利用梯度一致性对指纹质量进行评估，质量评估完成之后，可能会存在质量误判的块，所以要对误判的块进行修正，最后利用块质量的好坏和优先级的高低对整个指纹方向场进行迭代，直到完成迭代。该方法利用质量好的块逐步向质量差的块扩散，从而提高了邻域块的可靠性，图 2-34 为该方法的流程图。

1. 指纹质量评估

目前有许多评估指纹质量的方法，本节采用文献[14]中的评估方法。传统的求方向场的算法把点梯度向量的加权系数归一化(加权系数为 1)，文献[2]讨论了是否将点梯度向量系数规范化的问题。通过比较实验结果可知，有效点的梯度向量(位于嵴线和谷线边沿)一般会产生积极的影响，无效点的梯度向量(一般位于嵴线或谷线内部且其系数一般比较小，或者位于陡峭的噪声边沿，其系数一般比较大)一般会产生负面影响，即每个点对求取方向场的贡献程度不一样，如图 2-35 所示。

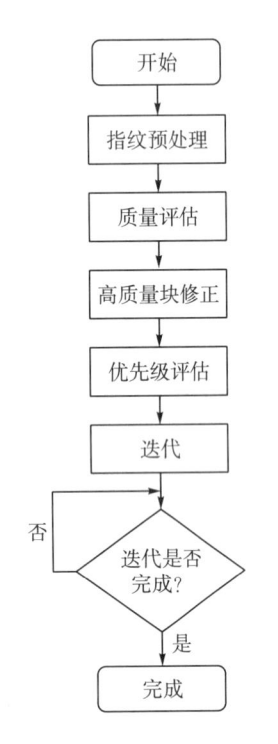

图 2-34　利用方向权值扩散检测方向场流程图

第 2 章 掌纹及指纹图像增强算法

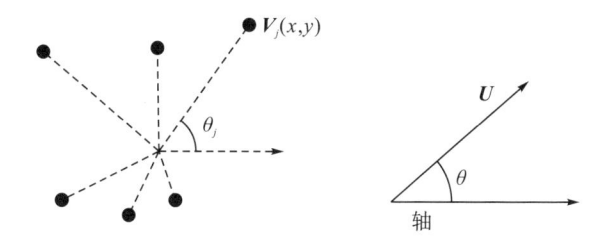

图 2-35 计算向量集的主导方向示意图

利用权值系数可以更加精确地评估指纹的质量，具体步骤如下。

步骤 1：利用式(2-50)计算块内各个点的方向。

$$\theta(x,y) = \begin{cases} \arctan\left(\dfrac{G_y}{G_x}\right) + \dfrac{\pi}{2}, & G_x G_y \neq 0 \\ \dfrac{\pi}{2}, & G_x \neq 0 且 G_y \neq 0 \\ 0, & 其他 \end{cases} \quad (2\text{-}50)$$

步骤 2：利用式(2-51)求出相似度 $R(i,j)$。

$$R(i,j) = \frac{1}{W \times W} \sum_{m=1}^{W} \sum_{n=1}^{W} \frac{\cos\left[\theta(i,j) - \theta(m,n) + 1\right]}{2} \quad (2\text{-}51)$$

式中，W 为块的大小；$\theta(i,j)(i,j=1,2,\cdots,W)$ 为点 (i,j) 处的方向；$R(i,j) \in [0,1]$ 为点方向的相似度，反映了块内任意一点的方向与块内其他点的相似度，代表了在计算局部最优方向时块内任意一点的重要程度。

步骤 3：根据图 2-35，图中 $V_j(j=1,2,\cdots,W \times W)$ 为梯度向量场，相应的角度为 θ_j，R_j 为 θ_j 对应的相似度。U 表示块内最主要的方向，V_j 沿着 U 方向的加权映射由式(2-52)求得。

$$P_j = R_j \frac{U^T}{U} V_j \quad (2\text{-}52)$$

式中，$U = \begin{bmatrix} U_x \\ U_y \end{bmatrix}$，$V_j = \begin{bmatrix} V_{jx} \\ V_{jy} \end{bmatrix}$。$U$ 的单位向量用 $u^T = \dfrac{U^T}{\|U\|}$ 表示。为了方便表示，将式(2-52)表示为

$$P_j = R_j u^T V_j \quad (2\text{-}53)$$

块内所有沿着 $U(x,y)$ 的向量 $V_j(j=1,2,\cdots,W \times W)$ 的加权线性投影绝对值之和为

$$S = \sum_{j=1}^{W \times W} |P_j| = \sum_{j=1}^{W \times W} |R_j u^T V_j| \quad (2\text{-}54)$$

式中，S 是关于 V_j 的函数，随着向量 U 的变化而变化。使 S 最大化的 θ 是给定向量集的主导方向，并且 U 为最佳的投影方向。由于绝对值函数 S 不是处处可微的，用 S_1 代替 S 得

$$S_1 = \sum_{j=1}^{W \times W} |P_j|^2 = \sum_{j=1}^{W \times W} \left(R_j u^T V_j\right)^2 = \sum_{j=1}^{W \times W} R_j^2 u^T V_j V_j^T u = u^T \sum_{j=1}^{W \times W} R_j^2 V_j V_j^T u \quad (2\text{-}55)$$

简化得

$$S_1 = u^T V_S u \quad (2\text{-}56)$$

式中

$$V_S = \sum_{j=1}^{W \times W} R_j^2 V_j V_j^T \quad (2\text{-}57)$$

利用拉格朗日乘法理论可以获得在 $u^T u = \dfrac{U^T U}{\|U\|\|U\|} = 1$ 且 S_1 取最大值时 U 的最佳投影方向，其判别函数为

$$J_S(u,\lambda) = u^T V_S u - \lambda(u^T u - 1) \quad (2\text{-}58)$$

对式(2-58)关于 u 求偏导数得

$$\frac{\partial J_S(u,\lambda)}{\partial u} = V_S u - \lambda u \quad (2\text{-}59)$$

当 $\dfrac{\partial J_S(u,\lambda)}{\partial u} = 0$ 时，式(2-58)取得极值，即

$$(V_S - \lambda I)u = 0 \quad (2\text{-}60)$$

式中，λ 为 V_S 的特征值；u 为 V_S 的特征向量。对应于 V_S 最大特征值的特征向量 u 的方向是局部区域中的主要方向：

$$V_S = \sum_{j=1}^{W \times W} R_j^2 V_j V_j^T = \begin{bmatrix} G_{xx} & G_{xy} \\ G_{xy} & G_{yy} \end{bmatrix} \quad (2\text{-}61)$$

式中

$$G_{xx} = \sum_{j=1}^{W \times W} R_j^2 G_{jx}^2, \quad G_{yy} = \sum_{j=1}^{W \times W} R_j^2 G_{jy}^2, \quad G_{xy} = \sum_{j=1}^{W \times W} R_j^2 G_{jx} G_{jy} \quad (2\text{-}62)$$

由式(2-60)可以求出特征值：

$$\lambda_1 = \frac{(G_{xx} + G_{yy}) + \sqrt{(G_{xx} - G_{yy})^2 + 4G_{xy}^2}}{2} \quad (2\text{-}63)$$

$$\lambda_2 = \frac{(G_{xx} + G_{yy}) - \sqrt{(G_{xx} - G_{yy})^2 + 4G_{xy}^2}}{2} \quad (2\text{-}64)$$

最后可得

$$\text{Coh} = \frac{\lambda_1 - \lambda_2}{\lambda_1 + \lambda_2} \quad (2\text{-}65)$$

式中，Coh 的取值范围为 $[0,1]$。若所有梯度指向同一个方向，则 $\lambda_2 = 0$，Coh=1。当所有方向相互抵消时，$\lambda_1 = \lambda_2$，Coh=0。其他情况下 $\text{Coh} \in (0, 1)$。把质量分数 $Q_{b(x,y)}$ 划分为四个等级，即

$$Q_{b(x,y)} = \begin{cases} 1, & \text{Coh} \in [0.8, 1] \\ 2, & \text{Coh} \in [0.7, 0.8] \\ 3, & \text{Coh} \in [0.6, 0.7] \\ 4, & \text{其他} \end{cases} \quad (2\text{-}66)$$

式中，$Q_{b(x,y)}$ 为 1、2、3、4，分别表示质量好、质量较好、质量中等、质量差。质量评估结果如图 2-36 所示。

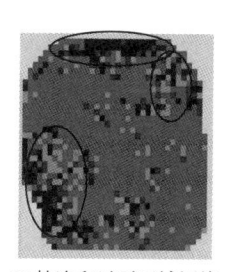

| (a)伤疤污染指纹 | (b)伤疤污染指纹的质量评估结果 | (c)粘连和过干区域污染指纹 | (d)粘连和过干区域污染指纹的质量评估结果 |

图 2-36 质量评估结果

图 2-36 中，分别选取两种最具代表性的指纹，图 2-36(a)代表伤疤污染的指纹，图 2-36(b)为图 2-36(a)对应的质量评估结果；图 2-36(c)为粘连和过干区域污染的指纹，图 2-36(d)为图 2-36(c)对应的质量评估结果。在图 2-36(a)和图 2-36(c)中用椭圆标记处为主要污染区域。在图 2-36(b)和图 2-36(d)中大面积的连续区域表示质量好的块，用椭圆标记的区域表示质量差的块。图 2-36(b)和图 2-36(d)中椭圆标记的区域刚好对应原图被污染的区域。从图 2-36 中可以看出，此方法对被不同类型噪声污染的指纹均能进行质量分类。

2. 高质量块的修正

由于本节提出的方法首先需要求出质量最高的块的方向，求出最高质量块的方向后再向质量较好的块进行扩散，因此高质量块的误判将影响后续扩散的准确度。修正标准：质量好的块，如果其八个邻域中超过七个块是质量为中等以下的块，则有很大可能把质量不好的块误判为质量好的块，通过求平均值[式(2-67)]进行修正：

$$\overline{\text{Coh}} = \frac{\sum_{i=0}^{8} \text{Coh}_i}{9} \tag{2-67}$$

式中，Coh_i 为质量好的块的邻域。

3. 优先级评估

优先级评估在扩散过程中发挥重要作用，把相同质量下的迭代优先级分为三个等级：当邻域块的已评估块总数大于 6 时，优先级为 1；当邻域块的已评估块总数为 3～6 时，优先级为 2；当邻域块的已评估块总数小于 3 时，优先级为 3。

4. 迭代

在迭代前首先针对质量高的块求出其方向场，本实验中设定块的大小为 9×9，高质量块的方向为粗提取方向场中对应位置的方向。在每次求出待评估块的方向后把该块的 Coh 设为 1，这是因为扩散过程中要利用周围八个邻域块的方向对已评估块赋予更大的权重，这样才能利用质量好的块对质量差的区域进行修正。在迭代过程中涉及两个参考指标，分别是质量和优先级，在质量相同的情况下优先对优先级高的块进行迭代。迭代过程为：在求出质量好的块的方向之后,对质量较好的块进行迭代,此时优先对优先级为 1 的块进行迭代,并把 Coh 设为 1,优先级为 1 的块完成迭代后再迭代优先级为 2 的块,并把 Coh 设为 1,依次类推,直到质量较好的块完成迭代为止。质量中等和质量差的块均按此迭代方法迭代,直到求出全部质量差的块的方向,此时停止迭代。

待评估块的方向由式(2-68)和式(2-69)求出:

$$\text{anglesin}(2\theta) = \sum_{i=0}^{8} \frac{\text{Coh}_i}{\sum_{i=0}^{8}\text{Coh}_i} \sin(2\theta_i) \tag{2-68}$$

$$\text{anglecos}(2\theta) = \sum_{i=0}^{8} \frac{\text{Coh}_i}{\sum_{i=0}^{8}\text{Coh}_i} \cos(2\theta_i) \tag{2-69}$$

式中,anglesin(2θ) 表示目标块的方向的正弦值;anglecos(2θ) 表示目标块的方向的余弦值;sin$(2\theta_i)$ 表示目标块以及邻域块的方向的正弦值;cos$(2\theta_i)$ 表示待评估块以及邻域块的方向的余弦值;Coh$_i$ 表示对应的方向一致性;θ_i 取 2 倍是为了防止在取方向时出现模棱两可的问题。

最后待评估块的方向通过式(2-70)求出:

$$\theta = \frac{1}{2}\arctan\frac{\text{anglesin}(2\theta)}{\text{anglecos}(2\theta)} \tag{2-70}$$

迭代过程如图 2-37 所示。

(a)原图　　　　　　　(b)质量评估结果　　　　　(c)优先级为1的块的方向

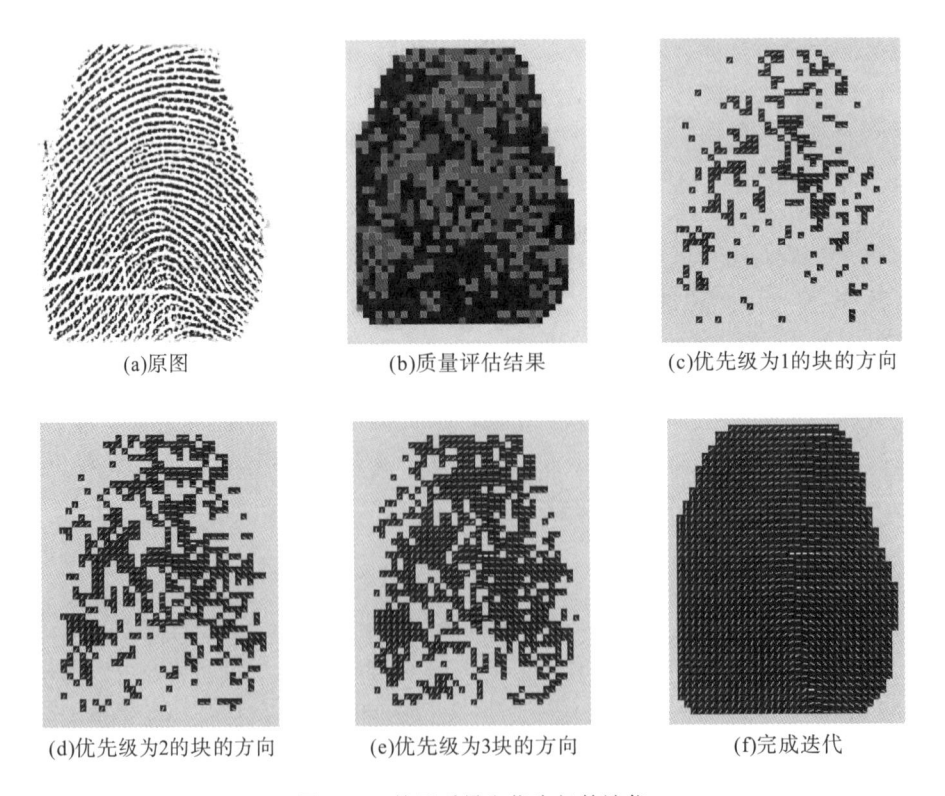

(d)优先级为2的块的方向　　(e)优先级为3块的方向　　　(f)完成迭代

图 2-37　基于质量和优先级的迭代

图 2-37 中，图 2-37(a) 为原图，图 2-37(b) 为原图的质量评估结果，图 2-37(c) 为优先级为 1 的块的方向，图 2-37(d) 为优先级为 2 的块的方向，图 2-37(e) 为优先级为 3 的块的方向，图 2-37(f) 为最终完成迭代时指纹方向场。本节提出的扩散方法可避免直接对噪声区域求方向场，通过质量和优先级两个指标来对方向场进行扩散，利用方向最可靠的块影响噪声区域的块，从而提升噪声区域方向的可靠性。从最终的结果可以看出，在质量评估图中黑色块的方向的精度得到明显的提高。

2.3.6 小结

本节详细介绍了基于方向权值扩散的指纹方向场计算方法。指纹方向场识别在指纹识别系统中是非常重要的一步，可以反映指纹结构的走向和基本形状。该方法首先进行预处理，包括指纹归一化和分割；然后通过梯度检测和平方梯度法来计算指纹方向场；接着介绍了投票法在提高方向场准确性方面的作用；最后提出了基于方向权值扩散的指纹方向场建立方法，通过评估指纹质量、修正高质量块的误判、优先级评估和迭代来逐步提高邻域块的可靠性，从而提高指纹方向的准确性和鲁棒性。

2.4 基于方向权值扩散法求取方向的改进的 STFT 增强算法

STFT 增强算法[9]是一种经典的基于空域-频域增强的算法。空域-频域分析法指的是先把指纹图像从时域变换到频域，然后在频域对图像进行一系列处理后，将图像从频域变换到时域。STFT 函数是一种加窗的傅里叶函数，加窗的目的是防止在进行块分析时产生块效应。基于 STFT 的算法流程如图 2-38 所示。

图 2-38 基于 STFT 的算法流程图

2.4.1 窗函数

由于指纹被视为有向的频率和方向都缓慢变化的信号，且总体上为非平稳信号，因此传统的傅里叶分析不能完全分析出指纹信息，需要在时域和频域解决该问题，此处利用 STFT 对信号进行处理：

$$X(\tau_1,\tau_2,\omega_1,\omega_2)=\int_{-\infty}^{\infty}\int_{-\infty}^{\infty}I(x,y)W^*(x-\tau_1,y-\tau_2)e^{-j(\omega_1 x+\omega_2 y)}dxdy \tag{2-71}$$

式中，τ_1 和 τ_2 表示二维窗函数 $W(x,y)$ 在空域的位置；ω_1 和 ω_2 表示频率参数，和一般的傅里叶变换不同的是，STFT 的结果依赖于窗函数 $W(t)$ 的选取。为了得到一个平滑的频谱窗，在实际应用中，会应用汉明窗、海明窗等。但是本书只对在频域进行增强和修复感兴趣，所以窗函数要严格选取。图 2-39 说明了如何对频谱窗函数进行参数化处理。在每个窗的位置，重叠区域 OVRLP 都和移动前的窗重合。这样做是为了保持嵴线的连续性，消除块效应。每次分析窗函数时都会产生一个最优的方向值和频率值。为了使增强效果更好，此处使用升余弦函数，升余弦函数见式(2-72)。

$$W(x,y) = \begin{cases} 1, & (|x|,|y|) < \dfrac{\text{BLKSZ}}{2} \\ \dfrac{1}{2}\left\{1+\cos\left[\dfrac{\pi(x-\text{BLKSZ})}{\text{OVRLP}}\right]\right\}, & \text{其他} \end{cases} \quad (2\text{-}72)$$

式中，$x,y \in \left[-\dfrac{\text{WNDSZ}}{2}, \dfrac{\text{WNDSZ}}{2}\right]$。

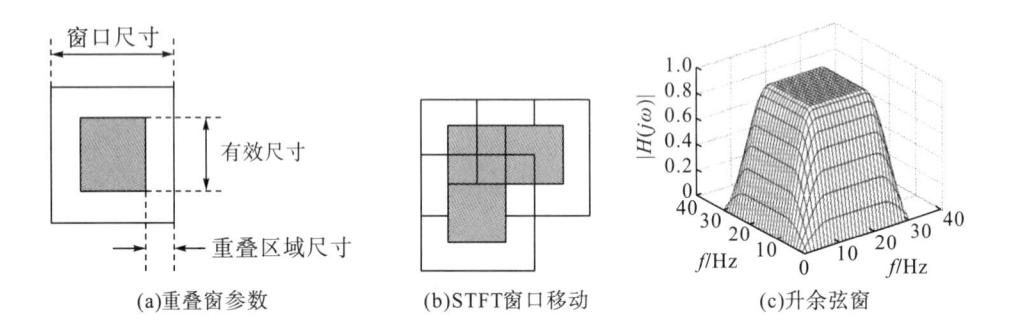

(a)重叠窗参数　　(b)STFT窗口移动　　(c)升余弦窗

图 2-39　基于 STFT 窗函数的分析

2.4.2　参数分析

除了奇异点区域和特征点区域，任何指纹在局部小的区域内都有一致的频率和方向。因此，局部区域的指纹可以模拟成以方向为 θ、频率为 f 的表面波，这些参数可以通过 STFT 求得。近似模型不但考虑了不连续性，而且能达到提取局部方向和频率的目的。局部图像通过式(2-73)近似模拟：

$$I(x,y) = A\cos\left[2\pi f\left(x\cos\theta + y\sin\theta\right)\right] \quad (2\text{-}73)$$

表面波的参数很容易由式(2-73)求得，即两条嵴线间的距离表示频率，表面波的角度表示方向。但这不是完美的，因为最大响应容易产生错误，指纹中的褶皱线很容易削弱最大响应。为了弥补该缺陷，此处用概率近似来表示频率和方向。该方法仅仅把表面波表示成近似值。通过把傅里叶频谱转换为极坐标形式 $F(r,\theta)$，可以求出概率密度函数 $p(r,\theta)$、边缘密度函数 $p(r)$ 和 $p(\theta)$，如式(2-74)～式(2-76)所示。利用这些参数可以求出频率、方向、感兴趣区域等。

$$p(r,\theta) = \dfrac{|F(r,\theta)|^2}{\int_r\int_\theta |F(r,\theta)|^2 \,\mathrm{d}\theta\,\mathrm{d}r} \quad (2\text{-}74)$$

$$p(r) = \int_\theta p(r,\theta)\,\mathrm{d}\theta \quad (2\text{-}75)$$

$$p(\theta) = \int_r p(r,\theta) \mathrm{d}r \qquad (2\text{-}76)$$

1. 方向检测

假设 θ 为随机变量,概率密度函数为 $p(\theta)$,方向的期望值由式(2-77)求得,式中 $\sin(2\theta)$ 和 $\cos(2\theta)$ 用于解决在 $-150°\sim150°$ 模棱两可的问题。

$$E\{\theta\} = \frac{1}{2}\arctan\left[\frac{\int_\theta p(\theta)\sin(2\theta)\mathrm{d}\theta}{\int_\theta p(\theta)\cos(2\theta)\mathrm{d}\theta}\right] \qquad (2\text{-}77)$$

在求出方向之后,由于噪声的干扰,或者存在褶皱线等,求出的方向很可能会产生错误。所以对求出的方向进行平滑很有必要,平滑后的方向由式(2-78)求得:

$$O'(x,y) = \frac{1}{2}\arctan\frac{\sin[2O(x,y)] \times W(x,y)}{\cos[2O(x,y)] \times W(x,y)} \qquad (2\text{-}78)$$

式中,$W(x,y)$ 表示 3×3 的高斯核,实验中用高斯核对求出的方向平滑三次。

2. 嵴线频率评估

平均嵴线频率的检测方法和局部方向的检测方法类似,假设嵴线频率为一个随机变量,其概率密度函数为 $p(r)$,频率的期望值由式(2-79)求得:

$$E\{r\} = \int_r p(r) r \mathrm{d}r \qquad (2\text{-}79)$$

在求出局部嵴线频率后需要对其进行平滑,利用式(2-80)对其进行平滑:

$$F'(x,y) = \frac{\sum_{u=x-1}^{x+1}\sum_{v=y-1}^{y+1} F(u,v)W(u,v)I(u,v)}{\sum_{v=y-1}^{y+1} W(u,v)I(u,v)} \qquad (2\text{-}80)$$

式中,$W(x,y)$ 表示 3×3 的高斯核;$I(x,y)$ 用来保证只有有效嵴线频率才被平滑,只有频率在有效范围内时 $I(x,y)$ 才不为 0,嵴线间距的范围为 $[3,25]$,所以有效嵴线频率范围为 $[1/3,1/25]$。

3. 区域掩模评估

区域掩模主要用于把指纹分割为有效区域和无效区域。在背景区域和噪声区域,其傅里叶频谱能量比较小。定义图像能量为 $E(x,y)$,每个值对应相应块的能量。通过能量的阈值可以区分出指纹的前景区域和背景区域,能量的期望值由式(2-81)求得:

$$E(x,y) = \log\left[\int_r\int_\theta |F(r,\theta)|^2 \mathrm{d}\theta \mathrm{d}r\right] \qquad (2\text{-}81)$$

有效区域的掩模由阈值决定,此处使用 Ostu 最佳阈值法确定其阈值。

4. 图像一致性

在块处理过程中,由于块边缘嵴线流的不连续性,可能会产生块效应。特别是在中心点和三角点附近,最佳的方向不止一个。为了解决上述问题,在增强的过程中,用角度一致性评估角度带宽,如式(2-82)所示:

$$C(x_0,y_0)=\frac{\sum(i,j)\in W\left|\cos\left[\theta(x_0,y_0)-\theta(x_i,y_i)\right]\right|}{W\times W} \quad (2\text{-}82)$$

当中心块的方向与邻域块的方向接近时,角度一致性很高,反之则角度一致性很低,所以在三角点和中心点附近角度一致性很低。在增强过程中,角度一致性高的区域角度带宽应设计得小一些,一致性低的区域,则角度带宽应设计得大一些。

5. 滤波

在求出指纹的一系列特征之后,利用滤波器对局部区域进行频域滤波,滤波器可以由式(2-83)~式(2-85)求得

$$H(\theta,r)=H_\psi(\theta)\times H_r(r) \quad (2\text{-}83)$$

$$H_r(r)=\sqrt{\frac{(r\times r_{\text{bw}})^{2n}}{(r\times r_{\text{bw}})^{2n}+(r^2-r_m^2)^{2n}}} \quad (2\text{-}84)$$

$$H_\psi(\theta)=\begin{cases}\cos^2\left[\dfrac{\pi(\theta-\theta_m)}{2\theta_{\text{bw}}}\right], & |\theta-\theta_m|<\theta_{\text{bw}}\\ 0, & |\theta-\theta_m|\geqslant\theta_{\text{bw}}\end{cases} \quad (2\text{-}85)$$

式中,r_{bw} 和 θ_{bw} 分别表示频率滤波器和角度滤波器的带宽。角度滤波器带宽根据式(2-85)的角度滤波器确定。将频域和滤波器相乘,再进行傅里叶逆变换即可得到增强后的指纹图像。

2.4.3 改进的 STFT 增强算法

前面详细介绍了基于 STFT 的方法,对于大部分指纹,该方法具有比较好的增强效果。在增强过程中方向和频率求取的准确度将直接影响增强效果,但利用 STFT 求取的方向场在噪声较大区域或者存在断线区域存在较大误差。在频域求块的方向如图 2-40 所示。

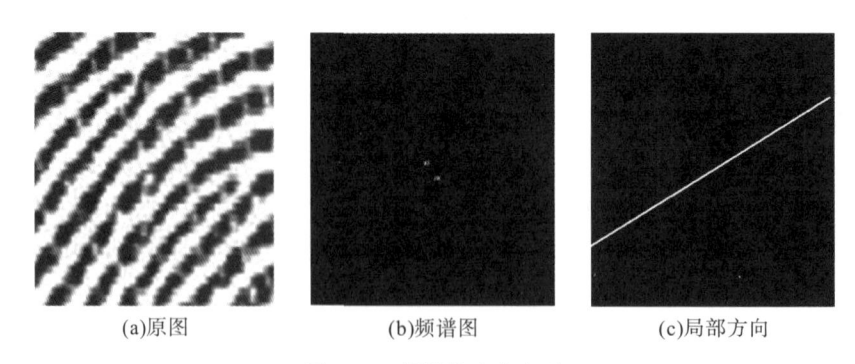

(a)原图 (b)频谱图 (c)局部方向

图 2-40 频域的方向表示

如图 2-40 所示,图 2-40(b)是去除直流成分后的频谱,局部方向垂直于相互对称的主频成分的连线,图 2-40(c)中的白线即原图的方向。

在质量较好的区域,用 STFT 能比较准确地求出其方向,但在噪声较大的区域以及有断线的区域所求得的方向很容易被干扰,如图 2-41 所示。

由图 2-42 可以看出，本节提出的方法求取的方向场明显比基于 STFT 求取的方向场更加准确。

图 2-41　方向场对比图 1　　　　(a)原图　　(b)基于STFT　　(c)本节方法

图 2-42　方向场对比图 2

2.4.4　实验结果分析

本实验基于 FVC2006 指纹数据库样本进行相关算法的分析比较，将本节提出的算法与传统的几种算法做比较，结果如图 2-43 所示。

(a)原图　　　　　　　　　　　　　　(b)基于Gabor滤波器增强

(c)基于传统的STFT算法增强　　　　(d)用本节提出的算法增强

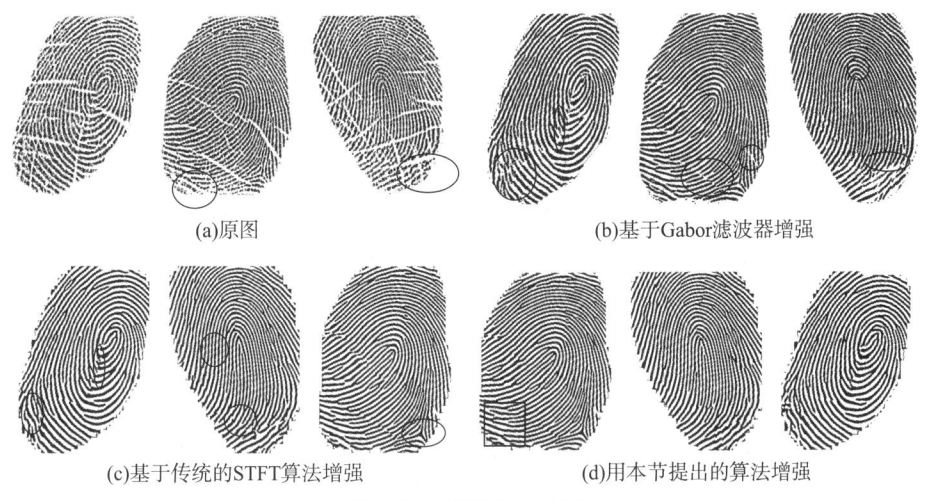

图 2-43　增强效果比较

如图 2-43 所示，图 2-43(a)为原图，图 2-43(b)为利用 Gabor 滤波器增强的指纹图像，图 2-43(c)为利用传统的 STFT 算法对指纹增强后的图像，图 2-43(d)为用本节提出的算法增强的指纹图像。图 2-43(b)和图 2-43(c)中错误增强区域用圆圈标记，图 2-43(d)中错误增强区域用方框标记。由图可以看出，利用 Gabor 滤波器增强指纹的算法鲁棒性比较差，在噪声比较大的区域增强效果不明显，而且由于 Gabor 滤波器的特性，在奇异点区域经常会发生错误增强。基于 STFT 的增强算法虽然能弥补 Gabor 滤波器在奇异点区域增强的缺陷，但在噪声区域求出的方向场往往会产生错误，导致方向滤波器带宽设计不合理，从而把有用的方向信息滤除。本节提出的改进的 STFT 增强算法能比较准确地检测出指纹方向场，合理地利用方向信息将噪声滤除。

2.4.5 小结

本节介绍了两种传统的指纹增强算法,分别为基于时域的 Gabor 滤波器增强算法和基于时域-频域分析的改进的 STFT 增强算法。针对基于 STFT 指纹增强算法中方向场检测不准确的问题,本节用基于权值的方向扩散法求得的方向场取代用传统的 STFT 增强算法求得的方向场,并通过实验证明指纹增强效果得到明显改善。

2.5 基于复合块自适应的方向场平滑算法

2.5.1 掌纹图像预处理

1. 掌纹图像采集

掌纹图像的采集是指通过各种设备获得所需要的原始手掌图像。掌纹图像通过调整至较佳的曝光度、固定距离、添加一个发光二极管(light emitting diode,LED)作为灯源,利用数码相机进行采集。采集到的掌纹图像如图 2-44 所示。

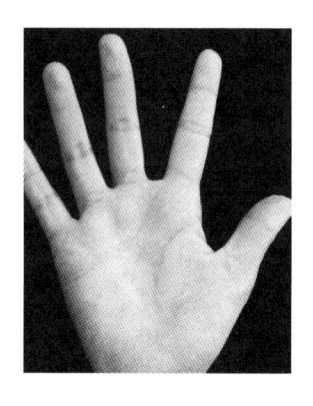

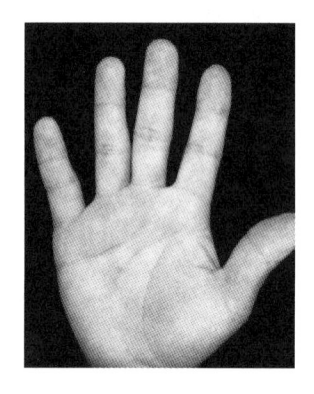

图 2-44 数码相机采集到的掌纹图像

从图 2-44 中可以看出,此非接触式掌纹采集方法方便快捷,经济且效率高,没有复杂的操作过程,也不需要涂抹油墨等,同时数码相机的接口与计算机的接口相兼容,可直接在 Visual Studio 2010 + OpenCV 平台上对图像进行处理,省去了很多烦琐的步骤。此外,从所得到的图像看,掌纹图像与背景差异明显,基本不受背景的影响,光照充足,图像质量理想,这为掌纹图像预处理奠定了基础;细节之处纹理清晰,嵴线区域的特征点得到了最大限度的保留,保证了三角点提取的准确性。所以,可采用数码相机对掌纹图像进行采集。

2. 掌纹图像的先期处理

掌纹图像是彩色图像,实验在 OpenCV 2.4.4 环境下通过数字图像处理的各种算法实施，在进行实验之前要将原始图像转换为 8 位灰度图像，如式(2-86)所示。首先通过形成 R(red，红色)、G(green，绿色)和 B(blue，蓝色)分量的加权和将 RGB(red green blue)模式下的非接触式指纹图像转换成灰度图像[15]。

$$F_G = 0.2989 \times F_r + 0.5870 \times F_g + 0.1140 \times F_b \tag{2-86}$$

式中，F_G 表示掌纹灰度图像；F_r、F_g 和 F_b 分别表示原 RGB 图像中 R、G 和 B 三个通道的分量。图 2-45 为图 2-44 转换的灰度图像。

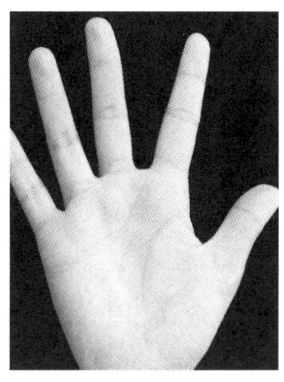

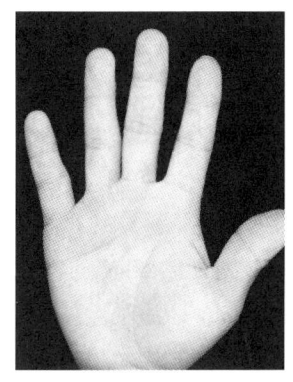

图 2-45　掌纹灰度图像

3. 二值化并提取轮廓

在灰度图像中，通过观察可以发现手掌前景和背景互不影响，基本形成连通域，因此只要找出一个合适的阈值 Threshold 就可以轻易地将图像进行二值化分割。选取阈值后获得的二值图像如图 2-46 所示。

(a)Threshold=55　　(b)Threshold=60　　(c)Threshold=65

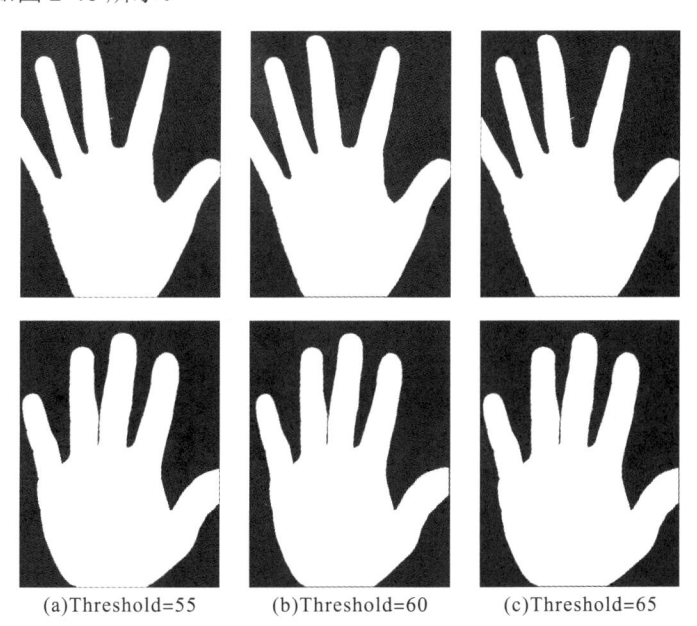

图 2-46　掌纹二值图像

设 $I(i,j)(i=0,1,2,\cdots;\ j=0,1,2,\cdots)$ 为原图中每点的灰度，二值图像可由式(2-87)计算：

$$B(i,j)=\begin{cases}1,&I(i,j)>\text{Threshold}\\0,&I(i,j)\leqslant\text{Threshold}\end{cases} \tag{2-87}$$

式中，Threshold 为指定的阈值，其需要根据灰度直方图确定。分别选取 Threshold=55[图 2-46(a)]、Threshold=60[图 2-46(b)]、Threshold=65[图 2-46(c)]的二值图像，比较得出阈值为 60 的效果最好。

在掌纹轮廓提取中采用由王光辉等[16]提出的基于视觉皮层线条检测的改进算法。这种算法可以去除很多不必要的噪声，同时可以得到像素单一的轮廓线。

对 X 方向采用基于梯度下降(gradient descent, GD)模型的高斯函数，函数的表达式为

$$G_n(x,y)\big|_{\theta=0}=\frac{\mathrm{d}^{(n)}}{(\mathrm{d}x^n)G_0(x,y)}=(-1)^n\text{He}_n(x)G_0(x,y) \tag{2-88}$$

式中，$G_n(x,y)$ 为滤波模板，作为边缘检测器和线条检测器；θ 为轴线方向与 X 正方向的夹角，因为 GD 模型将人的视觉感受响应用高斯函数沿某一轴线方向的各阶导数来表示，当轴线方向为 X 方向时，$\theta=0$；$\text{He}_n(x)$ 为 Hermite 多项式，其通式为

$$\text{He}_n(x)=x^n-\frac{n(n-1)}{2}x^{n-2}+\frac{n(n-1)(n-2)(n-3)}{2\times 4}x^{n-4}+\cdots \tag{2-89}$$

n 取 1、2。所以

$$\begin{aligned}\text{He}_1(x)&=x\\ \text{He}_2(x)&=x^2-1\end{aligned} \tag{2-90}$$

$G_0(x,y)$ 是一个中心对称的函数，表达式为

$$G_0(x,y)=\frac{1}{2\pi}\exp\left(-\frac{x^2+y^2}{2}\right) \tag{2-91}$$

因此，$G_n(x,y)$ 可由 $G_n(x,y)\big|_{\theta=0}$ 经过旋转得到，即

$$G_n(x,y)=(-1)^n\text{He}_n(x\cos\theta+y\sin\theta)G_0(x,y) \tag{2-92}$$

其旋转公式为

$$\begin{cases}x=X\cos\theta-Y\sin\theta\\ y=X\cos\theta+Y\sin\theta\end{cases} \tag{2-93}$$

当 $n=1,2$ 时，$G_n(x,y)$ 可分别检测边缘和线条。

在本算法中，用 $G_n(x,y)\big|_{n=1}$ 对图像进行滤波，记为 $g_x(x,y)$，用 $f_X(x,y)$ 和 $f_Y(x,y)$ 分别表示对 X 方向和 Y 方向进行滤波的结果。进一步对不同方向进行滤波，计算过程如下：

$$g_x(x,y)=f_X\cos\theta_k+f_Y\sin\theta_k \tag{2-94}$$

式中，$\theta_k=\frac{2\pi k}{N}(k=0,1,\cdots,N-1)$。为了减少噪声，通过式(2-95)在每个点的一定邻域内进行竞争，取最大值作为边缘线：

$$g_k(x,y)=\begin{cases}g_k(x,y),&g_k(x,y)=\max g_k(u,v)\\0,&\text{其他}\end{cases} \tag{2-95}$$

按照以上算法进行处理，再骨架化，最终可得到如图 2-47 所示的经过骨架化后的轮廓图。从图中可以看出所提取的轮廓线与手掌的边缘线吻合，且保证了轮廓线的线条为单

一像素,这为下一步定位指根点提供了便利。

4. 定位指根点

采用刘元龙等[17]的改进圆盘法定位指根点。通过观察所提取的手掌轮廓线可以很容易地发现:四个手指根部交会点处的曲率最大,而这也是圆盘法的理论基础。

采用近似算法计算重叠面积,如图 2-48 所示。

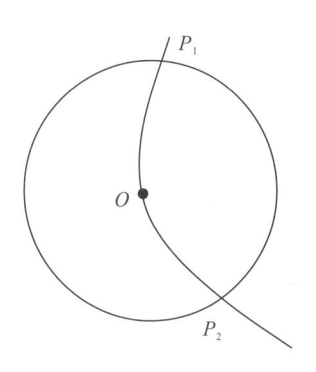

图 2-47 改进算法提取的轮廓　　　　图 2-48 改进圆盘法示意图

在图 2-48 中把曲线 $\widetilde{OP_1}$、$\widetilde{OP_2}$ 的长度近似为半径 OP_1、OP_2,把重叠面积的计算近似为求扇形面积,计算公式为

$$S = \frac{\alpha}{360}\pi R^2 \tag{2-96}$$

式中,S 表示所求扇形的面积;角度 α 为

$$\alpha = \arccos\left(\frac{OP_1 \cdot OP_2}{|OP_1| \cdot |OP_2|}\right) \tag{2-97}$$

上述方法定位效果如图 2-49 所示。可以看出,利用改进圆盘法提取的手掌指根点比较准确,能满足下一步对 A、T、D 点的切片截取要求。

图 2-49 利用改进圆盘法提取的指根点

5. A、T、D 点的位置和切片

如图 2-50 所示，用点 A、点 B 和点 C 分别对指间区域的指根点进行标记，过点 B 作水平线，得到直线 BO，连接点 B 和点 A，得到直线 AB，过点 B 作与直线 AB 垂直的直线 BL。通过观察分析不难发现：A、D 两点的位置分别位于指根点 A 的左下方和指根点 C 的右下方，T 点位于直线 AB 的垂直线 BL 与手掌根部交点 L 上方。所以需要对手掌图像进行校正，设 A、B 两点的坐标分别为 (x_a, y_a) 和 (x_b, y_b)，如果 $y_a=y_b$，即 B、C 两点位于同一水平线上，则说明手掌位置正确，不需要校正，否则做如下校正计算直线 BC 和直线 BL 之间的夹角，记为 β。当 $y_a<y_b$ 时，点 B 位于点 A 上方，图像逆时针旋转 β [图 2-50(b)]；当 $y_a>y_b$ 时，点 B 位于点 A 下方，图像顺时针旋转 β [图 2-51(a)]。

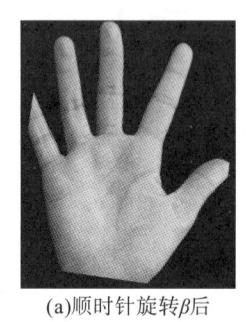

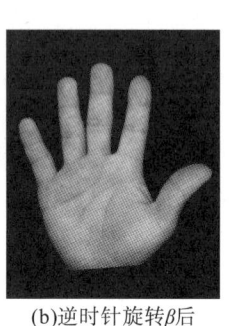

图 2-50 校正示意图

图 2-51 校正后的掌纹图像

图 2-51(a) 和图 2-51(b) 分别为顺时针和逆时针旋转校正后的掌纹图像，可以看出，旋转校正后掌纹图像的 A、B 两点处于同一水平线上。同时基于对掌纹特征点所处位置的分析研究可知，T 点的位置处于大鱼际和小鱼际底部交会处，即校正示意图中点 L 位置处。所以，下一步对 A、T、D 三点所处位置进行切片处理较为简单。

通过分析 A、T、D 三点的位置，并经过多次实验分析对比，得到如图 2-52 所示的 A、T、D 点位置。

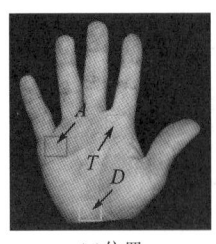

图 2-52 A、T、D 点的位置及切片

图 2-52(a) 为 A、T、D 点的位置示意图，从图中可以看出，掌纹 A、T、D 点的位置很好判断，只要在指根点的下方和点 L 上方截取一定范围即可得到准确的切片。图 2-52(b)

为截取的大小为 150 像素×150 像素的 A、T、D 点切片，从图中可以看出，切片中的纹理主要是嵴-谷线，规避了大部分褶皱线等噪声的影响，且嵴-谷线较为清晰。

6. 掌纹切片图像对比度增强

从掌纹切片图像可以看出，切片中嵴-谷线对比度不强，光照也不均匀，细节之处显示不出来，如图 2-52(b)所示。针对这些问题，需要去除不均匀光照的影响以增强图像对比度，同时突出特征点。依据 Retinex 理论[18]，可以通过对图像明暗的处理实现对对比度比较差的图像的增强。

Retinex 理论是 Land 和 McCann 于 20 世纪 60 年代做出的贡献[19]。其基本原理是：人眼所能看到的事物的颜色和亮度受多重因素影响，而不是仅限于进入人眼的光线[19]。

Retinex 模型通过如图 2-53 所示的分析建立。人所看到的物体 R 其实是由物体本身的颜色决定的，无论入射光 L 是什么样的光源都不影响所看到的物体的属性。所以一幅给定的图像 $S(x,y)$ 可以分解为两个不同分量：反射分量 $R(x,y)$ 和入射分量(亮度分量) $L(x,y)$，其原理是：图像可以被看作由入射图像和反射图像构成，入射光照射在物体上，通过反射形成反射光进入人眼，形成人眼看到的图像。图 2-53 中 L 表示入射光图像，它决定了图像中像素的变化范围，S 表示人眼能接收到的反射光图像，R 表示物体的反射图像。

根据以上原理，可以通过式(2-98)对图像进行解释：

$$r(x,y) = \log R(x,y) = \log \frac{S(x,y)}{L(x,y)} \tag{2-98}$$

式中，$r(x,y)$ 为输出图像；$R(x,y)$ 为物体本身的属性，即图像中所能看到的物体的关键要素，同时也是最需要的部分；$L(x,y)$ 为入射分量，反映了所看到的物体的像素变化范围，是需要避免的部分。

$$r(x,y) = \log S(x,y) - \log \left[F(x,y) * S(x,y) \right] \tag{2-99}$$

式中，"*"是卷积运算符号；$F(x,y)$ 是中心环绕函数，表达式为

$$F(x,y) = \lambda e^{\frac{x^2+y^2}{c^2}} \tag{2-100}$$

式中，c 是高斯环绕尺度；λ 的取值为

$$\iint F(x,y) \mathrm{d}x \mathrm{d}y = 1 \tag{2-101}$$

通过以上计算过程可以看出，将给定图像 $S(x,y)$ 与中心环绕函数进行卷积计算，是为了计算每个像素点的邻域的加权平均值，判断其亮度的变化，以达到只保留反射分量的目的。同时用低通函数与给定图像 $S(x,y)$ 进行卷积运算，不仅能够计算出要避免的属于低频成分的入射分量，而且能够保留高频的反射分量。另外，算法还可以较好地增强图像的对比度(图 2-54)。为了保证能在对比度增强过程中取得较好的效果，统一取高斯环绕尺度 c 为 90。

图 2-54 是对截取的切片进行 Retinex 增强后的结果示意图。从图中可以看出：①图像亮度明显增强，且光照分布很均匀，不存在光照不均匀引起的噪声影响；②图像嵴-谷线

的对比度明显增强，对三角点等的显示更加突出，有利于下一步对方向场的求解；③图像中细节部分得到凸显，不会引起图像失真。

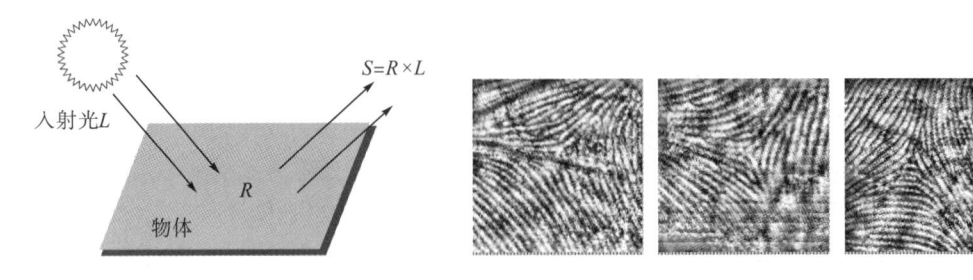

图 2-53 Retinex 理论示意图

图 2-54 Retinex 增强

2.5.2 掌纹切片方向场的基本概念

首先引入掌纹嵴线方向的概念，以掌纹中任意像素点为当前点，其沿着嵴线（谷线）走向的方向与水平方向的夹角就是嵴线方向[4]，如图 2-55 所示。图 2-55(a)中，指向右上方的箭头代表的是当前像素点的方向信息（同时也是当前像素点的嵴线方向）。如图 2-55(b)所示，指向右上方的箭头和指向左下方的箭头表示的方向信息与当前像素点一致。所以，嵴线方向 θ 的取值范围是 $[0,\pi)$ 或者 $[-\pi/2,\pi/2)$，并不是 $[0,2\pi)$。

由掌纹切片内所有像素点的方向信息组成的方向图称为掌纹切片图像的方向场[20]，其实质就是掌纹嵴（谷）线走向信息的整体分布[21]。图 2-56 为掌纹方向场的类型。点方向场通过灰度值与像素点方向的一一对应关系来表示，可以看出其能准确地反映图像中每个像素点的方向信息，且精度较高，但其抗干扰能力很弱。块方向场通过图 2-56(b)中所示的小方向标来表示当前小块内的方向信息，可以看出其能准确反映图像整体上的方向信息，对噪声的鲁棒性很强，但忽略了细节信息，精度有所下降。

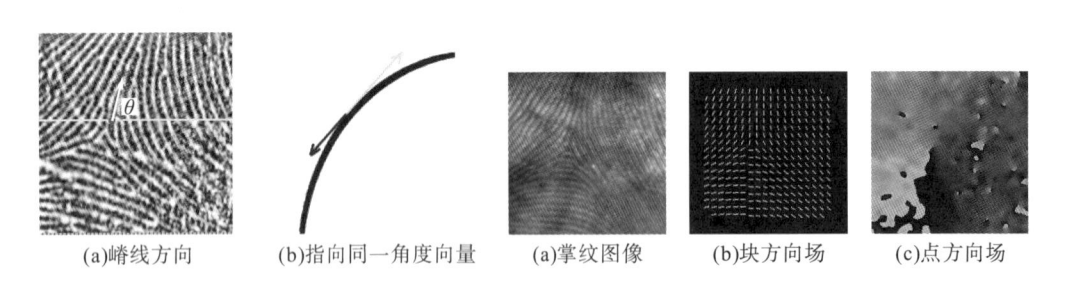

(a)嵴线方向　　(b)指向同一角度向量　　(a)掌纹图像　　(b)块方向场　　(c)点方向场

图 2-55 嵴线方向示意图　　　　　　　　图 2-56 掌纹方向场类型

2.5.3 梯度法

梯度法是传统方法中最经典的方法，其基本思想是计算每个像素点的梯度分量，然后通过块的方向来对比估计当前点的方向[7]。由 2.5.2 节对掌纹方向场的定义可知，梯度方向与掌纹的嵴线方向相互垂直，如图 2-57 所示。

第 2 章 掌纹及指纹图像增强算法

图 2-57 嵴线向量和梯度方向的关系

梯度法求解方向场的步骤如下。

步骤 1：利用模板 $\boldsymbol{G}_x$ 和 $\boldsymbol{G}_y$ 分别与图像中的每个像素点进行卷积运算，得到梯度分量，采用 3×3 大小的 Sobel 模板[8]计算像素点 (x,y) 处水平和垂直方向上的梯度幅值。Sobel 算子为

$$\boldsymbol{G}_x = \frac{1}{4}\begin{bmatrix} -1 & -2 & -1 \\ 0 & 0 & 0 \\ 1 & 2 & 1 \end{bmatrix}, \quad \boldsymbol{G}_y = \frac{1}{4}\begin{bmatrix} -1 & 0 & 1 \\ -2 & 0 & 2 \\ -1 & 0 & 1 \end{bmatrix}$$

$$\begin{array}{l} \boldsymbol{G}_x(i,j) = \boldsymbol{G}_x \times I(i,j) \\ \boldsymbol{G}_y(i,j) = \boldsymbol{G}_y \times I(i,j) \end{array} \tag{2-102}$$

式中，$\boldsymbol{G}_x(x,y)$ 和 $\boldsymbol{G}_y(x,y)$ 分别表示像素点 (x,y) 处水平和垂直方向上的梯度幅值；$I(i,j)$ 表示原图中每点的灰度值。

水平和垂直方向上的梯度幅值将整幅掌纹图像以互不重叠的块表示，每一小块的尺度为 $w \times w$。利用式 (2-103) 求取每一个小块中心像素的方向：

$$\begin{cases} \varUpsilon_x(i,j) = \sum_{u=i-\frac{w}{2}}^{i+\frac{w}{2}} \sum_{v=j-\frac{w}{2}}^{j+\frac{w}{2}} \left[\boldsymbol{G}_x^2(u,v) - \boldsymbol{G}_y^2(u,v) \right] \\ \varUpsilon_y(i,j) = \sum_{u=i-\frac{w}{2}}^{i+\frac{w}{2}} \sum_{v=j-\frac{w}{2}}^{j+\frac{w}{2}} \left[2\boldsymbol{G}_x(u,v)\boldsymbol{G}_y(u,v) \right] \end{cases} \tag{2-103}$$

式中，$\varUpsilon_x(i,j)$ 和 $\varUpsilon_y(i,j)$ 分别表示当前像素点 (i,j) 在 $w \times w$ 尺度下水平和垂直方向上的平方梯度。

$$\theta(i,j) = \frac{1}{2}\arctan\left[\frac{\varUpsilon_y(i,j)}{\varUpsilon_x(i,j)}\right] + \frac{\pi}{2} \tag{2-104}$$

式中，$\theta(i,j)$ 表示当前点的方向，是对以像素点 (i,j) 为中心的块的所有嵴线方向的平均估计。当 $\boldsymbol{G}_x=\boldsymbol{0}$ 或 $\boldsymbol{G}_y=\boldsymbol{0}$ 时，式 (2-104) 的计算结果可以确定为 0°或 90°而不需要进行复杂的计算。

步骤2：由于噪声的存在，以上所求得的方向场会产生畸变，有必要对其进行去噪处理。为此，设计一个低通滤波器(取高斯函数)与得到的方向场进行卷积计算。将计算结果转换为连续矢量场：

$$\begin{cases} \boldsymbol{\Phi}_x(i,j) = \cos[2\theta(i,j)] \\ \boldsymbol{\Phi}_y(i,j) = \sin[2\theta(i,j)] \end{cases} \tag{2-105}$$

式中，$\boldsymbol{\Phi}_x(i,j)$ 和 $\boldsymbol{\Phi}_y(i,j)$ 表示当前像素点 (i,j) 的连续矢量场。

低通滤波器的构造为

$$\begin{cases} \boldsymbol{\Phi}'_x(i,j) = \sum_{u=i-\frac{w}{2}}^{i+\frac{w}{2}} \sum_{v=j-\frac{w}{2}}^{j+\frac{w}{2}} W(u,v) \boldsymbol{\Phi}_x(i-uw, j-jw) \\ \boldsymbol{\Phi}'_y(i,j) = \sum_{u=i-\frac{w}{2}}^{i+\frac{w}{2}} \sum_{v=j-\frac{w}{2}}^{j+\frac{w}{2}} W(u,v) \boldsymbol{\Phi}_y(i-uw, j-jw) \end{cases} \tag{2-106}$$

式中，$W(u,v)$ 是大小为 $w \times w$ 的二维低通滤波器；$\boldsymbol{\Phi}'_x(i,j)$ 和 $\boldsymbol{\Phi}'_y(i,j)$ 是滤除噪声后的连续矢量场。

步骤3：求取掌纹块方向。

$$\theta'(i,j) = \frac{1}{2} \arctan\left[\frac{\boldsymbol{\Phi}'_x(i,j)}{\boldsymbol{\Phi}'_y(i,j)}\right] + \frac{\pi}{2} \tag{2-107}$$

作为掌纹切片的全局特征，描述嵴-谷线局部方向的方向场在掌纹 A、T、D 点精确定位方面起着非常重要的作用。而通过传统梯度法得到的掌纹切片方向场，存在以下缺点。

(1)基于梯度的方法总是包括以下两个基本步骤：点梯度矢量计算和块梯度矢量计算。但如何选择合适块尺度的问题没有得到解决，因为小尺度有利于提高精度但对噪声敏感，而大尺度更能抵抗噪声，但会导致精度下降。

(2)基于梯度的方法对大规模噪声不具有鲁棒性，其滤波器对掌纹中的褶皱线等噪声也缺乏针对性和鲁棒性。为了克服这些缺陷，文献[22]提出了一种分层方案，通过使用一致性来动态调整或重新估计分辨率，这实际上是通过所求块的方向与其周围块的方向之间的偏差度计算一致性级别。如果一致性级别高于某个阈值，则当前块的方向以较低的分辨率重新进行估计，直到它低于某个级别。文献[23]提出了一种加权平均法，其基本思想是为每个目标块构建冗余估计。这两种方法都对方向场计算进行了很好的改进，但对于质量较差的掌纹图像，特别是对于噪声较大的图像，其方向场计算结果仍不令人满意。基于迭代的方向预测方法也被提出来预测最近的大噪声区域的方向[24]。

本节提出一种自适应平滑的基于复合块的掌纹切片方向场计算方法。与先前提出的基于梯度的方法相比，其不仅具有高精度的优点，而且能够更有效地预测和抵抗噪声，通过对不同的噪声区域采取不同的平滑方案实现自适应分阶段的方向场平滑。在初步计算方向场的基础上，该方法会对当前块的方向一致性进行判断，并与规定的阈值进行比较以决定是否采用邻域迭代的方案进行平滑，而该方法中复合块的作用是保证方向场精度。

2.5.4 基于复合块自适应的方向场建立

为了克服传统梯度法存在的不足,本节提出一种自适应平滑的基于复合块自适应的方法来计算掌纹方向场。如图 2-58 所示,所提出的方法主要包括粗等级方向场计算和自适应方向场分级平滑。

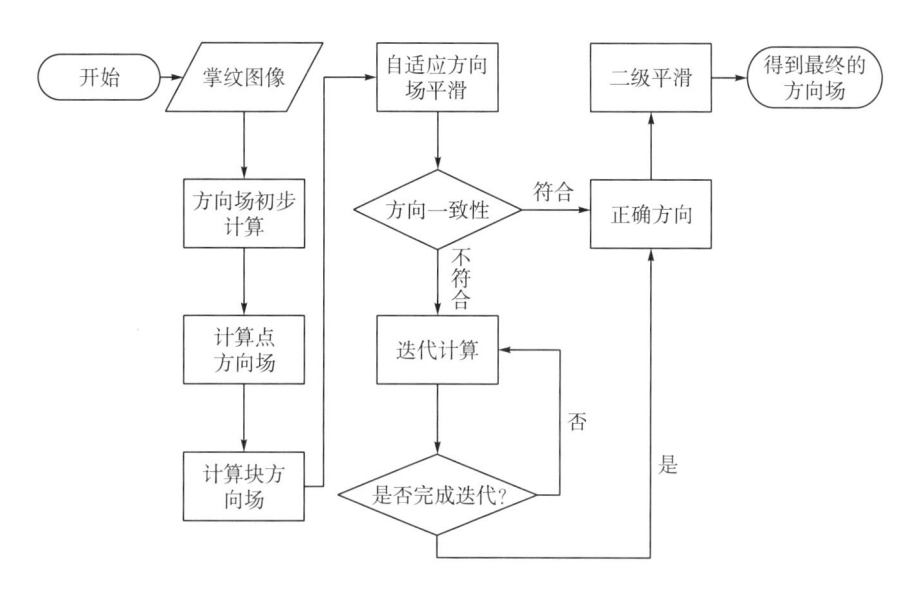

图 2-58 基于复合块自适应的方向场建立流程图

2.5.5 方向场的计算

如图 2-59 所示,通过对比原图和大小尺度方向场可以看出,小尺度方向场更能精确显示原图中细节处的方向信息,很容易实现对三角点位置的判断,且位置范围很小,不会产生较大的偏移和误差;但是也可以发现其对噪声极其敏感,很容易引起出现伪三角点。对于大尺度方向场,可以发现其抗干扰能力较强,基本不会出现伪三角点;但是其三角点位置范围较大,不容易确定其准确位置,位置容易出现较大的偏移和误差。

现在,重点讨论如何选择合适的块尺寸。如果选择一个小尺度块,定向结果会更准确,但对噪声敏感[图 2-59(b)]。如果采用一个大尺度块,鲁棒性将得到改善,但准确度将下降[图 2-59(c)],块大小为 19×19,其三角点明显偏移。一个简单的方法是选择一个合适的尺度来平衡准确性和稳健性。文献[2]提出了一种结合使用不同尺度块计算方向场的方法,但计算复杂度很高。

在本节中,用复合块[12]来解决进行块尺度选择时出现的矛盾。如图 2-60 所示,复合块包含一个内部块和一个外部块,它们具有相同的中心点 O,并且 $W_{in} \leqslant W_{out}$。

(a)原图　　　(b)小尺度　　　(c)大尺度

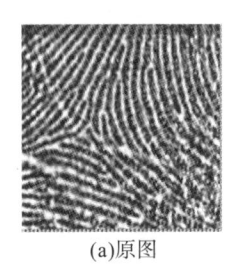

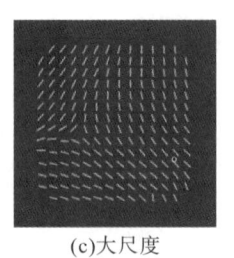

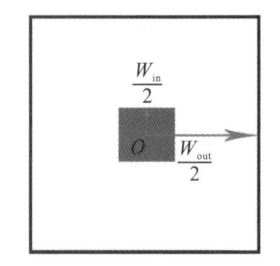

图 2-59　基于梯度法的不同尺度块的方向场计算

图 2-60　复合块

在这个块中，内窗被视为目标块，目标块的块梯度矢量计算公式为

$$\left[G_{\text{in}_{Bx}}, G_{\text{in}_{Bx}}\right]^{\text{T}} = \left[\sum_{x=1}^{W_{\text{out}}}\sum_{y=1}^{W_{\text{out}}}G_{sx}(x,y), \sum_{x=1}^{W_{\text{out}}}\sum_{y=1}^{W_{\text{out}}}G_{sy}(x,y)\right]^{\text{T}} \tag{2-108}$$

同时，对于这个复合块，定义一致性，其表达式为

$$\text{Cohin}_B = \frac{\left|\sum_{x=1}^{W_{\text{out}}}\sum_{y=1}^{W_{\text{out}}}(G_{sx}(x,y), G_{sy}(x,y))\right|}{\sum_{x=1}^{W_{\text{out}}}\sum_{y=1}^{W_{\text{out}}}\left|(G_{sx}(x,y), G_{sy}(x,y))\right|} \tag{2-109}$$

其中，用 $\left[G_x(x,y), G_y(x,y)\right]^{\text{T}}$ 表示图像中所有像素的梯度矢量。引入块方向一致性的概念，使自适应方向场的平滑有了至关重要的作用。一致性的高低是判断掌纹图像中噪声的依据，当一致性低于 0.3 时，判断其为噪声区域，且不影响三角点位置特征。下面通过式 (2-110) 计算点的平方梯度：

$$\left[G_{sx}(x,y), G_{sy}(x,y)\right]^{\text{T}} = \left[G_x^2(x,y) - G_y^2(x,y), G_x(x,y)G_y(x,y)\right]^{\text{T}} \tag{2-110}$$

之所以对梯度进行平方运算，是因为梯度矢量有方向性，不能直接进行加减等运算，如果当前块的梯度在水平方向成 180°且方向刚好相反，相加后就直接为 0，为了避免出现这种情况，需要计算其平方梯度。

通过式(2-111)计算块的平方梯度：

$$\left[G_{Bx}, G_{By}\right]^{\text{T}} = \left[\sum_{x=1}^{w}\sum_{y=1}^{w}G_{sx}(x,y), \sum_{x=1}^{w}\sum_{y=1}^{w}G_{sy}(x,y)\right]^{\text{T}} \tag{2-111}$$

如图 2-61 所示，通过以上过程计算出复合块（内窗为 3×3，外窗为 31×31）的方向场。通过比较可以发现复合块的方向场较单一小尺度方向场来说更加稳健，而较单一大尺度方向场来说更加精确。所以，可以通过复合块来解决传统梯度法尺度选择矛盾的问题。

图 2-62 为复合块法与梯度法的比较，从图中可以很容易地看出：图 2-62(a) 中方向场对噪声很敏感，不能保证方向场平滑，这对提取三角点影响巨大；图 2-62(b) 中方向场平滑度很高，对噪声有很强的鲁棒性，但是其三角点位置明显偏移，精度大大降低；图 2-62(c) 中的方向场解决了图 2-62(a) 和图 2-62(b) 中方向场存在的问题，同时平衡了方向场求解中的精确性和抗噪性。

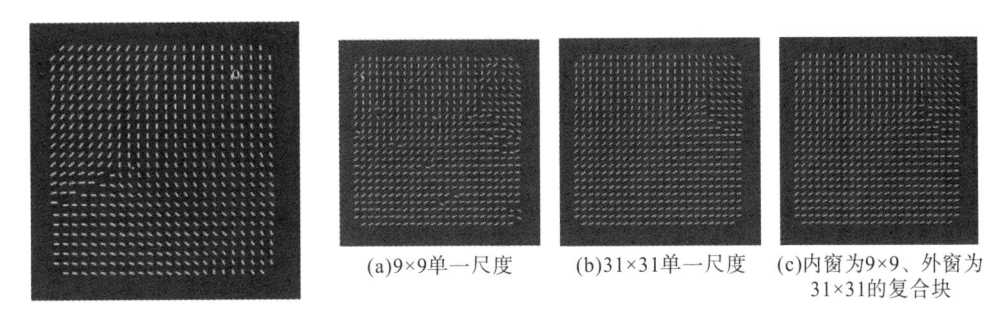

图 2-61　复合块方向场　　　图 2-62　复合块法与梯度法的比较

(a)9×9单一尺度　(b)31×31单一尺度　(c)内窗为9×9、外窗为31×31的复合块

2.5.6　自适应方向场平滑

三角点区域(即 A、T、D 点区域)的嵴线属于高频信号,因为其周围嵴线方向剧烈变化,其他区域的嵴线方向变化不剧烈。虽然加入复合窗后以梯度为基础的方向场计算方法解决了传统梯度法块尺度选择困难的问题,所得到的方向场相比利用传统的梯度法得到的方向场更加准确,但是对于褶皱线,仍然不能准确计算其方向场。

掌纹图像中方向场的影响因素不只有一些轻微噪声,还有一些比较大的噪声(如褶皱线等)。由于掌纹本身的特性,这些噪声不可避免,且这些噪声极其复杂,所以一般的高斯平滑不一定能取得很好的效果。本节采取一种先预测噪声的位置再通过其邻域重新评估方向的方式来达到去除噪声并平滑方向场的效果,具体步骤如下。

步骤 1:对于每个内窗,计算它的方向一致性,如果方向一致性低于 0.3,就将其设置为噪声区域(又称待平滑区域)。

步骤 2:对于每个内窗,如果属于噪声区域,则将其梯度矢量设置为 $[0,0]^T$,并将此区域标记为"0",否则标记为"1"。

步骤 3:对于每个内窗,如果其标记为"0"并且其八个邻域中标记为"1"的块的数量 $N \geqslant 4$,则重新计算内部块梯度并将其标记为"1"。然后通过当前内窗八邻域的方向来评估当前块的方向,以实现对大噪声区域的平滑。

$$\begin{bmatrix} G_{\text{in}_{Bx}}(i,j) \\ G_{\text{in}_{By}}(i,j) \end{bmatrix} = \begin{bmatrix} \sum_{m=i-1}^{i+1} \sum_{n=j-1}^{j+1} G_{\text{in}_{Bx}}(m,n) \\ \sum_{m=i-1}^{i+1} \sum_{n=j-1}^{j+1} G_{\text{in}_{By}}(m,n) \end{bmatrix} \tag{2-112}$$

其中,$\left[G_{\text{in}_{Bx}}(m,n), G_{\text{in}_{By}}(m,n) \right]^T$ 表示内窗的梯度矢量。

步骤 4:统计标记更改的块的数量,如果数量大于 0,则转到步骤 3;否则,进入步骤 5。

步骤 5:完成迭代,并将所有重新估计的块梯度向量转换为方向。

$$\theta = \frac{\pi}{2} + \frac{1}{2} \geqslant \begin{cases} \arctan\left(\dfrac{G_{\mathrm{in}_{By}}}{G_{\mathrm{in}_{Bx}}}\right), & G_{\mathrm{in}_{Bx}} \geqslant 0 \\ \arctan\left(\dfrac{G_{\mathrm{in}_{By}}}{G_{\mathrm{in}_{Bx}}}\right) + \pi, & G_{\mathrm{in}_{Bx}} < 0 \text{ 且 } G_{\mathrm{in}_{By}} < 0 \\ \arctan\left(\dfrac{G_{\mathrm{in}_{By}}}{G_{\mathrm{in}_{Bx}}}\right) - \pi, & G_{\mathrm{in}_{Bx}} < 0 \text{ 且 } G_{\mathrm{in}_{By}} \geqslant 0 \end{cases} \quad (2\text{-}113)$$

到这一步，已经基本把褶皱线这类噪声去除，图 2-63(a) 为用通过以上方法计算出的点的灰度图像表示的方向场，通过观察可以发现，方向场已经很准确，最主要的噪声已经被去除。但是还存在一些孤立点等噪声，导致这种现象的原因是通过复合块求解方向场时，其实质上是求块的方向平均值，不可避免地会漏掉细节噪声，所以还需要对这些噪声进行二级平滑处理。这里采用二方向模式高斯平滑算法对方向场进行平滑。这是自适应方向场平滑中的第二个平滑方案，当对大噪声区域实现噪声去除和平滑之后，基于二等分方向场采用不同尺度的高斯核对方向场进行二级平滑。其原理如下：对掌纹图像而言，其嵴-谷线是相互交替存在的。从局部看，它们是稳定的，而从整体上看，它们是不稳定的。因此，在一定大小的局部区域内，除三角点，其稳定的方向模式不会发生突变，如果发生突变，那么就是噪声引起的孤立方向模式。将点方向场转换为二等分的方向模式如图 2-63(b) 所示。二方向模式的方向场和点方向场有对应关系，所以可以用对二方向模式方向场的平滑来代替对点方向场中孤立点的去除。同时三角点必然在不同方向模式的交线上，去除孤立点时不会影响三角点的位置特性[25]。

基于以上分析，本书提出如下平滑方案。在二方向模式下，在 7×7 邻域内，统计相同方向模式的数量，若大于 40，则采用 7×7 的高斯核进行平滑处理，否则将邻域缩小到 5×5，并再次统计相同方向模式的数量，若大于 20，则采用 5×5 的高斯核进行平滑处理，否则将邻域缩小到 3×3，并统计相同方向模式的数量，若大于 7，则采用 3×3 的高斯核进行平滑处理，否则不进行平滑处理。图 2-63(c) 和图 2-63(d) 为平滑后的点方向场和二方向模式方向场。

将掌纹图像从块方向场转换到点方向场，再进一步转换到二方向模式下。在二方向模式下对掌纹方向场进行二次平滑，取得的效果显著，同时也证实了自适应方向场平滑算法的可行性。图 2-63 为本节提出的方法计算出的方向场。图 2-63(a) 为通过方向一致性判断进行自适应方向场平滑后方向场转换到灰度图像的结果，可以看出其只是将褶皱线等大噪声平滑滤除，并没有将小噪声引起的孤立点滤除。图 2-63(b) 为自适应方向场平滑后的方向场转换到二方向模式下的方向场，当前点的方向大于 0°则灰度值显示为 255，否则显示为 0。图 2-63(c)、图 2-63(d) 分别为图 2-63(a)、图 2-63(b) 在二方向模式下的不同尺度高斯平滑结果，可以看出平滑后的方向场滤除了孤立点。图 2-63(e) 为最终得到的块方向场，其中奇异三角点的位置比较准确且位置范围很小，其位置不会产生较大偏移和误差，同时噪声基本被滤除，降低了出现伪三角点的可能性，证实了自适应方向场平滑算法的可行性。

第 2 章 掌纹及指纹图像增强算法

(a)自适应平滑后的点方向场

(b)自适应平滑后的二方向模式方向场

(c)二方向模式下平滑后的点方向场

(d)二方向模式下平滑后的二方向模式方向场

(e)最终得到的块方向场

图 2-63 计算结果

2.5.7　实验结果分析

下面通过以上算法得到的方向场，对比分析方向场建立效果，如图 2-64 所示。图中展示了同一幅图在不同尺度下的计算结果，其尺度大小根据表 2-2 的数据确定。为便于表示和说明，前两组均用 3×3 的小块来显示，后五组均以 9×9 块来显示。

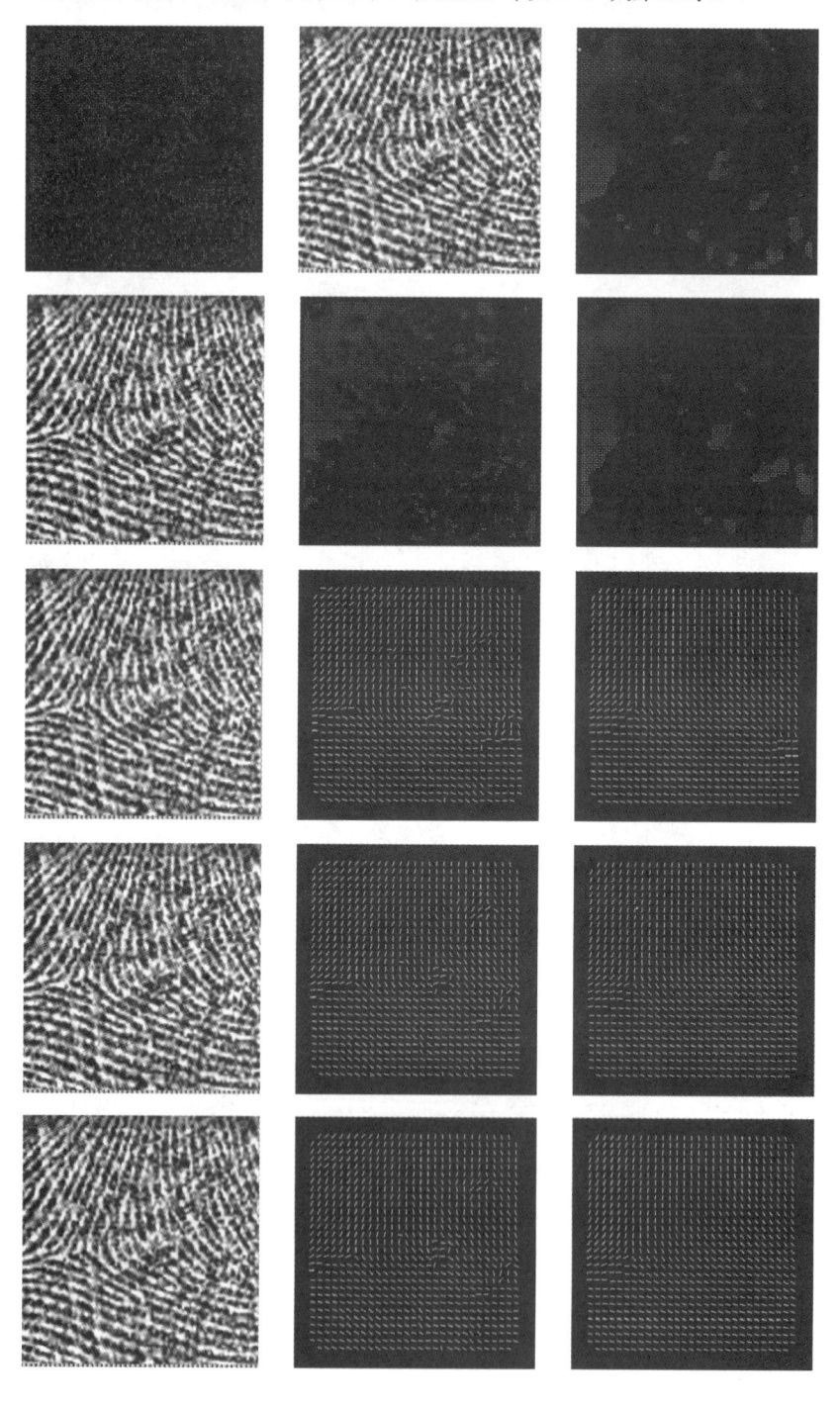

(a)原图　　　　　　　　　(b)正常尺度　　　　　　　　(c)复合块

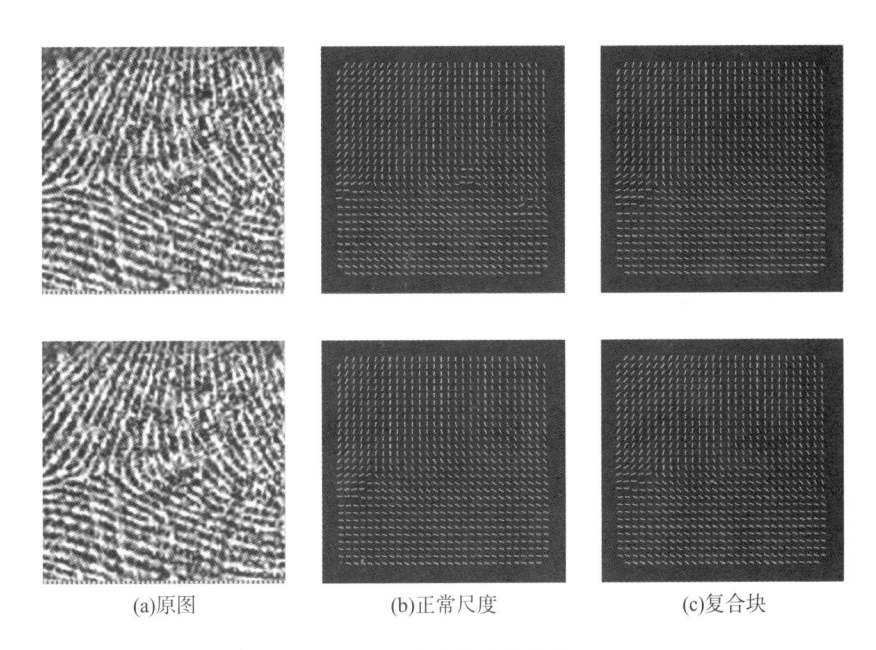

图 2-64　方向场效果比较

表 2-2　复合块的尺度比较

级数	正常尺度	复合块尺度	
		内窗	外窗
1	3×3	3×3	3×3
2	7×7	3×3	7×7
3	11×11	9×9	11×11
4	17×17	9×9	17×17
5	21×21	9×9	21×21
6	31×31	9×9	31×31
7	41×41	9×9	41×41

根据图 2-64 所示的结果：①对于正常尺度，相邻尺度之间的方向场变化比较大，同时对噪声的抵抗能力较低，说明不同尺度对通过单一尺度计算的方向场的误差很大，极不稳定；相较而言，提出方法相邻尺度之间方向场变化不是很大，同时对噪声的抵抗能力大大改善，说明基于复合块的方向场计算方法准确度较高，同时也比较稳定。②对于正常尺度，其方向场内的方向跳跃性较强，说明其平滑效果较差；而通过本节提出的方法计算的结果平滑度较高，方向场内方向没有出现明显的跳跃，证明了自适应方向场平滑算法的可行性。③随着尺度的不断增大，本节提出的算法没有明显的三角点位置偏移，也说明了其计算的准确性。

2.5.8 小结

本节对传统梯度法计算方向场进行了分析，针对其块尺度难以把握的问题提出用复合块来解决，并深入分析了复合块的特点，设计了自适应方向场分级平滑方法，提出了一种自适应平滑的基于复合块的掌纹方向场建立方法，通过对实验结果的分析和大量的训练样本，证明了方法的优越性。

参 考 文 献

[1] Kass M, Witkin A. Analyzing oriented patterns[J]. Computer Vision, Graphics, and Image Processing, 1987, 37(3): 362-385.

[2] Mei Y, Cao G, Sun H J, et al. A systematic gradient-based method for the computation of fingerprint's orientation field[J]. Computers & Electrical Engineering, 2012, 38(5): 1035-1046.

[3] Huang C Y, Liu L M, Douglas Hung D C. Fingerprint analysis and singular point detection[J]. Pattern Recognition Letters, 2007, 28(15): 1937-1945.

[4] Bazen A M, Gerez S H. Systematic methods for the computation of the directional fields and singular points of fingerprints[J]. IEEE Transactions on Pattern Analysis and Machine Intelligence, 2002, 24(7): 905-919.

[5] Jain A, Hong L, Bolle R. On-line fingerprint verification[J]. IEEE Transactions on Pattern Analysis and Machine Intelligence, 1997, 19(4): 302-314.

[6] Wang Y, Hu J K, Han F L. Enhanced gradient-based algorithm for the estimation of fingerprint orientation fields[J]. Applied Mathematics and Computation, 2007, 185(2): 823-833.

[7] Hou Z J, Lam H K, Yau W Y, et al. A Variational formulation for fingerprint orientation modeling[J]. Pattern Recognition, 2012, 45(5): 1915-1926.

[8] Liu M H, Jiang X D, Kot A C. Fingerprint reference-point detection[J]. EURASIP Journal on Advances in Signal Processing, 2005, 2005: 498-509.

[9] Chikkerur S, Govindaraju V, Cartwright A N. Fingerprint image enhancement using STFT analysis[C]//The: 3rd International Conference on Advances in Pattern Recognition, Heidelberg, 2005: 20-29.

[10] O'Gorman L, Nickerson J V. An approach to fingerprint filter design[J]. Pattern Recognition, 1989, 22(1): 29-38.

[11] Zhao Q J, Zhang L, Zhang D, et al. Curvature and singularity driven diffusion for oriented pattern enhancement with singular points[C]//2009 IEEE Conference on Computer Vision and Pattern Recognition, Miami, 2009: 2129-2135.

[12] Chikkerur S, Cartwright A N, Govindaraju V. Fingerprint enhancement using STFT analysis[J]. Pattern Recognition, 2007, 40(1): 198-211.

[13] Guo Z C, Hall R W. Fast fully parallel thinning algorithms[J]. CVGIP: Image Understanding, 1992, 55(3): 317-328.

[14] Bian W X, Ding S F, Xue Y. Combining weighted linear project analysis with orientation diffusion for fingerprint orientation field reconstruction[J]. Information Sciences: An International Journal, 2017, 396: 55-71.

[15] Liu X W, Pedersen M, Charrier C, et al. An improved 3-step contactless fingerprint image enhancement approach for minutiae detection[C]//The 6th European Workshop on Visual Information Processing. Mar Seille, 2016: 1-6.

[16] 王光辉, 梁毅军, 贺朋令. 视觉皮层中线条检测器的改进算法及应用[J]. 西安交通大学学报, 2000, 34(3): 9-12.

[17] 刘元龙, 李海燕, 唐一吟, 等. 一种改进型圆盘法提取手形特征点的新方法[J]. 云南大学学报(自然科学版), 2015, 37(6): 805-810.

[18] 唐永鹤, 蒋烈辉, 侯一凡, 等. 基于 Retinex 与 STFT 的非接触指纹图像增强[J]. 计算机工程, 2017, 43(2): 248-251, 256.

[19] Land E H, McCann J J. Lightness and retinex theory[J]. Journal of the Optical Society of America, 1971, 61(1): 1-11.

[20] Cao K, Jain A K. Latent orientation field estimation via convolutional neural network[C]//2015 International Conference on Biometrics. Phuket, 2015: 349-356.

[21] Gupta P, Gupta P. A robust singular point detection algorithm[J]. Applied Soft Computing, 2015, 29: 411-423.

[22] Çavusoğlu A, Görgünoğlu S. A fast fingerprint image enhancement algorithm using a parabolic mask[J]. Computers & Electrical Engineering, 2008, 34(3): 250-256.

[23] Wang Y, Hu J K, Schroder H. A gradient based weighted averaging method for estimation of fingerprint orientation fields[C]//Proceedings of Digital Imaging Computing: Techniques and Applications Queens land, 2005: 1-5.

[24] Mei Y, Sun H J, Xia D S. A gradient-based combined method for the computation of fingerprints' orientation field[J]. Image & Vision Computing, 2009, 27(8): 1169-1177.

[25] 贾聪智, 解梅, 李庆嵘. 基于矢量三角法的指纹特征匹配算法的研究[J]. 计算机应用, 2004, 24(7): 45-46.

第 3 章 指纹特征提取算法

3.1 基于 Bresenham 算法的指纹 a-b 嵴线数计算方法

指纹特征点间的距离是指纹各项特征中常用的特征之一,但距离特征会因指纹图像的放大或缩小和形状改变而发生较大变化,所以准确性较差。而 a-b 嵴线数则不受指纹图像变化的影响,总能保持不变,故其鲁棒性很强。

目前 a-b 嵴线数的提取基本靠人工来完成,不仅效率低下、费时费力,还存在计算有误等问题。而靠计算机来计算 a-b 嵴线数的方法建立在按压式指纹图像的基础上,虽然目前的技术已经发展到能够采集到清晰的指纹图像,但这种指纹图像由于技术、人为因素、外界条件等的影响,有以下不足:①指纹过湿、较脏时不易被识别或识别结果产生误差;②采集指纹时,手指按压必须适度,否则指纹图像容易产生畸变;③少部分人群指纹纹线较浅,现有设备无法读取和辨别;④指纹采集设备维护困难,不易携带。

为克服以上不足,本节采用非接触式方式采集指纹图像,即获取指纹图像时,手指无须与设备接触,紧靠照相机拍照即可获取。虽然非接触式采集方法在采集指纹图像时会有光照不均匀等问题,但其克服了手指过湿时设备不能识别的弊端,而且不会使得指纹图像产生畸变,这为下一步计算机处理图像打下了基础。

3.1.1 指纹图像预处理

指纹图像预处理是研究指纹纹理特性的关键步骤,预处理效果的好坏将直接决定特征点定位的速度和精准度,影响 a-b 嵴线数的计算。指纹图像预处理通常包括指纹图像归一化处理、方向信息提取、图像二值化、滤波去除噪声、图像细化及纹线修复和细节特征提取等,其处理过程如图 3-1 所示。

图 3-1 图像预处理过程

研究指纹主要是研究指纹的模式区域,而指纹图像的采集效果对计算机系统处理结果有着至关重要的影响。由于采集设备、手指状况和外界条件等的影响,采集的指纹图像在很大程度上会存在噪声,导致采集的图像效果差,如纹线断裂或黏合、图像模糊扭曲和对比度不均匀等。

原始指纹图像的效果和质量对于计算机处理工作至关重要,预处理的目的就是最大限度地去除图像噪声,改善对比度,提高指纹纹线的清晰程度,为以后正确地提取特征、计算 $a\text{-}b$ 嵴线数奠定基础。良好的指纹图像预处理算法应能够很好地反映指纹的真实面貌,使纹线清晰可辨,修复断裂和粘连的纹线,保留纹线原有的结构,且不引入新的误差。

1. 指纹采集

一幅好的指纹图像能显著减少后续算法的计算量,提高系统精确度和准确率,所以指纹图像采集在图像处理过程中至关重要。若采集方法不当,会在很大程度上影响图像预处理过程,甚至会导致系统无法识别,从而达不到预期的效果。

指纹采集方式有很多种,目前大致分为两类:捺印指纹采集方式和活体指纹采集方式。

捺印指纹采集方式是指手指沾了墨水或印泥后,按压在纸上或其他物品上,留下相应的指纹印迹,然后将该印迹用相应的仪器转换为数字化信息,从而得到捺印指纹图像。古代签名画押按手印就是捺印指纹采集方式中的一种,也是最传统的方式,它是指手指浸了墨水后按在纸上,得到指纹图像。图 3-2 是捺印指纹样本。

活体指纹采集方式是指用指纹采集仪器直接采集指纹图像。根据采集时手指是否与设备接触,可将活体指纹采集分为接触式和非接触式两类。随着科学技术的发展,专业的指纹采集仪器早已问世,但目前大部分采集仍是接触式的,即需要手指在采集区域按压后才能通过成像技术获取指纹图像,这类采集方式类似于捺印指纹采集方式,虽然采集到的图像效果很好,但由于采集区域通常设计成平板结构,所以仍然存在按压力度不均匀导致产生畸变以及手指过湿时难以识别等问题。

采取活体指纹采集技术中的非接触式采集方法获取指纹图像时,手指无须与设备接触,紧靠照相机拍照即可获取。该采集方法克服了手指过湿时设备不能识别的弊端,而且不会使得指纹图像产生畸变,同时该采集方法对设备的要求很低,降低了采集成本。为了提高指纹纹线的清晰度和嵴-谷线的对比度,在采集前先用铅笔芯粉末把有效的指纹区域涂黑,再通过实验室的光照设备提供良好的光源,利用数码相机进行采集。该方法简单有效,拍摄的图像噪声较小,效果比较理想,符合实验要求。图 3-3 是活体指纹的两类采集方式采集到的指纹。

目前的指纹图像处理技术几乎都建立在接触式设备采集到的指纹基础上进行处理,对于采集到的由光照不均匀导致的低质量指纹图像,几乎不能进行处理,或者处理效果很差,严重影响了指纹的细节特征计算,本书着重研究对这种低质量指纹图像的处理。

(a)接触式采集　　(b)非接触式采集

图 3-2　捺印指纹样本　　图 3-3　活体指纹的两类采集方式采集到的指纹

2. 指纹图像归一化

由于采集时光照条件不同、采集对象不同或技术限制等原因，采集到的指纹图像一般会有一定的灰度与亮度差异，这对利用统一的算法处理指纹图像产生了影响。指纹图像归一化操作用于消除图像在采集过程中形成的灰度差异，将灰度值统一调整到一定的范围内，得到统一的图像规格，为下一步的处理提供便利。

设输入指纹图像 I 的大小为 $M \times N$，$I(i,j)$ 代表指纹图像在第 i 行第 j 列的像素值，指纹图像 I 的均值 $M(I)$ 和方差 Var 分别为

$$M(I) = \frac{1}{M \times N} \sum_{i=0}^{M-1} \sum_{j=0}^{N-1} I(i,j) \tag{3-1}$$

$$\mathrm{Var} = \frac{1}{M \times N} \sum_{i=0}^{M-1} \sum_{j=0}^{N-1} [I(i,j) - M(I)]^2 \tag{3-2}$$

根据计算得到的图像均值与方差，计算经归一化处理后的图像 G，$G(i,j)$ 为归一化后图像在点 (i,j) 处的像素值。M_0 和 Var_0 分别是处理后预设的图像均值和方差（根据需要分别设定均值为 80、方差为 200）。归一化的公式为[1]

$$G(i,j) = \begin{cases} M_0 + \sqrt{\dfrac{\mathrm{Var}_0 [I(i,j) - M(I)]^2}{\mathrm{Var}}}, & I(i,j) > M \\ M_0 - \sqrt{\dfrac{\mathrm{Var}_0 [I(i,j) - M(I)]^2}{\mathrm{Var}}}, & I(i,j) \leqslant M \end{cases} \tag{3-3}$$

图 3-4 为归一化后的指纹图像与原始图像的对比，可以看出，经过归一化后，两幅亮暗程度不同的指纹图像具有相同的亮暗程度和对比度。

(a)原始图像　　　　　　　　　　(b)归一化图像

图 3-4　指纹图像的归一化

图 3-4(a)是采集到的指纹原始图像，图 3-4(b)是对原始图像进行归一化操作后的图像。可以看出，原始图像中由于光照不均匀等，出现了不同程度的反光和背光现象，在原始图像基础上直接提取指纹纹线会影响纹线的提取效果，而归一化操作则提高了指纹图像中嵴线和谷线的清晰度和对比度，改善了图像采光不均匀的现象，并且保留了图像原有的特征和纹理结构，同时将所有待处理图像处理为统一的格式，便于进行观察比较和下一步处理。

3. 基于方向场信息的指纹图像二值化

指纹图像二值化是指对图像设定一定阈值，将灰度级从 256 级降至 2 级，也就是说，

将图像转换为只用两阶灰度表示的黑白图像,二值化后的指纹谷线和背景用黑色像素表示,灰度值为 0,嵴线用白色像素表示,灰度值为 255。如式(3-4)所示,$B(i,j)$ 是二值化后的指纹图像,T 是设定的阈值,$I(i,j)$ 是归一化后的指纹图像。

$$B(i,j) = \begin{cases} 255, & I(i,j) \geqslant T \\ 0, & I(i,j) < T \end{cases} \tag{3-4}$$

指纹图像二值化作为指纹图像预处理操作的重要部分,是进行指纹图像细化处理的前提和基础[2]。指纹图像经过二值化处理后,嵴线和谷线更加清晰可辨,突出和加强了纹线特征,同时由于图像只有黑白两个灰度级,在存储和处理过程中可以节省空间和提高效率。

二值化方法主要通过设定阈值来判定灰度级,其中阈值的选择是图像二值化的关键。目前,阈值设定方法可以分为全局阈值法和局部阈值法[3]。全局阈值法是指对整幅图像设定某个固定阈值,然后将图像各点的灰度值与设定的阈值进行比较,进而实现二值化处理。局部阈值法的原理与全局阈值法类似,不同之处是其先将图像分割成若干子块,再在每一个子块范围内设定不同的阈值,并用子块内所有点的像素灰度值与子块的阈值进行比较,实现对每个子块的二值化处理。全局阈值法虽然处理速度快,但由于指纹图像的嵴线灰度值并不是一成不变的,所以不能适用于低质量、效果差的指纹图像二值化处理,同时该方法抗噪声干扰的能力较弱。

本书使用的是一种基于方向场信息的指纹图像二值化方法,该方法综合考虑了指纹图像二值化过程中的阈值选择和方向场信息,有效提高了二值化的精度,效果更好。其算法如下。

(1) 计算指纹图像的方向图。方向图由文献[4]率先提出,由于方向图可以描述指纹的纹理特征,现已成为研究指纹图像处理时的重要工具。在点方向图基础上选取 8 个方向,如图 3-5 所示。

(2) 根据方向图信息对指纹图像各点进行灰度加权平均值计算。在求得图像中每个像素点处的方向场后,根据方向场的相关信息对图像进行二值化处理。先用掩模法计算图像上一点的嵴线方向 i 的灰度加权平均值 Gmean[i] ($i=1,2,\cdots,8$ 表示 8 个方向),以及 i 的垂直方向 $iVar = (i+4) \bmod 8$ 的灰度加权平均值 Gmean[$iVar$]。图 3-6 为选择的 1 方向的加权模板和垂直于 1 方向的加权模板,其大小为 5×5,其余方向的加权模板按图 3-5 所示顺时针旋转相应角度即可得到,Gmean 的计算公式如式(3-5)所示:

0	0	0	0	0
0	0	0	0	0
2	3	4	3	2
0	0	0	0	0
0	0	0	0	0

(a) 1 方向加权模板

0	0	1	0	0
0	0	1	0	0
0	0	1	0	0
0	0	1	0	0
0	0	1	0	0

(b) 垂直于 1 方向加权模板

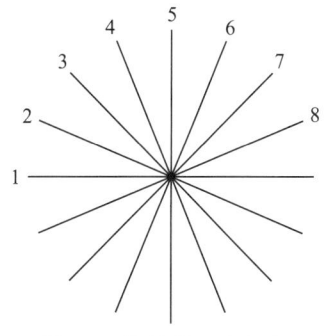

图 3-5 指纹的 8 个方向　　图 3-6 加权模板

$$\text{Gmean} = \frac{1}{\sigma} \sum_{\mu=-\frac{\omega}{2}}^{\frac{\omega}{2}} \sum_{\nu=-\frac{\omega}{2}}^{\frac{\omega}{2}} H(\mu,\nu) \times I(i+\mu, j+\nu) \tag{3-5}$$

式中，σ 表示加权模板权重；ω 表示模板大小；H 表示加权模板对应点的值；I 表示归一化后指纹图像各像素点对应于加权模板的灰度值。

(3) 对图像各像素点进行二值化操作。比较 Gmean[i] 和 Gmean[iVar] 的大小，如果沿嵴线方向 i 的灰度加权平均值 Gmean[i] 比较大，就把该像素点的灰度值设置为 255，其二值化操作为

$$\text{iVar} = \begin{cases} 255, & \text{Gmean}[i] \geqslant \text{Gmean}[\text{iVar}] \\ 0, & \text{其他} \end{cases} \tag{3-6}$$

式中，iVar 表示二值图像中像素点的灰度值；0 表示二值图像中谷线和背景点的灰度值；255 表示二值图像中嵴线的灰度值。得到的二值图像如图 3-7(d) 所示。

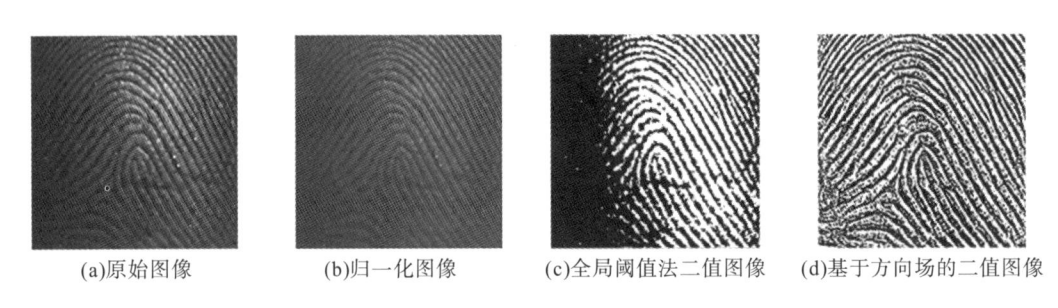

(a)原始图像　　(b)归一化图像　　(c)全局阈值法二值图像　　(d)基于方向场的二值图像

图 3-7　二值化图像对比

从图 3-7(c) 和图 3-7(d) 中可以看出，全局阈值法虽然也将灰度图像降为黑白两色的二值图像，但该方法会损失很多图像信息，同时指纹纹线也会出现断裂或损坏，这将造成中心点、三角点等关键特征点的查找不准确，对后续计算 a-b 嵴线数的准确率会有较大影响，所以全局阈值法并不适用于光照不均匀、对比不明显的低质量、效果差的指纹图像。而基于方向场的二值化方法克服了局部阈值法的分块局限性，通过遍历图像中的所有点进行计算，同时利用了指纹图像的方向信息，抗干扰能力较强，得到的图像纹线比较清晰，纹线断裂等现象大大减少，特征点明显，为下一步图像细化、特征点查找、a-b 嵴线数计算提供了可靠保证。

4. 指纹图像滤波

指纹图像滤波是图像增强方法之一。滤波的作用是去除指纹图像中的噪声和断点部分，保留和恢复指纹纹线原有的特征信息，以降低特征提取的误差。一个良好的滤波方法将极大提高指纹后续细化处理的准确率。目前常用的图像滤波方法有中值滤波、均值滤波、高斯滤波等，但由于指纹纹线具有方向性，这些方法对指纹图像的处理效果并不理想。针对这一问题，本书选择 Gabor 滤波器，Gabor 滤波器因其具有频率选择性和方向性的特点，应用在指纹图像滤波上可以得到较好的效果[5]。其在空间中的表达式为[6]

$$h(x,y,\theta,f) = \exp\left[-\frac{1}{2}\left(\frac{x'^2}{\sigma_x^2} + \frac{y'^2}{\sigma_y^2}\right)\right]\cos(2\pi f x') \tag{3-7}$$

式中，$x' = x\sin\theta + y\cos\theta$；$y' = x\cos\theta - y\sin\theta$；$\theta$ 是 Gabor 滤波器的方向；f 是 Gabor 滤波器的频率；σ_x、σ_y 分别是沿 x 轴的高斯包络常数和沿 y 轴的高斯包络常数。Gabor 滤波器的滤波算法步骤如下。

步骤 1：对指纹图像进行图像分割，分成大小为 $w \times w$ 的互不重叠的子块。

步骤 2：对各个子块分别计算指纹纹线方向和频率[7,8]。

步骤 3：使用式(3-7)为各子块图像构造增强模板。

步骤 4：对各子块图像内的每个像素点进行离散卷积运算，得到滤波增强后的指纹图像。离散卷积运算如式(3-8)所示，I' 表示滤波后的图像，I 表示滤波前的图像。

$$I' = \sum_{x=-\frac{w}{2}}^{\frac{w}{2}} \sum_{y=-\frac{w}{2}}^{\frac{w}{2}} [h(x,y,\theta,f)I(i-x,j-y)] \tag{3-8}$$

取 $w = 16$，即将图像分割成 16×16 的互不重叠的子块。σ_x、σ_y 的不同取值将会对滤波效果产生不同的影响：σ_x、σ_y 取值越小，滤波器去除噪声的能力越差，但产生伪线的概率会越小；σ_x、σ_y 取值越大，滤波器去除噪声的能力越强，但产生伪线的概率会越大。根据经验，取 $\sigma_x = \sigma_y = 4$ 时效果较好。指纹图像滤波后的效果如图 3-8 所示。

(a)二值化后的图像　　　　　　(b)Gabor滤波器滤波后的图像

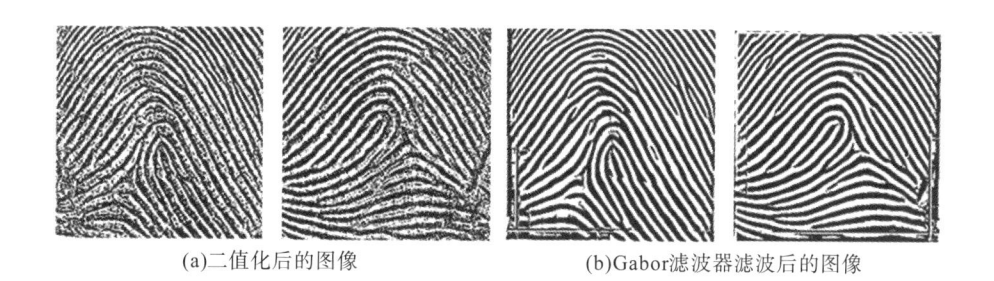

图 3-8　Gabor 滤波器滤波效果图

图 3-8(a)是经过二值化处理后的图像，可以看出二值化后的指纹图像虽然是黑白图像，但存在很多噪声点，严重影响指纹纹线的连通性，并给指纹纹线的提取增加了难度；图 3-8(b)是对图 3-8(a)进行 Gabor 滤波器滤波后的指纹图像，显然，通过 Gabor 滤波器滤波，可以有效去除二值化后指纹图像中存在的噪声，并能较好地保留原有的指纹纹线走向，得到纹线比较清晰且完整平滑的指纹图像。对比图 3-8(a)和图 3-8(b)可以发现滤波后的指纹图像纹线清晰光滑，可以更好地进行细化操作。

5. 指纹图像细化

指纹图像细化是指纹图像预处理算法的最后一步，也是精确计算 *a-b* 嵴线数的关键步骤。指纹图像细化又称为纹线骨架化，指在不改变指纹纹线走向、连通性等条件下，将白色嵴线部分按照嵴线宽度对称减薄，提取白色嵴线的中轴线，使指纹图像中粗细不均匀的白色嵴线转换为宽度只为一个像素点的条纹中心线。

经过二值化处理后，指纹图像就只由白色嵴线和黑色谷线构成。由于主要研究嵴线数目，嵴线的粗细不均匀会影响嵴线数的计算以及计算机的处理效率，因此为了提高计算准确率和处理效率，在二值化后的图像基础上，进一步做细化处理。

细化处理时除了要保持嵴线的连通性和嵴线中心不变的特性，还要保证嵴线的方向性以及特征点不变等特性，细化算法一般需要具备以下特性[9]。

(1) 收敛性：算法的迭代必须是可收敛的。

(2) 连通性：保证细化后纹线的连通性。

(3) 保持性：指纹细节特征不能被破坏。

(4) 细化性：嵴线宽度为 1 个像素。

(5) 中轴性：细化后的嵴线结构尽可能接近原宽嵴线的中轴线位置。

(6) 拓扑性：纹线不能被改变。

(7) 快速性：算法要具有简单、快速的特点。

细化算法种类有很多，目前常用的细化算法有快速细化算法(quick thinning algorithm)[10]和改进的一次细化算法(improved OPTA thinning algorithm)[11]。快速细化算法是 4 连通并行细化算法[12]，其工作原理是通过指纹图像每个像素点的 4 邻域来判断是否是边界点，并逐一删除，其步骤如下。

步骤 1：对于图像中每一个像素点，判断该点是否是指纹嵴线边缘的边界点。

步骤 2：若是边界点，则判断是否删除查找出来的边界点；若不是边界点，则继续查找下一个像素点。

步骤 3：遍历图像中所有像素点，并进行判断，直至不再有满足删除条件的像素点。

1) 改进的 OPTA 细化算法

OPTA 细化算法是一种典型的模板匹配细化算法[13]，其工作原理是构建 10 个模板，其中 8 个是消除模板，另外 2 个是保留模板，将图像中各个像素点的 10 邻域像素依次与各个模板进行比较，判断中心位置的像素点是否需要得到保留，其消除模板和保留模板如图 3-9 所示。

0	0	0
X	1	X
1	1	1

(a)上边界

0	X	1
0	1	1
0	X	1

(b)左边界

1	1	1
X	1	X
0	0	0

(c)下边界

1	X	0
1	1	0
1	X	0

(d)右边界

X	0	0
1	1	0
X	1	X

(e)右上边界

0	0	X
0	1	1
X	1	X

(f)左上边界

X	1	X
0	1	1
0	0	X

(g)左下边界

X	1	X
1	1	0
X	0	0

(h)右下边界

第 3 章　指纹特征提取算法

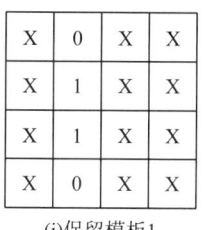

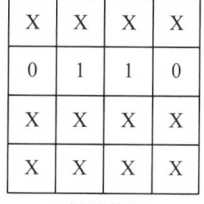

X	0	X	X
X	1	X	X
X	1	X	X
X	0	X	X

(i)保留模板1

X	X	X	X
0	1	1	0
X	X	X	X
X	X	X	X

(j)保留模板2

图 3-9　OPTA 细化算法的消除模板和保留模板

(a)～(h)为 OPTA 细化算法的消除模板；(i)、(j)为 OPTA 细化算法的保留模板

图 3-9 所示模板中"1"表示图像中像素值为 1 的点，即峰线上的点；"0"表示图像中像素值为 0 的点，即谷线上的点或背景点；"X"表示该点既可以是峰线上的点，也可以是谷线上的点或背景点，其像素值可以是 1，也可以是 0。

改进的 OPTA 细化算法是 8 连通串行细化算法[14]，在原 OPTA 细化算法的基础上进行了改进并新增了保留模板，克服了原 OPTA 细化算法里消除模板和保留模板大小不一致的弊端，构建了统一的 4×4 模板，将原有的 2 个保留模板改造为 6 个 4×4 的保留模板，改进的 OPTA 细化算法中 6 个保留模板和统一的模板如图 3-10 所示。

X	1	X	0
0	1	1	0
X	1	X	X
X	X	X	X

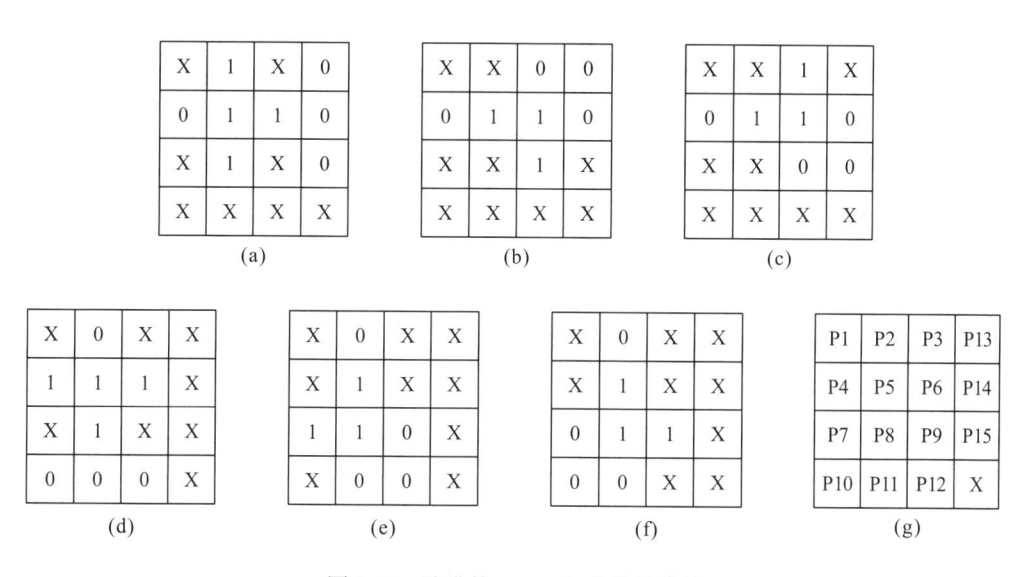

(a)

X	X	0	0
0	1	1	0
X	X	1	X
X	X	X	X

(b)

X	X	1	X
0	1	1	0
X	X	0	0
X	X	X	X

(c)

X	0	X	X
1	1	1	X
X	1	X	X
0	0	0	X

(d)

X	0	X	X
X	1	X	X
1	1	0	X
X	0	0	X

(e)

X	0	X	X
X	1	X	X
0	1	1	X
0	0	X	X

(f)

P1	P2	P3	P13
P4	P5	P6	P14
P7	P8	P9	P15
P10	P11	P12	X

(g)

图 3-10　改进的 OPTA 细化算法模板

(a)～(f)为改进的 OPTA 细化算法保留模块；(g)为统一的 4×4 模板

改进的 OPTA 细化算法是串行细化算法，算法具体步骤如下。

步骤 1：从指纹二值图像左上角位置开始，检查像素值为 1 的点，即目标像素点。

步骤 2：对于目标像素点[图 3-10(g)中 P5 位置的像素点]，抽取统一模板中的 15 个相邻像素，先将其 8 邻域像素点(P1～P4 位置，P6～P9 位置)分别与构建的 8 个消除模板进行比较，若均不匹配，则 P5 位置的像素点不是要消除的点，保留该点。

步骤 3：若该点的 8 邻域像素点匹配消除模板中的一个，则将其 15 邻域像素点分别与改造的 6 个保留模板进行比较,如果匹配其中任意一个保留模板,则保留 P5 位置的像素点;否则,若该像素点匹配消除模板且不匹配保留模板,则删除 P5 位置的像素点。

步骤 4:重复步骤 1~步骤 3,直至遍历完整幅指纹图像所有的像素点。

通过对细化后的图像进行分析发现,改进的 OPTA 细化算法处理过的图像虽然基本将指纹纹线保持为单像素宽度,但仍然有分叉点处细化不完全、不能保证单像素宽度的问题,同时还会产生一定的毛刺和伪分叉点。分叉点处细化后不是单像素宽度是由消除模板不全面造成的,毛刺和伪分叉点的产生则与消除模板不完全对称有关。图 3-11 列举了两种细化不完全的情况。

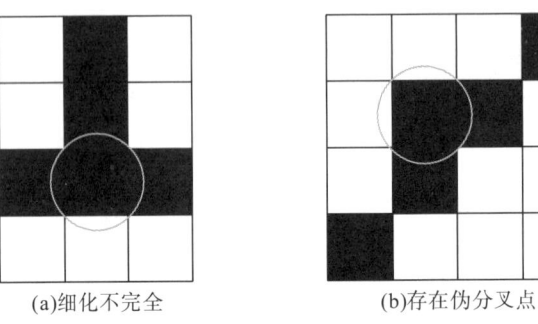

(a)细化不完全　　(b)存在伪分叉点

图 3-11　细化不完全和存在伪分叉点

图 3-11(a)为分叉点处细化不完全的情况,这样的纹线并不是单像素宽度,图中圆圈处的像素点未被细化;图 3-11(b)为存在伪分叉点的情况,图中圆圈处的像素点同样未被细化。将分叉点处细化不完全以及存在伪分叉两种情况分别旋转 90°、108°和 270°即可得到两种情况的所有表现形式。

2) 22 模板 OPTA 细化算法

针对改进的 OPTA 细化算法细化效果不理想的情况,在改进的 OPTA 细化算法的基础上,本节提出 22 模板 OPTA 细化算法,即新添加 8 个消除模板,用于消除分叉点处细化不完全以及存在伪分叉点和毛刺等现象。增加的 8 个模板如图 3-12 所示。

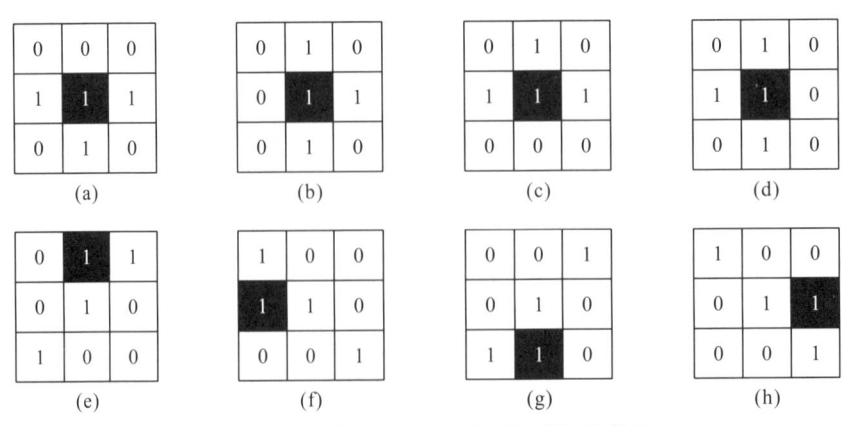

图 3-12　22 模板 OPTA 细化算法增加的模板

图 3-12(a)～图 3-12(d) 所示的 4 个模板是针对图 3-11(a) 的情况所增加的消除模板，图 3-12(e)～图 3-12(h) 所示的 4 个模板是针对图 3-11(b) 的情况所增加的消除模板。22 模板 OPTA 细化算法的步骤如下。

步骤 1：在改进的 OPTA 细化算法的基础上，从图像左上方像素开始，考察像素值为 1 的点，即目标像素点。

步骤 2：对于目标像素点[图 3-10(g) 中的 P5 位置]，考察其 8 邻域像素点(P1～P4 位置，P6～P9 位置)，若符合图 3-12(a)～图 3-12(d) 其中一种情况，则删掉该目标像素点，即将该目标像素点的像素值置为 0。

步骤 3：若该目标像素点的 8 邻域像素点符合图 3-12(e)～图 3-12(h) 其中一种情况，则删除与图 3-12(e)～图 3-12(h) 中黑色位置相对应的像素点，即将黑色位置的点的像素值置为 0。

步骤 4：重复步骤 1～步骤 3，直至遍历完整幅指纹图像所有的像素点。

通过新增加的 8 个消除模板，基本上解决了指纹纹线在分叉点处细化不完全以及存在伪分叉点的问题，达到了细化的基本要求，如图 3-13 所示。

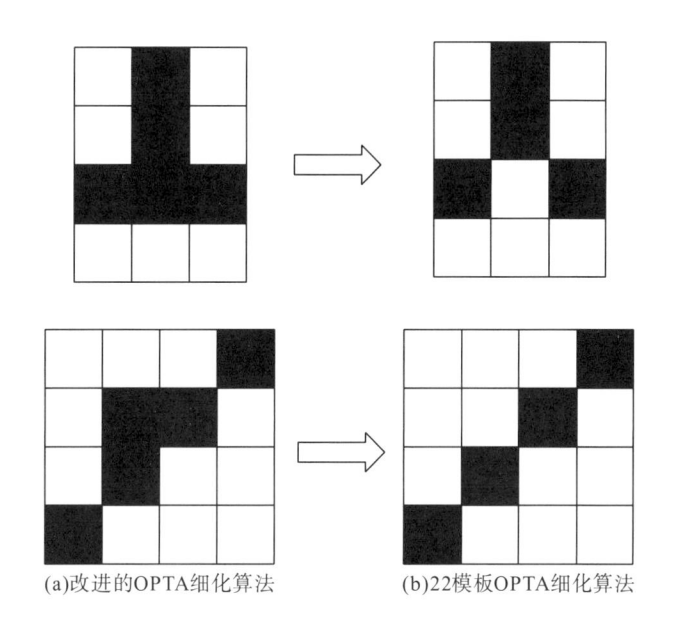

图 3-13　22 模板 OPTA 细化算法对改进的 OPTA 细化算法的完善

图 3-13(a) 中黑色部分表示改进的 OPTA 细化算法细化后的纹线效果图，图 3-13(b) 则是 22 模板 OPTA 细化算法细化后的纹线效果图，可见 22 模板 OPTA 细化算法在增加 8 个消除模板后，细化更为彻底，可以达到预期的要求。

6. 细化算法实验结果分析

图像细化是图像预处理过程中的重要步骤，细化效果的好坏将对后续能否精确计算 $a\text{-}b$ 嵴线数产生直接影响。目前使用较为广泛的指纹图像细化算法是改进的 OPTA 细化算法，在改进的 OPTA 细化算法的基础上本节提出 22 模板 OPTA 细化算法，经过大量样本的验证，相比改进的 OPTA 细化算法，22 模板 OPTA 细化算法能够使图像纹线细节细化得更为彻底，如图 3-14 所示。

(a)改进的OPTA细化算法　　　　　(b)22模板OPTA细化算法

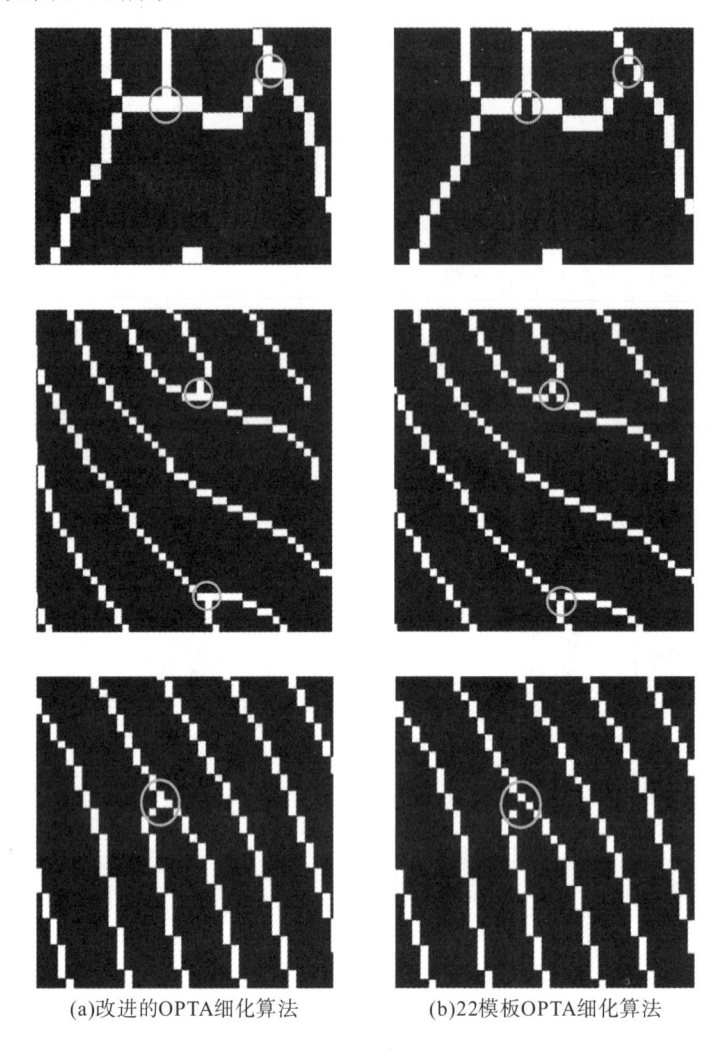

图 3-14　改进的 OPTA 细化算法与 22 模板 OPTA 细化算法效果对比

　　图 3-14 所展示的是指纹图像细化后部分细节的放大图像，图 3-14(a)中圆圈部分表示指纹纹线分叉点处细化不完全和存在伪分叉点，对应图 3-11 所展示的两种情况。图 3-14(b)展示的是使用 22 模板 OPTA 细化算法进一步细化的结果。对比图 3-14(a)和图 3-14(b)中圆圈部分的细化情况可以发现，22 模板 OPTA 细化算法细化得比较完全，解决了分叉点处细化不完全和存在伪分叉点的问题，圆圈部分的细化效果得到了改善。

　　图 3-15 是 22 模板 OPTA 细化算法细化效果图和原始指纹图像的对比。可以看出，细化后的指纹图像纹线清晰，保证了指纹纹线的连通性，保留了指纹纹线原有的细节特征，同时满足了细化后纹线单像素宽度的要求，取得了较好的细化效果，为下一步计算 a-b 嵴线数奠定了可靠的基础。

(a)原始指纹图像

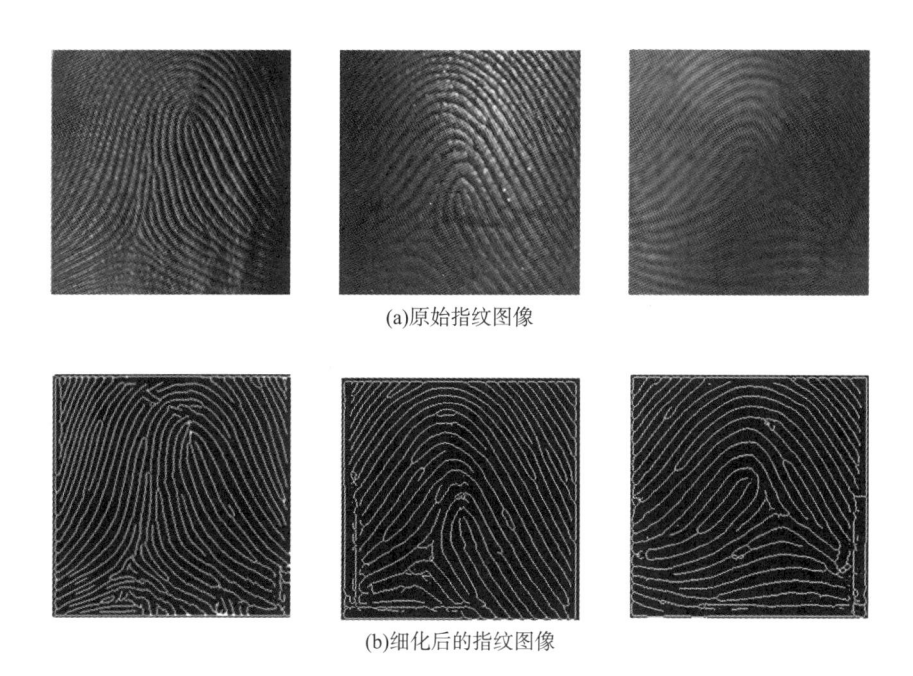

(b)细化后的指纹图像

图 3-15　原始指纹图像与细化效果图对比

3.1.2　a-b 嵴线数

a-b 嵴线数是指从指纹中心点向三角点作一连线,去除起止点,所经过的指纹纹线数。指纹的这一特征由于不受图像缩放、平移、旋转及畸变的影响,并能在一定程度上反映指纹特征点间的结构特性,具有较好的鲁棒性,越来越受到指纹研究者的重视。目前,a-b 嵴线数已经被广泛应用于指纹的识别、研究中,甚至被用来作为乳腺癌等疾病的早期诊断特征。仲元昌等[15]将 a-b 嵴线数作为一项特征引入指纹匹配的应用中;廖阔等[16]通过利用 a-b 嵴线数、方位差等,建立了特征变量,解决了指纹图像形变下的匹配难题;贾聪智等[17]则将 a-b 嵴线数作为一项重要依据判断特征点构成的三角形是否相似。

目前,计算 a-b 嵴线数的算法有很多,如数值微分法、Bresenham 算法[18]、改进的 Bresenham 算法等。其中数值微分法由于采用的是浮点运算,其运算速度相对较慢,一般不采用这种算法。Bresenham 算法及其相关算法克服了数值微分法计算速度慢的缺点,效率和准确率相对较高。目前的算法都是在 Bresenham 算法的基础上,将中心点和三角点连线进行直线转换,转换成栅格化的像素点后进行计算,这些算法虽然能计算出结果,但仍有计算效率不够高或计算结果不准确的缺陷。有学者提出一种直嵴线求交法,该方法计算速度快,准确性较高,有很强的实用性。

3.1.3　Bresenham 算法及其改进算法

Bresenham 算法是为了适应"计算机显示器由像素构成"这个特性而设计出来的算法,

它能够在每行每列的像素中找到与已知直线最为接近的像素,将已知直线转换为用像素表示。该算法的原理是:过所有像素点的中心位置分别沿水平和垂直方向构造一组网格线,从直线的一个端点开始,沿直线方向计算直线与经过的所有垂直网格线的交点,根据交点的位置来确定过交点的垂直网格线上与交点距离最近的像素点。对于每一列的像素,Bresenham 算法只需检查一个误差项,就能得到该列所要查找的像素,该算法采用了增量计算,已成为目前广泛应用的一种直线扫描转换算法。这里本节讨论最简单的情况,即直线斜率为 0~1,如图 3-16 所示。

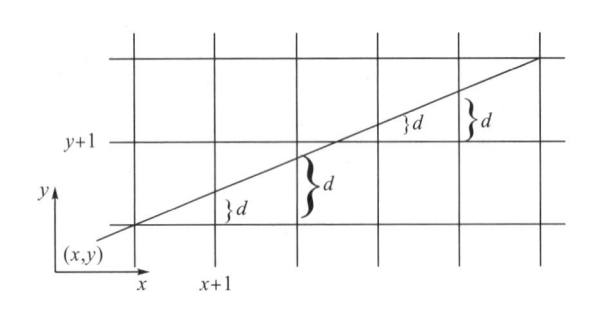

图 3-16 Bresenham 算法示意图

假设从点 (x,y) 处开始,沿直线方向搜索,该像素点位置已确定,行坐标为 x,列坐标为 y。根据直线走向,下一个像素点的坐标应为 $(x+1,y)$ 或 $(x+1,y+1)$,因此该像素点的行坐标确定为 $x+1$,而列坐标取 y 还是 $y+1$ 则要根据图 3-16 中误差项 d 的大小来确定。因为假设直线的起点 (x,y) 经过像素点的中心,所以误差项 d 的初始值是 0。d 值的增量大小取决于直线的斜率,即 $d=d+k$($k=\Delta y/\Delta x$,是直线的斜率),当 x 增加 1 时,d 相应增加 k。为了确保 d 值一直为 0~1,当 $d\geqslant 1$ 时,就把它大于 1 的部分减去,使其控制在 1 以内。下一个像素点的坐标需要根据 d 值来判断,当 $d>0.5$ 时,说明直线与 $x+1$ 列网格线的交点更接近上面的点,即点 $(x+1,y+1)$;当 $d<0.5$ 时,说明直线与 $x+1$ 列网格线的交点更接近下面的点,即点 $(x+1,y)$;当 $d=0.5$ 时,说明直线与 $x+1$ 列网格线的交点与上下两点的距离一致,此时取上面的点,即点 $(x+1,y+1)$,如图 3-17 所示。

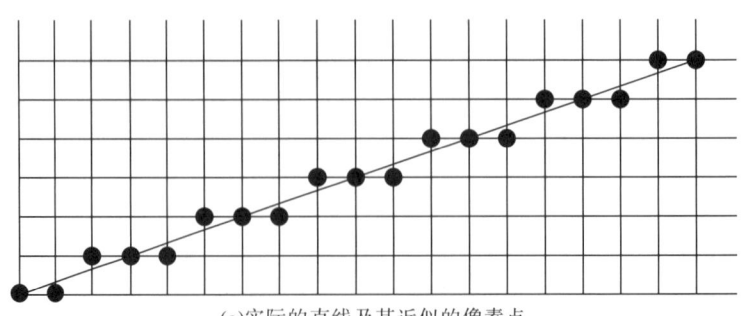

(a)实际的直线及其近似的像素点

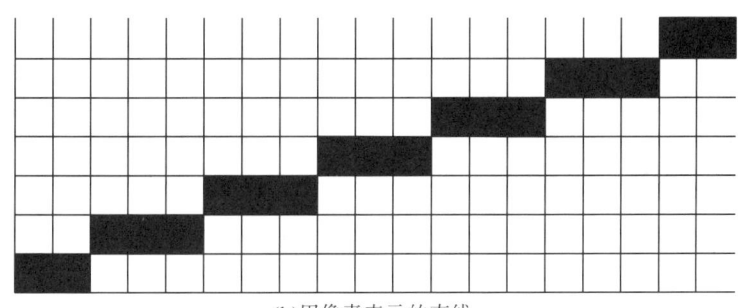

(b)用像素表示的直线

图 3-17 Bresenham 算法生成的直线

应用 Bresenham 算法计算 a-b 嵴线数的原理如下：

(1)转换中心点和三角点之间的连线，生成以像素点表示的一条直线，如图 3-17(b)所示。

(2)统计这条直线上白点的个数(细化图像中白色线表示嵴线)，即得 a-b 嵴线数。

应用 Bresenham 算法计算 a-b 嵴线数的直观表示如图 3-18 所示。

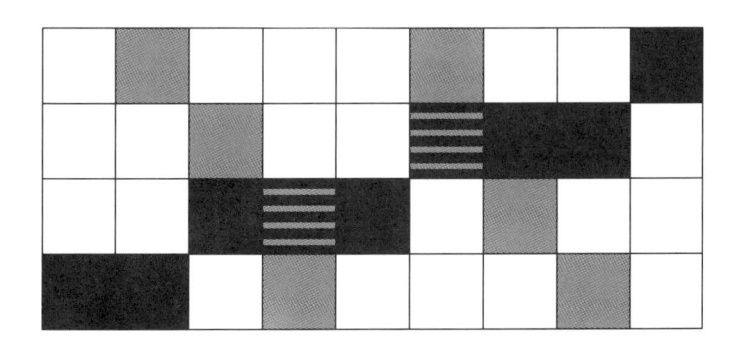

图 3-18 Bresenham 算法计算 a-b 嵴线数的直观表示

图 3-18 中，灰色代表细化后的嵴线(图中共显示 2 条)，黑色代表用 Bresenham 算法生成的中心点和三角点之间的连线，黑底灰实线表示特征点连线与嵴线相交的点。Bresenham 算法中黑底灰实线表示的点的个数即代表 a-b 嵴线数。

应用传统的 Bresenham 算法计算 a-b 嵴线数时会出现以下两个问题：

(1)连线经过一条嵴线，但却与嵴线没有交点，这会导致在计算时漏掉该嵴线，进而导致计算结果不准确。如图 3-19 所示，图中黑色表示特征点连线，灰色表示细化后的指纹嵴线。

(2)当嵴线与连线重合时，会计算出多个点，这同样会导致结果不准确。如图 3-20 所示，图中黑色表示中心点和三角点连线，灰色表示细化后的指纹嵴线，黑底灰实线表示连线和嵴线重合的点。

改进的 Bresenham 算法是在传统的 Bresenham 算法的基础上，增加两个判定条件，用于解决遗漏交点和出现交点重合的问题，改进的 Bresenham 算法的工作原理如下：

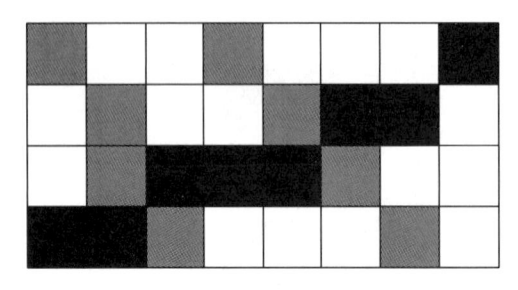

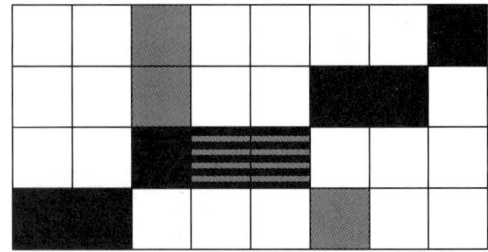

图 3-19　嵴线与奇异点连线不相交的情况　　　图 3-20　嵴线与奇异点连线重合的情况

(1) 转换连接中心点和三角点的连线，生成一条以像素点表示的连线，并统计该连线上所有黑点和白点的坐标以及黑点的个数 B 和白点的个数 W，计算两个白点间的近似平均距离 $d=B/W$，其中黑点表示背景点和谷线，白点表示嵴线。

(2) 遍历这条连线上的所有点，若是黑点，则增加第一个判断条件，判断其 8 邻域的点，如果有两个以上的点是白点，则记为穿过一条嵴线。

(3) 若是白点，则增加第二个判断条件，判断该点和上一个白点的距离是否与 d 大致相同，若与 d 大致相同，则记为穿过一条嵴线，否则不记该点。

目前，在计算 a-b 嵴线数时应用较为广泛的是改进的 Bresenham 算法，该算法能够克服传统算法的弊端，提高准确率，但是效率相应地有所降低。

3.1.4　直嵴线求交法

理想情况下，两条线相交交点只有一个，但在像素级别会出现很多种可能，如出现 0 个交点(图 3-19)、1 个交点(图 3-18)或者多个交点(图 3-20)等情况。目前计算 a-b 嵴线数的算法几乎都需要进行直线扫描转换，即将中心点、三角点连线转换成用像素点表示，这就无法避免上述情况的出现，从而导致计算结果错误，这将严重影响指纹的特征识别和研究。目前的改进方法虽然能解决上述问题，但是增加了判断条件，相当于增加了工作量，降低了工作效率。直嵴线求交法无须进行直线扫描转换，不用像素点来表示中心点和三角点的连线，是在直线的基础上进行的，从而省去了直线扫描转换过程，同时避免了像素级别下表示交点时可能出现的多种情况。该算法的工作原理为：①确定中心点 (x_c, y_c) 和三角点 (x_d, y_d) 的坐标；②计算过两点的直线斜率 $k=(y_c - y_d)/(x_d - x_c)$ 和截距 $b=y_c - kx_c$；③在细化后的指纹图像 $x_c < x < x_d$，$y_d < y < y_c$(假设 $x_c < x_d, y_d < y_c$)范围内寻找像素值为 1 的点，即白色的嵴线点；④对查找出来的符合范围要求的点进行筛选，筛选的条件为该点的坐标是否满足 $y = kx + b$，即中心点和三角点之间的连线。由于这条直线上的点对应的像素值有可能是小数，而坐标都是整数，所以需要调用取整函数 round、ceil 和 floor。如图 3-21 所示，第 3 行第 3 列像素点和第 2 行第 6 列像素点的坐标取整后都满足直线方程。具体步骤为将符合范围要求的像素值为 1 的点的横坐标(整数)代入直线方程，然后对求得的 y 值(一般为浮点型小数)进行取整操作即可获得纵坐标，若横坐标和取整所得的纵坐标满足该点像素值为 1 的要求，则保留该点，并记为通过一条嵴线；⑤由于进行了取整操作及细化

第 3 章 指纹特征提取算法　　　　　　　　　　　　　　　　　　　　　　　　　　　　79

后纹线弯折，会出现直线穿越嵴线时交点坐标有 2 个甚至 2 个以上的情况。如图 3-22 所示，直线穿过第 4 行第 2 列像素点和第 3 行第 3 列像素点，而这两个像素点均属于同一条嵴线，针对这一情况需要进行进一步筛选，即进行一步删除操作。删除操作是指设置一个距离阈值，如果相邻两个点纵坐标之间的距离小于该阈值，就删除其中一点。本节设置的距离阈值 $d=2$，即纵坐标之间距离小于 2 时就删除其中一点。经过测试多幅指纹图像，证实该阈值完全可以满足实验要求。

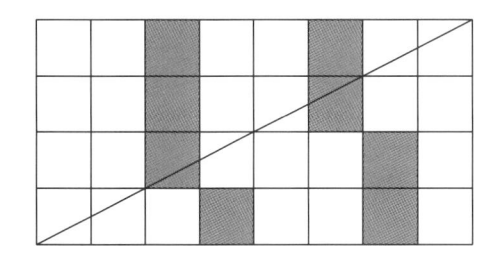

图 3-21　直线与嵴线相交　　　　　图 3-22　交点出现 2 个或 2 个以上的情况

图 3-22 中，黑色直线表示特征点之间的虚拟连线，灰色表示细化后的指纹嵴线，白色表示谷线和背景点。由于该连线没有进行直线转换，而是理想的直线，所以克服了像素化后遗漏交点的弊端。同时，因为该方法调用了 round、floor 和 ceil 三个函数，所以进一步确保了不会遗漏该直线周围所有符合要求的白点，而且省去了直线转换过程。连线与嵴线相交的情况在放大后的细节图像中清晰明了，如图 3-23 所示，其中斜线表示中心点和三角点连线，白色表示细化后的嵴线，图 3-23 中的两幅图像展示了连线和嵴线相交的多种情况。

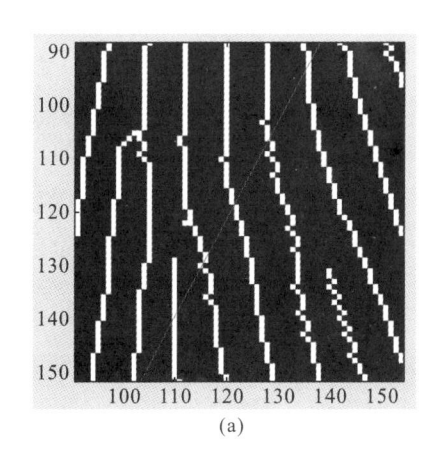

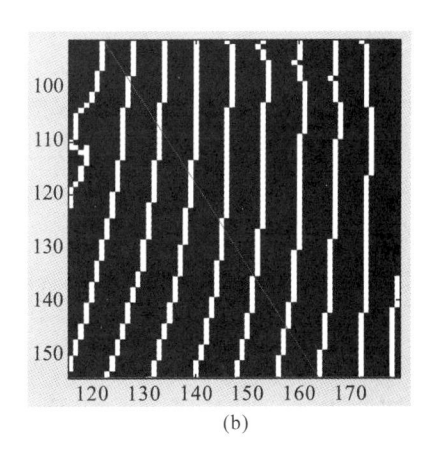

(a)　　　　　　　　　　　　　　(b)

图 3-23　不同指纹放大图像

注：该坐标是笛卡儿坐标，横、纵坐标分别代表水平、垂直方向上的位置，单位为像素

图 3-24 为原始指纹图像 a-b 嵴线数和细化图像 a-b 嵴线数对比图，图中圆圈表示特征点连线和嵴线交点，可以看出直嵴线求交法可以比较准确地计算出 a-b 嵴线数。

(a)原始指纹图像　　　　　　　　　(b)细化图像

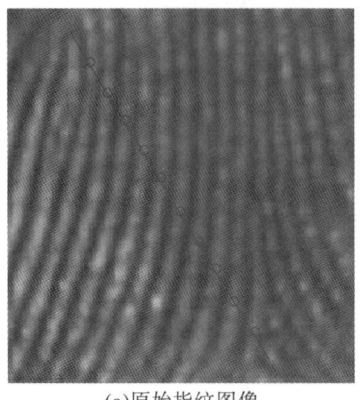

图 3-24　原始指纹图像与细化图像 *a-b* 嵴线数对比图

3.1.5　*a-b* 嵴线数提取系统

为了推进 *a-b* 嵴线数在疾病领域的研究进展,本节针对 *a-b* 嵴线数的提取进行了软件系统的可视化集成——基于方向场的指纹奇异点及 *a-b* 嵴线数提取系统。该软件系统能够使 *a-b* 嵴线数直观地显示在软件界面上,不仅可以用于研究 *a-b* 嵴线数与乳腺癌的关系,还为研究 *a-b* 嵴线数与其他疾病的关系提供了便利,使得广大研究人员节省了人工计算的时间,可以借助系统进行直观的判断和分析。

1. 软件系统的主要功能

该系统能根据软件的设计目的完成非接触类指纹图像处理和特征计算,其主要功能如下。

(1)指纹图像二值化:将 256 级的灰度级降至 2 级,即将图像转换为层次更分明的黑白图像。二值化处理的作用在于使图像中的嵴线和谷线更加清晰可辨,纹线信息得到凸显和加强,同时由于降低了灰度级,还能起到压缩图像、节省空间的作用。

(2)处理指纹图像方向场:方向场是研究指纹图像的基础,在指纹图像点方向场的基础上,采用平滑滤波技术,对点方向场进行平滑处理,从而得到块连续分布的方向图。

(3)图像细化:采用 22 模板 OPTA 细化算法,使得细化后的图像能够满足细化的基本要求,保证细化后的图像单像素化,以便于识别指纹纹线的走向以及奇异点的提取。

(4)奇异点提取:改进了 Poincaré Index(庞加莱指数,PI)算法,采用块方向图搜索法和 Poincaré Index 算法相结合的算法,可以比较准确地检测和定位特征点。

(5)*a-b* 嵴线数计算:计算三角点和中心点连线所经过的指纹嵴线数,这也是设计本系统的主要目的,由此可以更好地进行 *a-b* 嵴线数与疾病关系的研究。

2. 软件系统的界面设计

该系统不仅能够处理指纹图像、计算特征要素,还能够直观地显示处理结果,以便于研究人员做相关的分析。该软件系统的主界面如图 3-25 所示。

第 3 章 指纹特征提取算法

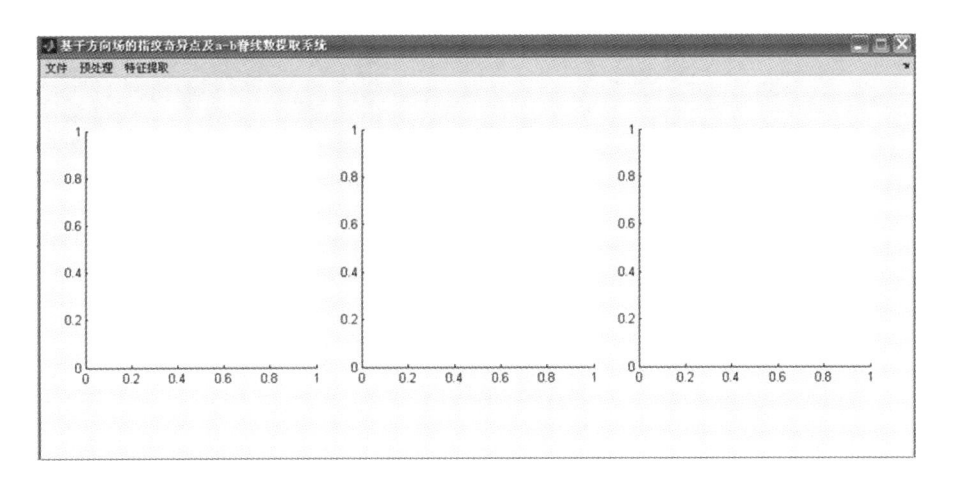

图 3-25 软件系统主界面

在主界面菜单栏里共有三个按钮，依次是"文件""预处理""特征提取"。"文件"按钮包括打开图像、存储图像、退出软件功能；"预处理"按钮包括图像二值化、显示指纹方向场以及细化指纹图像等操作；"特征提取"按钮包括计算中心点、计算三角点、计算 $a\text{-}b$ 嵴线数等功能。主界面上共有三个显示窗口，依次用于显示指纹初始图像、指纹图像预处理后的图像、从指纹图像中提取出来的特征，这样设计便于研究人员直观地进行对比和观察。该软件系统的运行程序示范如下。

(1) 单击"文件"按钮中的"打开图像"选项，在计算机中选择一幅要处理的指纹图像。该指纹图像将会显示在左边的图像窗口中，如图 3-26 所示。

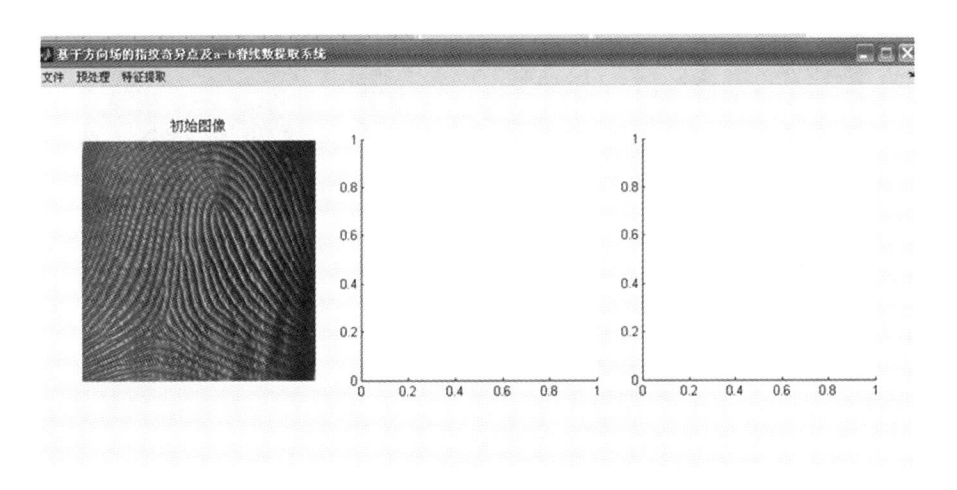

图 3-26 打开图像的操作界面

(2) 单击"预处理"按钮，依次选择图像二值化、计算方向场、图像细化等操作，并将结果显示在第二个图像窗口中，如图 3-27 所示(本例只显示指纹图像细化后的结果)。

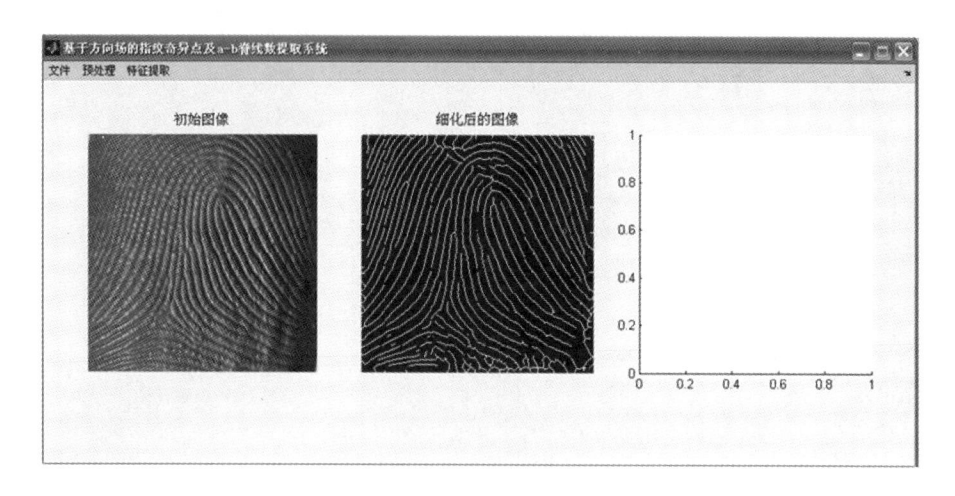

图 3-27 图像细化结果

(3) 查找并计算指纹特征，这一步骤也是该系统设计目的的体现。单击"特征提取"按钮，选择"中心点"，第三个窗口将直接在指纹灰度图像基础上显示中心点；选择"三角点"，将在指纹灰度图像基础上显示三角点；选择"a-b 嵴线数"，将在中心点和三角点之间画一条线，以便于研究人员观察和分析，同时将计算出来的 a-b 嵴线数显示在第三个窗口上方，如图 3-28 所示(本例只显示 a-b 嵴线数的最终计算结果)。

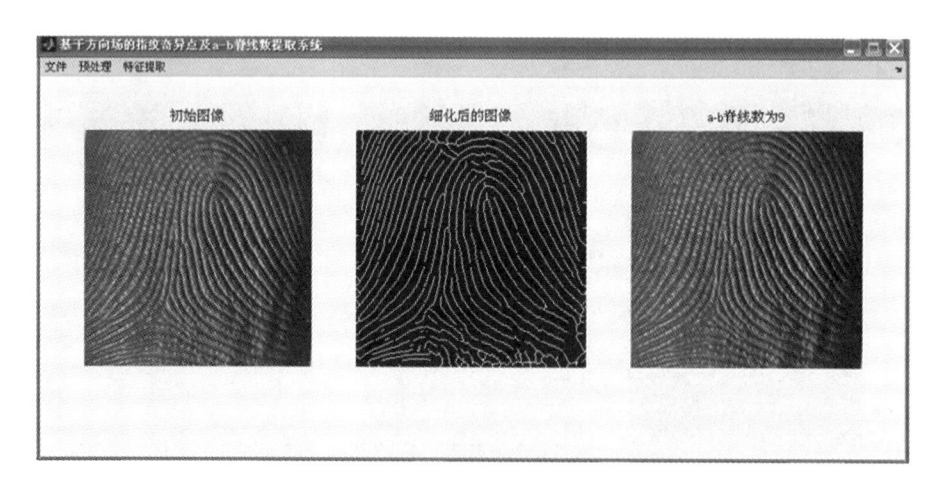

图 3-28 显示中心点、三角点和 a-b 嵴线数

3. 实验结果统计

本小节基于大量样本对 a-b 嵴线数提取系统的准确性进行验证：在当事人同意的情况下，采集了 30 名同学 10 个手指的指纹，共 300 幅指纹图像，其中模糊不清的指纹图像有 8 幅，没有特征点或未拍到特征点的指纹图像有 16 幅，其余 276 幅图像可用。将这 276

第 3 章　指纹特征提取算法

幅指纹图像录入 a-b 嵴线数提取系统进行计算，并对计算结果进行人工计数复查。将 a-b 嵴线数提取系统计算结果和人工计数结果进行对比，为确保人工计数的客观性，采用三人人工计数的方法，若三人计算结果一致，且与 a-b 嵴线数提取系统计算结果一致，则记为计算准确并进行相应的记录。记录结果如表 3-1 所示。

表 3-1　a-b 嵴线数提取系统的实验结果统计

采集到的指纹图像数量/幅	可用的指纹图像数量/幅	系统计算结果与人工计算结果一致的指纹图像数量/幅	系统计算结果与人工计算结果不一致的指纹图像数量/幅	系统准确率
300	276	265	11	96.01%

由统计结果可以看出，a-b 嵴线数提取系统的准确率在 96%以上，达到了预期要求。分析 11 幅计算结果错误的指纹图像可以发现，有 7 幅是因为定位特征点时出现偏差，从而导致纹线数错误，另外 4 幅是因为指纹纹线过于弯曲，特征点连线两次穿越同一条嵴线，从而导致计算出现偏差。图 3-29 展示了部分实验结果。

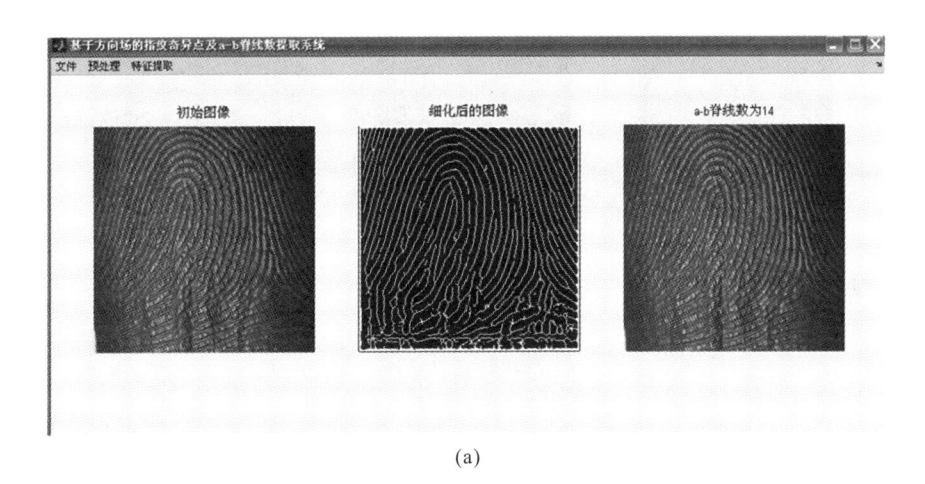

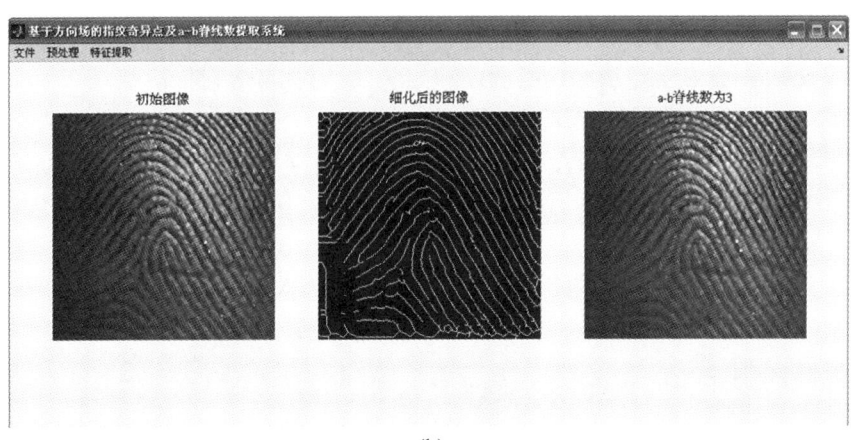

(a)

(b)

(c)

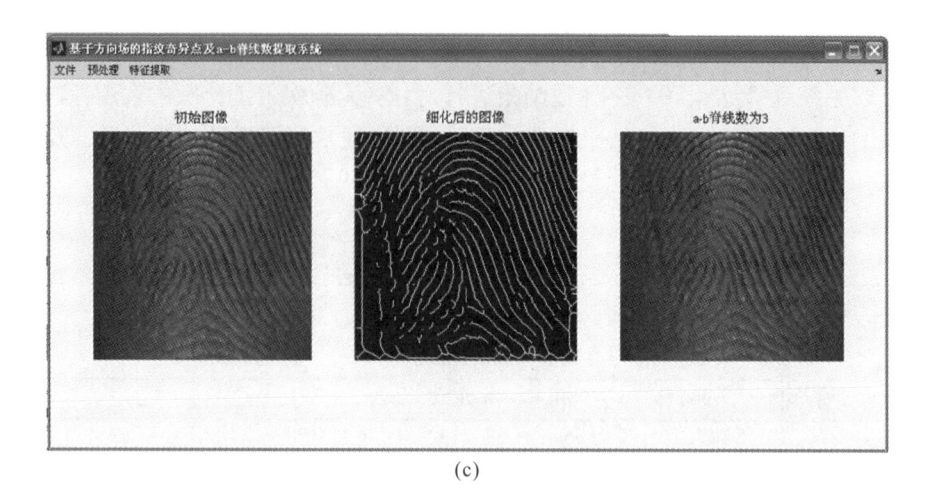

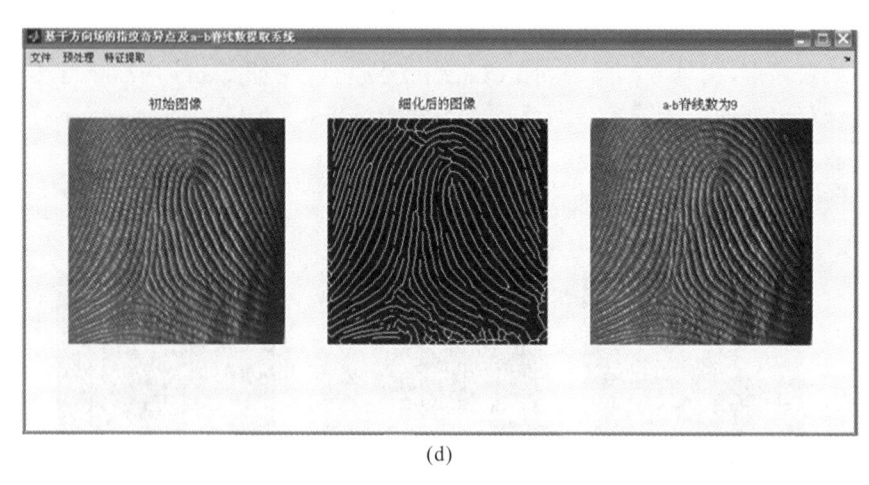

(d)

图 3-29　*a-b* 嵴线数提取系统部分实验结果

3.2　基于三方向图的多尺度平滑低质量指纹与奇异点检测

本节主要介绍指纹图像增强的必要性和方法。针对拥有大量低质量区域和较多大断线的指纹图像,传统的图像增强方法无法很好地修复指纹,这里引入用二维 Gabor 滤波器增强图像的方法。为了更贴合指纹图像的处理,本节设计了指纹频率场以及增强后针对图像归一化处理的算法,使低质量指纹得到良好修复,同时保证奇异点区域不被破坏。

3.2.1　指纹图像的初步增强

1. 方向场计算

指纹图像是一种有纹理特征的图像,纹理的方向就是分析其特征的要素之一。通常把指纹嵴线(或谷线)切线与水平方向的夹角定义为指纹局部纹理的方向,经过归一化之后指纹的方向范围为$[0,\pi)$。因为只将指纹嵴线作为前景，谷线和无效区域被认作背景，所以方向场均指嵴线方向。方向场根据求取方式可以分为点方向场和块方向场，如图3-30所示。为了便于观察和计算，指纹图像都会被分割[19]，有效区域与图像中的指纹重合。

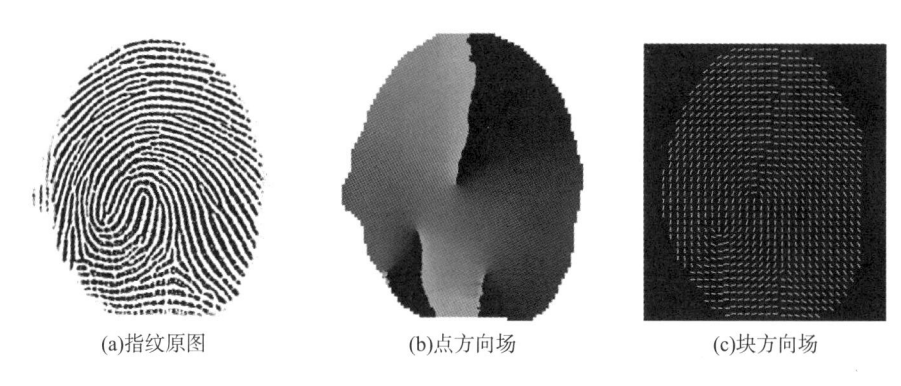

(a)指纹原图　　(b)点方向场　　(c)块方向场

图3-30　方向场的分类

点方向场和块方向场除了形式不同，还有各自的优缺点。点方向场能够最大限度地还原指纹原始图的局部细节，很准确地描述指纹奇异点区域的嵴线方向，计算精度高，但鲁棒性较差。块方向场则有较强的鲁棒性，对噪声敏感程度较低。但由于在块方向场中一个块取代了局部一系列点的方向，会造成大量的细节方向信息丢失。观察图3-30(b)和图3-30(c)，可以发现指纹的奇异点均出现在嵴线局部曲率变化最大的地方，也就是指纹方向场局部方向变化最大的地方。将奇异点定位在像素级别下时，需要获取更精确的方向场类型，选择点方向场比较合适。

目前求取方向场比较快速和准确的方法是基于像素梯度的方向场计算法[20,21]。计算机以数字形式存储图像，即离散的数字信号。在数字图像处理中，梯度方向是指图像灰度变化最剧烈的方向。而根据指纹纹理的实际情况，指纹方向场中局部一点的方向与该点的梯度方向为垂直关系，因此可以根据指纹图像中各点的梯度方向来计算各点的方向，进而得到方向场。因为基于像素梯度的方向场计算法只对质量比较好的图像有较准确的计算结果，低质量图像中因存在大量的噪声而不适合直接使用该方法，所以本节采用梯度平均法求取指纹方向场。它通过将一点及其邻域内的梯度方向值做平均计算来替代该点原有的梯度方向值，从而达到削弱噪声影响的目的。

对于一幅 $M \times M$ 的指纹灰度图像 $I(x,y)$，x、y 分别表示图像的横坐标和纵坐标，利用梯度平均法计算方向场的过程如下。

(1) 利用式(3-9)求取整幅图像在 X、Y 方向的所有梯度值：
$$T_X = \text{Sobel}X \times I(x,y), \qquad T_Y = \text{Sobel}Y \times I(x,y) \tag{3-9}$$

式中，SobelX、SobelY 为 3×3 的 Sobel 算子，即

$$\text{Sobel}X = \begin{bmatrix} -1 & 0 & 1 \\ -2 & 0 & 2 \\ -1 & 0 & 1 \end{bmatrix}, \quad \text{Sobel}Y = \begin{bmatrix} -1 & -2 & -1 \\ 0 & 0 & 0 \\ 1 & 2 & 1 \end{bmatrix} \tag{3-10}$$

(2) 由于梯度带有正负号，不能直接将梯度相加求平均，利用式(3-11)将每一点的梯度方向值转换为平方梯度值：

$$[T_{sX}, T_{sY}]^{\mathrm{T}} = [T_X^2 - T_Y^2, 2T_X T_Y] \quad (3\text{-}11)$$

(3) 以当前所求点为中心取一个大小为 $w \times w$ 的方形邻域，该邻域内的平方梯度值待进行平均梯度计算。

(4) 利用式(3-12)对方形邻域内的平方梯度值进行计算，得到平均梯度。

$$[T_{mX}, T_{mY}]^{\mathrm{T}} = \left[\sum_{i=1}^{w}\sum_{j=1}^{w} T_{sX}/w^2, \sum_{i=1}^{w}\sum_{j=1}^{w} T_{sY}/w^2\right] \quad (3\text{-}12)$$

(5) 利用式(3-13)将平均梯度转换为方向角度 θ，当前计算点的方向即 θ（弧度）。

$$\theta = \frac{\pi}{2} + \frac{1}{2}\arctan\left(\frac{T_{mY}}{T_{mX}}\right) \quad (3\text{-}13)$$

2. 频率估计

在指纹图像中，嵴线分布的频率是分析其特征时的另一个要素。将指纹图像中某一点的嵴线频率定义为当前点周围嵴线的分布频率。能否准确地计算嵴线频率直接影响指纹增强效果，并决定了最终能否精确检测到奇异点的位置。

本节创新性地提出一种基于嵴线灰度条形统计图的频率估计算法。假定对于一幅 $M \times M$ 的指纹灰度图像 $I(x,y)$，x、y 分别表示图像的横坐标和纵坐标，其对应的方向场为 $\theta(x,y)$，且嵴线平均间距为 d。该频率估计算法的计算过程如下。

步骤1：假定任意一点坐标为 (x_0, y_0)，根据当前点的方向 $\theta(x_0, y_0)$，按 $\theta(x_0, y_0) + \pi/2$ 方向切割出以 (x_0, y_0) 为中心、长度为 $l+1$、宽度为 $w+1$ 的局部矩形指纹嵴线分布图，如图3-31(b)所示。其中

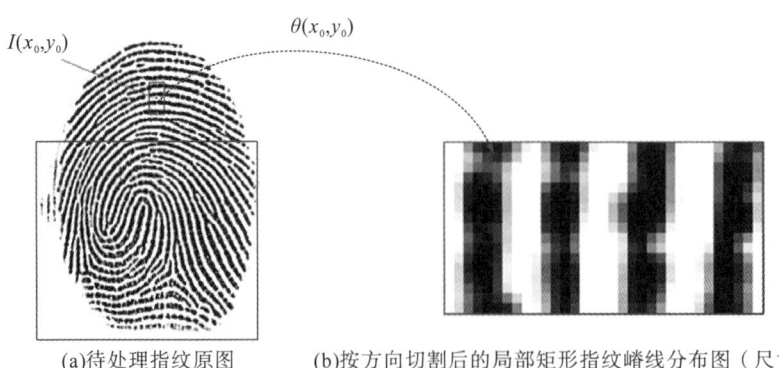

$$l = 4d, \quad w = l/2 \quad (3\text{-}14)$$

(a) 待处理指纹原图　　(b) 按方向切割后的局部矩形指纹嵴线分布图（尺寸：33×17）

图3-31　指纹某一点基于方向的局部矩形嵴线切割图

(x_0, y_0) 取 $(180, 100)$，经计算，$d=8$，$\theta(180,100) + \frac{\pi}{2} = \frac{\pi}{2}$，$l+1=33$，$w+1=17$

步骤 2：对步骤 1 中的局部矩形指纹嵴线分布图[图 3-31(b)]进行统计计算，得到列灰度和条形图（嵴线区域灰度值最小），如图 3-32 所示。根据条形图中的 a 个有效峰距 D_p、b 个有效谷距 D_v，可由式(3-15)得到平均嵴距 D_m。局部频率 f 则是 D_m 的倒数。

$$D_m = \left(\frac{\sum_{i=1}^{a} D_{p_i}}{a} + \frac{\sum_{i=1}^{b} D_{v_i}}{b} \right) \Big/ 2, \quad f = \frac{1}{D_m} \tag{3-15}$$

计算有效峰距和有效谷距的前提是确定有效的峰值与谷值。在本节实验中，条形图中的峰值必须局部最大（同时大于左右相邻的数值）且大于条形图数据的平均值；条形图中的谷值必须局部最小且小于条形图数据的平均值。相邻的两个有效峰值（谷值）确定一组有效峰距（谷距）。

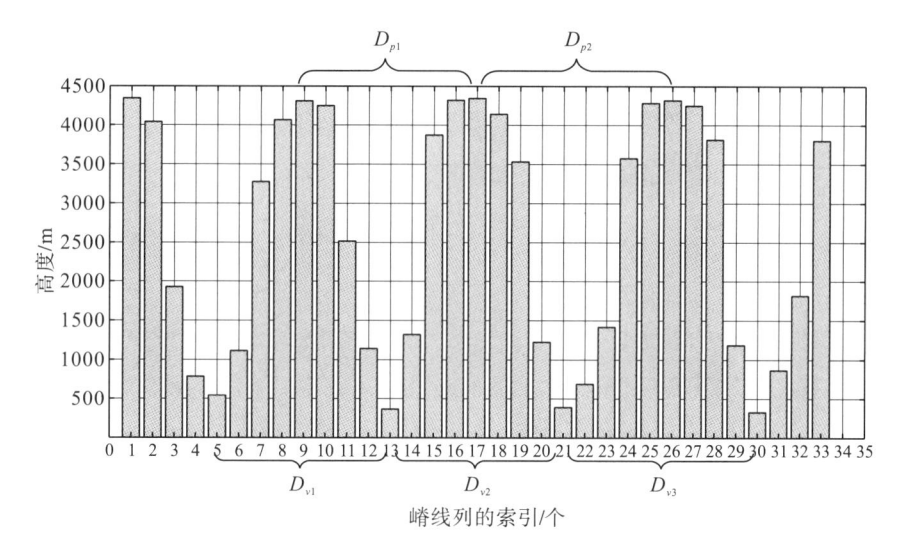

图 3-32 局部矩形嵴线列灰度和条形图

步骤 3：对整幅指纹图像进行步骤 1、步骤 2 的计算，得到该指纹图像的初步频率 $f_0(x,y)$。然后，取每一点及其 8 邻域的频率值做平均值计算，将均值赋给该点作为最终估算的频率值，得到整幅图像的估计频率 $f(x,y)$。点 (x_0, y_0) 的 8 邻域频率如图 3-33 中灰色区域所示。

$f_0(x_0-1, y_0-1)$	$f_0(x_0, y_0-1)$	$f_0(x_0+1, y_0-1)$
$f_0(x_0-1, y_0)$	$f_0(x_0, y_0)$	$f_0(x_0+1, y_0)$
$f_0(x_0-1, y_0+1)$	$f_0(x_0, y_0+1)$	$f_0(x_0+1, y_0+1)$

图 3-33 点 (x_0, y_0) 处的 8 邻域频率图

3. 基于 Gabor 滤波器的增强

图像处理中，Gabor 滤波器十分适合用于纹理的表达和分离。二维 Gabor 滤波器在使用前需要设定好窗口的式样和尺寸。指纹图像中嵴线纹理的变化在奇异点附近或者低质量区域往往不确定，即使是复杂曲形窗[22]的作用效果也并不显著，反而会增加计算难度。因此，本节在实验中采用了一般的方窗，如图 3-34 所示。方窗半径 r 一般参考指纹图像嵴线平均间距 d 的大小确定。

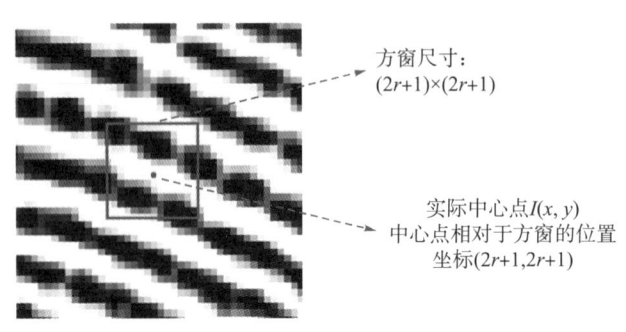

图 3-34 Gabor 滤波器方窗图

方窗的最大优点是具有普遍适应性，经滤波器处理过后，图像增强效果的好坏完全由图像方向场和频率估计的准确性来决定。另外，为了方便计算，将方窗包含的指纹图像区域称作图 $A(k,l)$，其尺寸为 $(2r+1)(2r+1)$，其中心则为原图中计算的当前点。

在空间域中，一个二维 Gabor 滤波器是一个由余弦平面波调制的高斯核函数。指纹图像局部嵴线分布均匀，与余弦函数的周期分布十分吻合。假定滤波器中心点坐标为 $(0,0)$，方窗内其他点的坐标为 (m,n)，则 Gabor 核函数[23]为

$$g(m,n,\delta_X,\delta_Y,\theta,f) = \exp\left\{-\frac{1}{2}\left[\frac{x_\theta^2}{\delta_\theta^2} + \frac{y_\theta^2}{\delta_\theta^2}\right]\right\} \cdot \cos(2\pi f x_\theta) \tag{3-16}$$

式中

$$\begin{cases} x_\theta = m \cdot \cos\theta + n \cdot \sin\theta \\ y_\theta = m \cdot \sin\theta + n \cdot \cos\theta \end{cases} \tag{3-17}$$

δ_X、δ_Y 表示高斯函数包络线分别沿 X 方向、Y 方向的标准差；θ、f 分别表示指纹方向和频率。在此基础上，图像中点 (x,y) 处的像素增强函数 $E(x,y)$ 则是由以该点为中心的方窗区域内的图像乘上其对应的 Gabor 核函数：

$$E(x,y) = \sum_{k=0}^{2r+1}\sum_{l=0}^{2r+1} A(k,l) \cdot g(k-r,l-r,\delta_X,\delta_Y,\theta(x,y),f(x,y)) \tag{3-18}$$

增强计算的本质是根据指纹图像中点 (x,y) 附近存在的亮度差异，对点 (x,y) 的像素值进行补偿。完成增强计算后像素值发生改变，直接显示不便于观察。文献[22]先对增强后指纹图像的全部像素值进行均值和方差计算，然后进行像素归一化处理。本书为了方便观察和计算，通过设定的阈值 T 对增强后的图像做了二值化[24-26]处理。最佳阈值 T 的求解步骤如下：

步骤1：设定临时阈值 T_i，计算每一个图像坐标点对应的增强函数值与 T_0 的方差并求和，记作方差和 v_i。

步骤2：将像素值 0~255 依次赋给 T_i，则可以获得 256 组方差 v_0~v_{255}。

步骤3：找到方差最大的一组，将其对应的像素值作为最佳阈值 T。

假定经二值化处理后的新指纹图像为 $N(x,y)$，最佳阈值为 T，图 3-35 为二值化处理流程图。

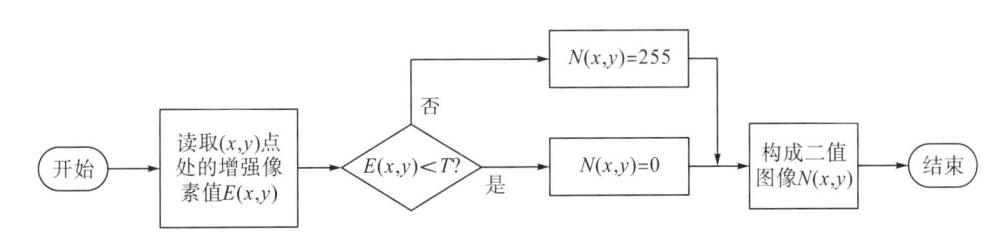

图 3-35　增强图像二值化处理流程图

增强图像经二值化处理后，指纹由黑白两色组成。灰度值为 0 的像素点组成的有效黑色前景区域为指纹嵴线，灰度值为 255 的白色区域为指纹的背景。

3.2.2　方向图的计算和平滑

本节主要介绍基于嵴线像素点方向的指纹方向图的计算方法。针对传统块方向场计算方法中奇异点位置偏移量大和传统点方向场计算方法消除噪点能力弱的问题，本节采取一种基于中心像素邻域范围内嵴线像素点相对斜率方向的计算方法。为了进一步消除干扰和简化计算过程，本节提出基于三方向的模板匹配算法，对三方向模式下图像的平滑处理做了一定的探索，提出了三方向模式下的平滑算法。

1. 嵴线像素点方向的计算

指纹图像的方向根据嵴线确定，而嵴线在指纹二值图像中由灰度为 255 的像素点组成，只有准确地计算出嵴线像素点的方向，才能合理地判断嵴线方向。本书作如下定义：以嵴线上的一个像素点为中心取直径为 R_O 的圆形邻域，则会得到该邻域内嵴线像素点的分布图，中心点即方向待计算的嵴线像素点，邻域内的其他嵴线像素点则称为邻域内嵴线像素点，如图 3-36 所示。

图 3-36(a) 中圆心为待计算的嵴线像素点，圆圈内即其邻域，经过局部放大后邻域 [图 3-36(b)] 中除去中心点外的每一个灰色块代表一个邻域内嵴线像素点，共 29 个。特别需要指出的是，中心点 O 一定在嵴线像素点上，邻域直径 R_O 为

$$R_O = 2 \cdot \left[\frac{d}{2}\right] + 1 \tag{3-19}$$

式中，$\left[\dfrac{d}{2}\right]$ 为对 $d/2$ 取整。由式(3-19)不难发现直径 R_O 是由嵴间距决定的，这样可以使得在邻域内尽可能少地出现相邻嵴线的像素点，即干扰像素点。

(a)指纹局部嵴线图　　(b)邻域内嵴线像素点的分布

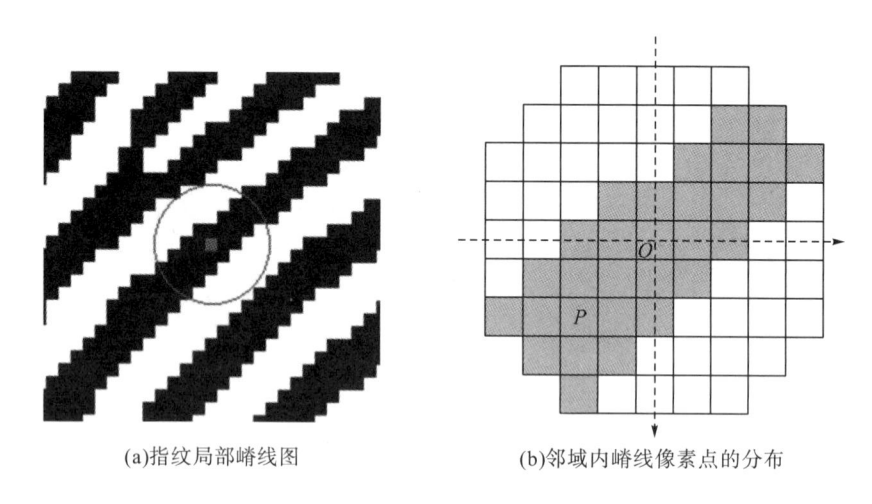

图 3-36　指纹嵴线的像素点

2. 邻域内非中心嵴线像素点的方向

邻域内非中心嵴线像素点是相对于待计算像素点而存在的，通过相对斜率来表示其方向能提高实验的精确性。

假定以中心点 O 为原点，按图 3-36(b)中虚线所指的方向建立直角坐标系。若任意一邻域内非中心嵴线像素点的坐标为 $P(u,v)$，则可根据该点的坐标由式(3-20)确定其相对于中心点的斜率方向。

$$S(u,v) = \arctan\left(\dfrac{v}{u}\right) + \varphi \tag{3-20}$$

$$\varphi = \begin{cases} 0, & \dfrac{v}{u} \geqslant 0 \\ \pi, & \dfrac{v}{u} < 0 \end{cases} \tag{3-21}$$

3.2.1 节规定了指纹的方向范围为 $[0,\pi)$。为了确保在嵴线中心像素点方向计算过程中方向范围统一，式(3-20)中的 φ 需要通过式(3-21)的判断条件来确定取值，以保证相对斜率方向范围也为 $[0,\pi)$。

通过上述计算过程，可将待计算嵴线像素点周围所有邻域内非中心嵴线像素点的相对斜率方向计算出来，为嵴线像素点方向的确定提供便利。

3. 待计算嵴线像素点的多方向模式

前面提到，嵴线像素点的方向由邻域内嵴线像素点的方向决定。这些邻域内嵴线像素点的方向数据，能更加准确地呈现指纹局部方向特征。经研究，发现对指纹图像进行多方向模式处理能降低图像的复杂度，并抑制一定的噪声干扰。

本书提出一个对指纹图像进行多方向模式处理的方法，称为指纹方向的 Z 分法。它通过把指纹方向范围 $[0,\pi)$ 平均分割成 Z 个区域，得到 Z 个分割边界方向值(这里也包含 0°线)，分布在这些方向值附近的方向都被这些边界值替代，最终原有的 $[0,\pi)$ 方向模式被 Z 方向模式取代。若 Z=2，则两个分割边界方向值分别为 0 和 $\pi/2$，进一步处理后指纹图像中则只有这两个方向值。

当一个局部指纹方向值与最近的两个分割边界方向值的差值都很大时，直接根据差值大小判断更接近哪一个分割边界方向值不再准确。为此，定义模糊区间(fuzzy area，FA)和绝对区间(absolute area，AA)两个概念。在 Z 分法的基础上，将任意两条分割边界线间的区域再平均分成 4 份，即整个方向范围 $[0,\pi)$ 被分成 4Z 份。与分割边界线相邻的区域称为绝对区间，与分割边界线不相邻的区域称为模糊区间。顾名思义，绝对区间是指这一区间内的方向值可以比较明确地被判断它更接近哪一个分割边界方向值，较容易做直接归类处理；而模糊区间则介于绝对区间之间，难以明确其归属于相邻的哪一个分割边界方向值，不宜做简单处理。根据以上描述，可以分别用式(3-22)、式(3-23)更直观地表示模糊区间和绝对区间所包含的范围。

$$\frac{\pi}{4Z}\cdot(k-1) < \text{FA} < \frac{\pi}{4Z}\cdot(k+1), \quad k=2,6,\cdots,4(Z-1)+2 \tag{3-22}$$

$$\frac{\pi}{4Z}\cdot(k-1) < \text{AA} < \frac{\pi}{4Z}\cdot(k+1), \quad k=0,4,\cdots,4(Z-1) \tag{3-23}$$

其中，每个绝对区间都对应一个具体的分割边界方向值(多方向模式中的一个方向值)，而模糊区间则同时对应着相邻的两个分割边界方向值。多方向模式中某一方向值所包含的方向区间，由所对应的绝对区间和模糊区间决定。如何确定待计算嵴线像素点方向的问题，即转化为在多方向模式下求各方向区间包含的邻域内嵴线像素点的问题。哪一个方向区间所包含的邻域内嵴线像素点个数最多，则该方向值就会被当作待计算嵴线像素点的方向值。

指纹图像经过多方向模式处理后会变为一幅多灰度区域图，每一个灰度区域则代表着原指纹图像在该处的方向。在不丢失指纹图像主要特征的前提下，这既能初步抑制一部分噪声干扰，又能精简计算过程。图 3-37 展示了不同多方向模式下的指纹方向图。

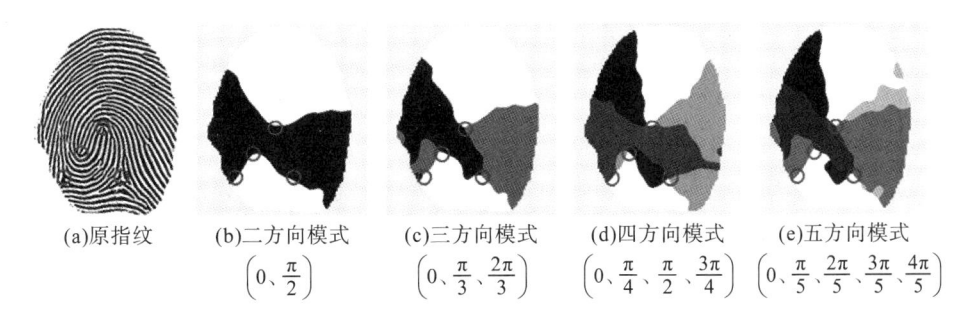

(a)原指纹　(b)二方向模式 $\left(0、\frac{\pi}{2}\right)$　(c)三方向模式 $\left(0、\frac{\pi}{3}、\frac{2\pi}{3}\right)$　(d)四方向模式 $\left(0、\frac{\pi}{4}、\frac{\pi}{2}、\frac{3\pi}{4}\right)$　(e)五方向模式 $\left(0、\frac{\pi}{5}、\frac{2\pi}{5}、\frac{3\pi}{5}、\frac{4\pi}{5}\right)$

图 3-37　多方向模式分析

图 3-37(b)～图 3-37(e)分别为指纹图像[图 3-37(a)]在二方向、三方向、四方向和五方向模式下的方向图。在图 3-37(a)中用圆圈标记奇异点区域，再将同样的标记投射到不同模式的方向图上，可以看出三方向模式[图 3-37(c)]下用圆圈标记的区域均为该模式下三种颜色交会的区域，且中心点与交会点基本保持一致，可以认为奇异点区域为多方向模式下所有灰度交会的区域。若以此为标准，由于二方向图上只有两种颜色，由标记的圆圈可以看出四个奇异点均分布在两种颜色的边界线上，但无更进一步的特征条件来确定奇异点的具体位置；四方向模式下，四灰度交会区域只有两处与标记的位置一致，且交会点与圆圈中心点保持一致的只有一处；五方向模式下，五灰度交会区域不存在，且三灰度交会区域和四灰度交会区域与所标记的位置也无法匹配。综上所述，在指纹图像的多方向模式处理问题上应选择三分法处理指纹，指纹三方向图的计算较为方便，并且根据灰度交会点确定的指纹奇异点位置会更加精确，所造成的奇异点位置的偏移非常小，可以忽略不计。

在多方向模式下进行奇异点的检测，会存在如下问题：过少方向模式(两方向模式)下丢失过多的方向信息，虽然奇异点大致分布在方向交会处形成的边界线上，但无法寻找奇异点的准确位置；过多方向模式(不低于四方向模式)下所保存的原始指纹方向信息较多，在准确记录一部分奇异点位置的同时无法避免记录下噪点的信息，造成另一部分奇异点位置丢失。若要确保指纹奇异点定位的精确性，接下来还需要对指纹图像进行三方向处理。

4. 指纹嵴线三方向图

通过嵴线像素点方向能确定嵴线的方向分布情况，但由于指纹谷线区域并未处理，其方向暂未确定，因此不能直接获得三方向图。三方向处理的本质是将指纹的所有方向统一用 0、$\pi/3$ 和 $2\pi/3$ 三个方向值取代，从而得到三方向图。根据 3.1.2 节中嵴线像素点的多方向模式计算方法，可以将方向范围 $[0,\pi)$ 划分为 6 个角度区间，如图 3-38 所示。

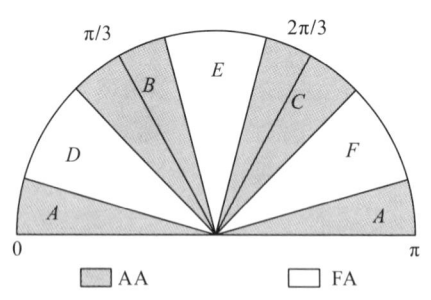

图 3-38 三方向模式下角度区间的划分

通过对图 3-38 中方向分布规律进行观察不难发现，绝对区间和模糊区间总是交替排列的，且各自包含的方向角度范围均相等。其中绝对区间包括 A、B、C，模糊区间包括 D、E、F。在求得圆形邻域内各个嵴线像素点的斜率方向后，将它们按各自所属的方向区间范围划分至对应的方向区间(绝对区间 A、B、C 和模糊区间 D、E、F)，这里直接用代表各自区间的字母来记录其包含的嵴线像素点个数。

前面已经提到,对于三方向模式,需要按照计算嵴线中心像素点方向的方法进行计算。指纹嵴线三方向图的计算步骤如下。

步骤1:对于任意一个嵴线像素点,统计其邻域内各个方向区间包含的嵴线像素点个数,区间分别为 A、B、C、D、E、F。图3-36(b)经计算统计后的具体结果如表3-2所示。

表3-2　图3-36(b)的方向区间统计结果

区间名称	A	B	C	D	E	F	合计
包含的像素点个数	4	0	6	2	3	14	29

步骤2:对于三方向模式下区间 A、B、C 各自包含的像素点个数,按式(3-24)重新计算。

$$\begin{cases} A = A + D + F \\ B = B + D + E \\ C = C + E + F \end{cases} \tag{3-24}$$

若对表3-2中的数据进行计算,则 $A = 20$、$B = 5$、$C = 23$。

步骤3:比较 A、B 和 C 值的大小,将最大值对应字母所代表的方向赋给嵴线中心像素点,成为这一点的方向值。由此可见,图3-36(b)中嵴线像素中心点的方向值为 $2\pi/3$。

对一幅指纹图像进行上述指纹嵴线三方向图计算后,可得到该指纹图像的嵴线三方向图,如图3-39所示。

(a)待处理指纹原图　　(b)嵴线三方向图

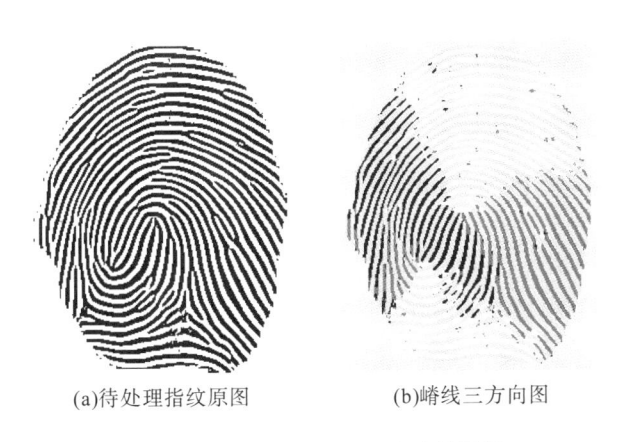

图3-39　指纹嵴线的三方向计算结果

图3-39(b)使用白(255)、灰(127)、黑(0)三个灰度分别表示嵴线方向0、$\pi/3$ 和 $2\pi/3$,图中浅灰色区域代表指纹图像的背景(谷线和指纹外侧区域),在计算过程中被当作无效区域处理。通过灰度区分处理后,三方向模式下指纹嵴线的各方向区域分布明显。其中,在局部指纹方向交会处,黑白两色的嵴线相互交织在一起,边界清晰度不足。另外,在单色的嵴线区域内存在一部分椒盐噪声,它代表着不同于周围的方向值。除上述这两种情况被认为是指纹嵴线方向图中的主要干扰源外,由于对指纹谷线区域不进行处理,嵴线三方向

图中同方向区域的颜色因被嵴线隔断而不连续，不能完整地表达指纹的方向分布情况，因此，还需要对嵴线三方向图做进一步处理。

5. 平滑后的三方向图

针对3.2.1节对嵴线三方向图的分析，由于椒盐噪声[27]和谷线的存在，基于嵴线三方向图的计算方法并未得到完整的指纹方向图。这里将进一步在嵴线三方向图的基础上做平滑处理，目的在于消除嵴线三方向图中的椒盐噪声以及填补谷线区域的方向信息，使方向图记录的指纹方向信息完整且方向过渡位置准确。在处理嵴线三方向图的过程中有效像素值只有三个，即0（黑）、127（灰）和255（白），无法使用传统中值滤波算法进行平滑处理。

本节提出用局部众数方向值取代中心点方向值的平滑处理方式，由此能有效地抑制噪声，其具体计算过程如下。

步骤1：导入待处理的指纹嵴线三方向图，使用图像分割有效区域对其进行叠加，之后则只处理图像的指纹部分区域，并且规定有效像素值由多方向图的模式决定。

步骤2：选取一个半径为R的圆形窗口投射到步骤1中指定的区域内，中心点与指纹区域内的像素点重合，该像素点称作当前像素点。统计窗口内除中心点像素值外的所有有效像素值个数，将数量最多的像素值当作当前像素点的像素值。

步骤3：依次移动圆形窗口，利用步骤2中的方式将步骤1中指定区域内的像素点均计算一遍。

步骤4：步骤1~步骤3称为一次众数滤波，但一般情况下一次滤波无法达到预期的处理效果。若在此基础上将步骤2、步骤3重复执行$N-1$次，则称为以半径为R、滤波次数为N的一轮众数平滑算法，用$NS(R, N)$表示。

在图像处理中，平滑这一手段一般用于处理本身毛刺太多或有大量噪点的图像[28]，应用在指纹方向图上的，则要考虑噪点是否能被有效消除、灰度交会点是否与原图的奇异点位置吻合。本节在实验中，通过设定两个评价指标判断平滑处理的质量：一个为去噪能力，这里认为图像内部没有明显噪点且各灰度边缘平滑即去噪能力达标，反之不达标；另一个为偏移程度，如果平滑后灰度交会点与原指纹对应奇异点的位置偏移量小于5个像素点距离，则认为偏移量较小，偏移程度达标，反之不达标。完成平滑处理后，只有当这两个指标同时达标时，才认为这一平滑处理质量较好。

本节从FVC2006指纹图像库中随机抽取100幅指纹图像用于平滑实验，众数平滑$NS(R,N)$做控制变量处理后为$NS_1(R,4)$和$NS_2(6,N)$，其中前者的滤波次数（N=4）和后者的滤波半径（R=6）是根据初始经验值设定的。将100幅指纹图像根据平滑参数变化后的相应平滑达标情况记录下来，如图3-40所示。

观察图3-40，折线NS_1反映出将滤波次数固定为4次，当滤波半径调整为6个像素点距离时，指纹图像的平滑效果最好；折线NS_2反映出将滤波半径固定为6个像素点距离，当滤波次数调整为3次时，指纹图像的平滑效果最好。参考以上分析，本节在三方向图的平滑处理基础上初步采用$NS(6,3)$进行计算，将嵴线三方向图进行平滑后得到的指纹三方向图如图3-37（c）所示。

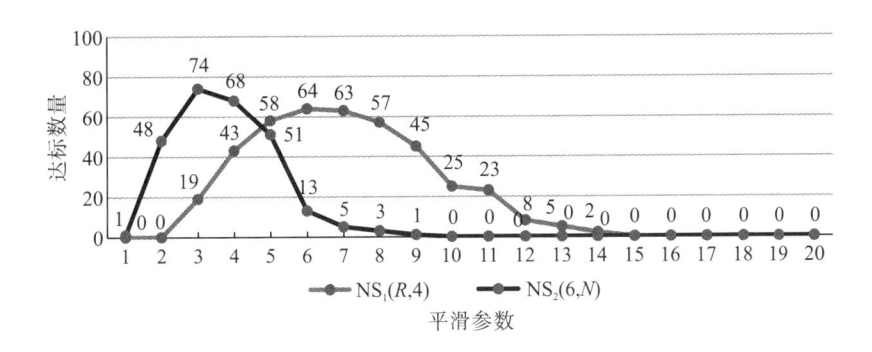

图 3-40　平滑参数改变对平滑质量的影响

3.2.3　多个平滑尺度下的奇异点定位

本节主要介绍在指纹三方向图中如何准确检测奇异点位置以及对奇异点进行分类的算法。针对传统 Poincaré Index 检测算法和基于断层线检测奇异点的算法存在计算复杂、效率低下且无法对伪奇异点进行剔除的缺点，本节提出多个平滑尺度下奇异点准确定位的算法，其能有效去除伪奇异点。

1. 三方向图中的候选奇异点

指纹的奇异点是指纹最主要的特征之一，分为中心点和三角点。在 3.1.2 节关于指纹多方向模式的研究中，发现奇异点区域一般为多个方向汇集的地方。由此，可以确定在指纹三方向图中，三灰度交会点处是指纹奇异点的候选区域。

在指纹图像经过平滑处理后得到的三方向图中，奇异点区域各灰度的交会情况如图 3-41 所示。

图 3-41 中，左上方的两点为中心点，右下方的为三角点，两幅图像中所标记的奇异点位置保持高度的一致性。若将图 3-41(b) 中右下角的奇异点进一步放大为像素点级别，即能发现三灰度交会的最小元素——2×2 个像素点的块，该块一定包含黑、白、灰三种灰度级的像素点，并且有且仅有两个相邻块的颜色一致，称为"三色块"（图 3-42）。

(a) 原指纹的奇异点　　(b) 三方向下的奇异点区域

图 3-41　指纹奇异点的对照图　　　　图 3-42　奇异点处的三色块

为了更全面地检测奇异点，将三色图中扫描到的所有三色块都当成候选奇异点。当然，候选奇异点中不仅有真奇异点，还有噪声产生的伪奇异点[29]。最终的奇异点检测工作则是同时确定真奇异点的精确位置和正确类别。

2. 奇异点的分类

奇异点的类别信息与奇异点的位置信息同等重要，都是用来描述和区分指纹特征的重要信息[30]。在对指纹嵴线图的研究中发现：中心点外围是由多条近似相互平行的弯曲嵴线半包围形成的，嵴线弯曲到一定程度则可形成中心点；三角点外围则是三个不同方向走势的嵴线群闭合并逐渐向内弯曲，最终汇聚形成的中心区域即三角点。

若在上述研究的基础上将指纹嵴线用三方向图替代，奇异点周围区域则如图 3-43 所示。图 3-43 中的曲线是人为构造的指纹嵴线走向，图 3-43(a)和图 3-43(b)分别表示中心点和三角点周围的区域，图中白、灰、黑三个灰度级分别代表方向 0、$\pi/3$ 和 $2\pi/3$。奇异点位置则为三方向的交会处，奇异点外围的三个方向区域则两两相邻，图中箭头表示奇异点外围旋转所遵循的方向。在中心点外围，以 0 方向为起点顺时针旋转依次会经过方向 $\pi/3$ 和 $2\pi/3$ 的区域，最后回到 0 方向区域，方向角度递增；在三角点外围，以 0 方向为起点逆时针旋转依次会经过方向 $\pi/3$ 和 $2\pi/3$ 的区域，最后回到 0 方向区域，方向角度递增。

综上所述，可得出结论：奇异点外围区域方向的变化若是遵循以 0 方向为起点按顺时针方向旋转，方向值依次增大且最后回到 0，则该奇异点外围的嵴线为非闭合状态，该奇异点为中心点；若是遵循以 0 方向为起点按逆时针方向旋转，方向值依次增大且最后回到 0，则该奇异点外围的嵴线为闭合状态，该奇异点为三角点。这一结论也适用于三色块，不同之处在于区域缩小到单个像素点上。为了进行更一般的表示，定义方向序列。规定起始点为三色块中左上角的像素点，方向统一按照逆时针方向旋转，在旋转的过程中记录相应的方向值，且在相邻的两个像素点一致时只记录一次方向值，最后回到起始点将总能得到一组由四个方向值排列形成的方向序列，如图 3-44 所示。

(a)理想中心点　　　　　(b)理想三角点

图 3-43　理想奇异点的三方向图　　　　图 3-44　三色块通过旋转获得的方向序列

在图 3-44 中箭头代表旋转路径，圆圈表示起始点位置，按照旋转路径旋转可得到该三色块的方向序列为 $\frac{2\pi}{3} \to 0 \to \frac{\pi}{3} \to \frac{2\pi}{3}$。

按照一般的旋转获取方向序列的方式具有随机性，但根据上述奇异点外围方向区域分布结论可进一步衍生出基于三色块方向序列的奇异点类型判断方法：①若方向序列为

第 3 章 指纹特征提取算法

$\frac{2\pi}{3} \to \frac{\pi}{3} \to 0 \to \frac{2\pi}{3}$、$\frac{\pi}{3} \to 0 \to \frac{2\pi}{3} \to \frac{\pi}{3}$ 或 $0 \to \frac{2\pi}{3} \to \frac{\pi}{3} \to 0$ 中的一种,则该三色块为中心点;

②若方向序列为 $0 \to \frac{\pi}{3} \to \frac{2\pi}{3} \to 0$、$\frac{\pi}{3} \to \frac{2\pi}{3} \to 0 \to \frac{\pi}{3}$ 或 $\frac{2\pi}{3} \to 0 \to \frac{\pi}{3} \to \frac{2\pi}{3}$ 中的一种,则该三色块为三角点。

3. 多个平滑尺度下去除伪奇异点

3.2.2 节对三方向图的平滑处理中,通过设定的两个评价指标(去噪能力和偏移程度)评估平滑图像质量并寻找最佳的平滑参数。但根据图 3-40,方向图平滑质量的合格率并不高,峰值只有 74%。所以,若用基于原有的初步平滑参数单次平滑得到的方向图直接检测三色块,进而判断奇异点类型,则无法保证奇异点检测的准确性。

平滑处理是将图像中每一点的信息重新用其周围一定范围内的信息代替,这样能去除一些孤立噪点或者让一些分散的同性质小区域相互连通,因此在平滑处理过程中平滑尺度(包括滤波半径和滤波次数)的选择尤为重要。图 3-40 反映出改变滤波次数造成的实验结果变化比较剧烈,本节实验考虑固定滤波次数而改变滤波半径。

在指纹三方向图的处理过程中,在相同的滤波次数下,滤波半径越大,图像越平滑,干扰的三色块越少(伪奇异点),但三色块偏移原奇异点位置的距离越大,甚至消失;滤波半径越小,图像的去噪能力和平滑度越低,无法过滤掉一些干扰的三色块(伪奇异点),但奇异点处的三色块的相对偏移量越小,能使真奇异点最大限度地保持在原始位置。以此为依据,本节提出一种在多个平滑尺度下检测奇异点的算法,同时保证奇异点数目和位置的准确性。图 3-45 为该算法在三个不同平滑尺度下检测奇异点的具体流程图。其中,三个平滑尺度(这里仅指滤波半径)是通过在初步平滑效果最好的 NS(6,3) 参数基础上逐次增加滤波半径得到,而每一次增加的值为嵴线平均间距的一半,即 $d/2$。由于过大的尺度会导致完全丢失图像特征信息,本书只增加两次滤波半径,得到第二级平滑参数 NS(6+d/2,d) 和第一级平滑参数 NS(6+d,d),第三级平滑参数直接使用 NS(6,3)。第一级平滑参数 NS(6+d,d) 可以保证准确平滑处理后的图像真奇异点个数不丢失,但位置会有一定的偏移。当然,针对不同的指纹图像库,平滑参数的设置需要依据同样的原理做一下调整。

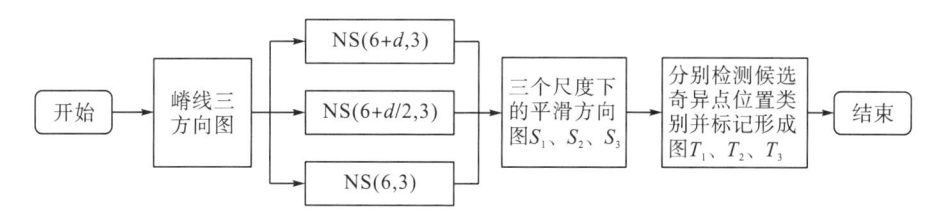

图 3-45 三个不同平滑尺度下奇异点检测算法的流程图

从上一级大平滑尺度标记图转向下一级小尺度平滑标记图寻找奇异点时,需要找到一个与之对应且距离最近的同类奇异点。将其称作上一级到下一级按距离最小原则逐级搜寻奇异点算法,该算法具体的实现过程如下。

在相邻的两个尺度级下，将上一平滑尺度级下检测到的奇异点标记图设为 T_x，下一平滑尺度级下检测到的奇异点标记图设为 T_{x+1}。上一级含 k 个中心点，1 个三角点，下一级含 m 个中心点，n 个三角点，分别记作 $C_{x,1}, C_{x,2}, \cdots, C_{x,k}$，$D_{x,1}, D_{x,2}, \cdots, D_{x,l}$ 和 $C_{x+1,1}, C_{x+1,2}, \cdots, C_{x+1,m}$，$D_{x+1,1}, D_{x+1,2}, \cdots, D_{x,n}$。

若 $a(i_1, j_1)$、$b(i_2, j_2)$ 分别代表两个坐标点，则 a、b 之间的距离可表示为

$$d(a,b) = \sqrt{(j_2 - j_1)^2 - (i_2 - i_1)^2} \tag{3-25}$$

设定一个有效范围 d_T，上尺度级下，中心点设为 $C_{x,q}(q=1,2,\cdots,k)$，三角点设为 $D_{x,p}(p=1,2,\cdots,l)$，则由式 (3-25) 可逐个计算上尺度级下任意一个奇异点与下一尺度级下所有同类别奇异点的距离，在此基础上，上尺度级下任意一个奇异点与下一尺度级下所有同类别奇异点的最小距离的计算公式为

$$d_{C_{q\min}} = \min\{d(C_{x,q}, C_{x+1,1}), d(C_{x,q}, C_{x+1,2}), \cdots, d(C_{x,q}, C_{x+1,m})\}, \quad q=1,2,\cdots,k \tag{3-26}$$

$$d_{D_{q\min}} = \min\{d(D_{x,p}, D_{x+1,1}), d(D_{x,p}, D_{x+1,2}), \cdots, d(D_{x,p}, D_{x+1,n})\}, \quad p=1,2,\cdots,l \tag{3-27}$$

若 $d_{C_{q\min}}$ 存在，且 $d_{C_{q\min}} < d_T$，则在下一尺度级下搜寻最小距离中心点。若 $d_{D_{p\min}}$ 存在，且 $d_{D_{p\min}} < d_T$，则在下一尺度级下搜寻最小距离三角点。否则，下一尺度级下最小距离奇异点沿用上尺度级下的奇异点位置信息。最终，以上述最小距离奇异点位置信息更新原下一尺度奇异点标记图。

以上所述为相邻两个尺度级下搜寻奇异点的方法，若存在多个尺度级，则只需从第一尺度向下逐级搜索和逐级更新即可完成多个尺度级下奇异点的准确检测与定位。

3.2.4 实验结果分析

实验结果主要分为三个部分：①基于二维 Gabor 滤波器的指纹图像增强结果；②指纹三方向图的计算与平滑结果；③多个平滑尺度下奇异点检测与准确定位的最终结果。下面依次进行具体分析与说明。

1. 基于二维 Gabor 滤波器的指纹图像增强结果

这里主要完成将二维 Gabor 滤波器应用到指纹图像增强的工作。过程中涉及主要参数的计算，如方向、估计频率等；选取合适的滤波窗口；对增强后的图像做二值归一化处理，分离前景和背景。对于高质量的指纹图像，简单的二值化处理就能顺利地分离前景与背景，而不会造成指纹特征信息丢失。但对于低质量且断线较多的指纹图像，往往需要在预处理阶段对图像进行增强，将缺失的指纹细节进行填充。

实验中，为了验证基于 Gabor 滤波器的增强算法的有效性，将所有图像的尺寸均调整为 360 像素×360 像素(图 3-46 中最后一行为裁剪之后的局部图像)，并将该增强算法与文献[31]和文献[32]提出的算法进行详细对比。图 3-46 为各种指纹图像在不同增强算法处理下的结果。

图 3-46 中，水平虚线为指纹图像奇异点位置参考线，图 3-46(b)、图 3-46(d) 为空域滤波结果，图 3-46(c) 为频域滤波结果。其中，图 3-46(b) 为相干一致性扩散滤波器增强

算法的处理结果，图3-46(c)为基于STFT分析的指纹图像增强算法的处理结果，图3-46(d)为改进的Gabor滤波算法的处理结果。四幅原始指纹图像都是低质量区域较多或断线较大的图像，前三幅均为全局指纹图像，第四幅指纹图像为指纹三角点区域局部图像。由于局部细节比较小，为了更好地显示各增强算法对低质量三角点区域的处理效果，这里截取局部区域进行显示。图3-46(b)所对应的相干一致性扩散滤波器增强算法的原理是依靠各向异性高斯低通滤波器的特性，沿着原图中指纹嵴线方向对指纹图像的局部逐步进行滤波增强，一方面要求指纹本身质量不能太差，另一方面滤波器本身不具有频率特性，无法准确地确定增强区域是否满足实际需求，因此增强后会出现图3-46中第2列标记区域。其中，第2列椭圆区域内均为非奇异点区域断线未连接或过细的情况；第2列圆圈区域为奇异点区域，也出现了部分指纹断线未连接且奇异点区域嵴线过度增强的情况，使增强后的指纹图像的奇异点区域看上去与过湿指纹类似，指纹奇异点的位置发生一定程度的偏移。图3-46(c)所展示的基于STFT分析的指纹图像增强算法通过对图像做分块处理，将每个

(a)指纹原图　(b)相干一致性扩散滤波器增强算法　(c)基于STFT分析的指纹图像增强算法　(d)改进的Gabor滤波算法

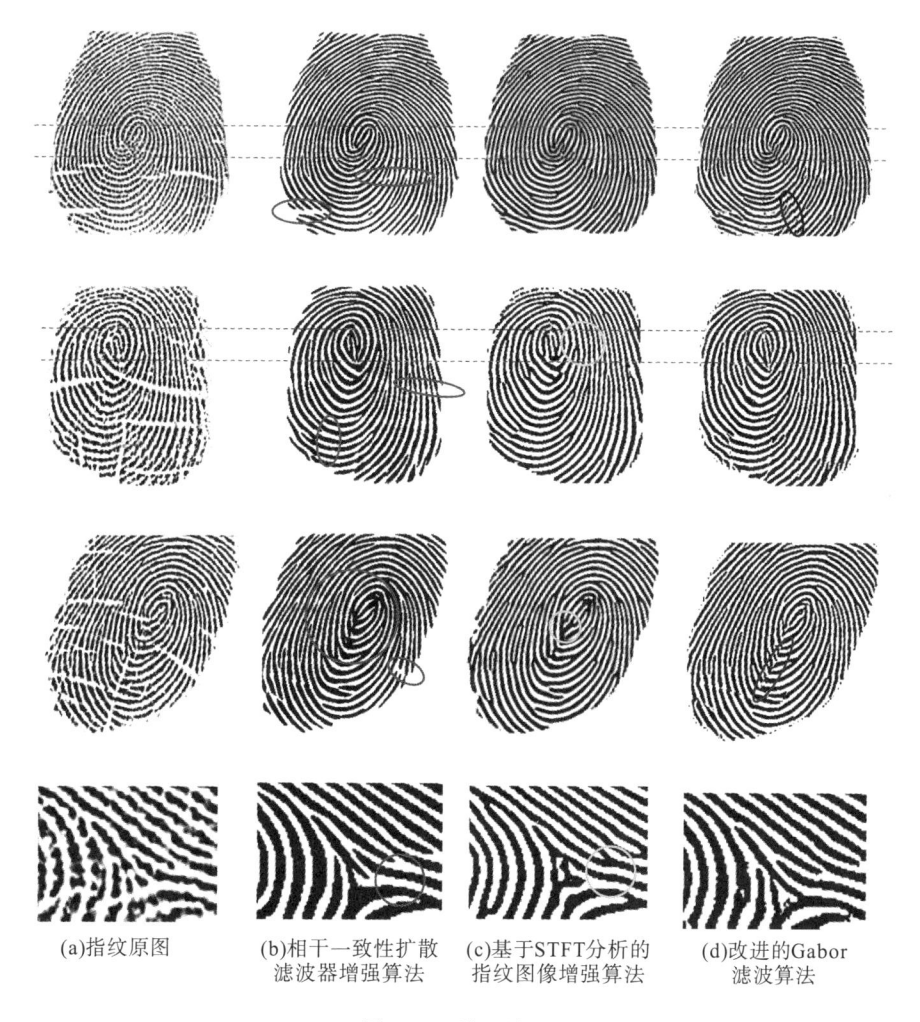

图3-46　增强结果

块内的频谱用于估计该处局部指纹嵴线的频率和方向，在一定程度上降低了噪声的干扰，整幅图像的嵴线分布十分平滑；但对于过大的噪声污染区域或复杂的奇异点区域，该算法会过度生成平滑嵴线，造成奇异点区域出现一定程度的偏移。图 3-46 中第 3 列圆圈所标记的区域内，中心点附近的嵴线都有不同程度的横向或纵向偏移，而最下面的局部图像中三角点区域被重新构造，出现较大的偏移。图 3-46(d)中利用平均梯度法求方向场的算法虽然能保证奇异点附近复杂的方向变化信息不丢失、奇异点位置不发生偏移、一定范围内的局部噪声被修复，但对指纹图像中大范围噪声的修复能力有限，会出现图 3-46 第 4 列中一些局部嵴线走向错误的问题。例如，图 3-46 中第 4 列椭圆标记区域内，嵴线有小范围的走向分叉问题，但对后续阶段的实验没有影响。

通过对指纹图像的增强，可以提高图像的质量，更好地对指纹奇异点进行检测。因此，本节把嵴线修复合格率、奇异点区域嵴线合格率以及指纹局部嵴线走向合格率作为评价指纹图像增强算法的三个指标。其中，嵴线修复合格率高于 90%、奇异点区域嵴线中心偏移量少于 5 个像素点、指纹局部嵴线走向错误率低于 10%且错误不发生在奇异点区域为合格。本节实验随机抽取 FVC2006 指纹图像库中的 200 幅低质量指纹图像作为实验样本，为了方便计算和统一标准，使用 OpenCV 中的 cvResize 函数将指纹图像尺寸调整为 360 像素×360 像素。分别使用上述不同增强算法处理后，统计结果如表 3-3 所示。

表 3-3 增强算法统计结果

算法	相干一致性扩散滤波器增强算法	基于 STFT 分析的指纹图像增强算法	改进的 Gabor 滤波算法
嵴线修复合格率/%	65.0	92.5	90.5
奇异点区域嵴线合格率/%	79.5	68.5	89.5
指纹局部嵴线走向合格率/%	93.5	91.5	84.0
总的增强准确率/%	63.5	68.0	81.5

从统计结果可以看出，相干一致性扩散滤波器增强算法对低质量嵴线和指纹断线的修复效果以及对奇异点准确位置的保护效果比较差；基于 STFT 分析的指纹图像增强算法的缺点则体现在奇异点位置会发生偏移；而改进的 Gabor 滤波算法的指纹局部嵴线走向合格率虽然不高，但在奇异点准确位置的保护和嵴线的修复方面都表现出色。前两者的缺陷直接造成奇异点在增强阶段发生偏移，不利于后续阶段的计算和处理。在实际的指纹增强图像中改进的 Gabor 滤波算法所造成的局部嵴线走向错误主要分布在非奇异点区域，经过 3.2 节中三方向图法的后期处理后，这些走向错误几乎不会对指纹奇异点的检测造成影响。由此，可以证明改进的 Gabor 滤波算法对指纹的初步增强效果明显、错误率低，具有可行性和有效性。

2. 指纹方向图的计算与平滑结果

这里主要针对前期增强后的指纹图像做嵴线三方向计算，并通过平滑方式消除噪声干扰、填补谷线区域方向，最终得到处理过后的指纹三方向结果：一方面，在三方向模式下通过大量的平滑实验总结平滑参数与平滑效果之间的关系；另一方面，通过不同参数下的指纹三方向图计算结果对比寻找适用于指纹嵴线三方向计算的最佳参数。

3.1.2 节中的研究表明指纹在三方向模式下能比较理想地检测奇异点，而三方向图的处理效果最终决定了奇异点检测的准确性，在这一过程中平滑处理直接影响三方向图的准确性。图 3-47 为多组不同平滑参数下的处理结果，图像尺寸均已调整为 360 像素×360 像素。

(a)嵴线三方向图　　(b)NS(6,1)　　(c)NS(6,3)　　(d)NS(10,3)

图 3-47　不同参数下的平滑结果

图 3-47 展示了 5 幅增强处理的指纹图像经过嵴线三方向计算之后在三组不同的平滑参数作用下的三方向图。其中，三组平滑参数从左至右分别为 NS(6,1)、NS(6,3)和 NS(10,3)。对比图中第 2 列与第 3 列图像的平滑参数，可知它们拥有相同的滤波半径，滤波次数分别为 1 次和 3 次；在平滑效果上后者各方向的边界相对平滑、奇异点区域交会点清晰、非奇异点区域未出现交会点、没有无效区域和明显的噪声，而前者受噪声污染严重、各方向的边界相互交织、同一方向内部存在大面积噪声、奇异点附近与非奇异点区域均出现了交会点(如第 2 列图像中圆圈标记区域)。对比图中第 2 列与第 3 列图像的平滑参数，可知它们拥有相同的滤波次数，滤波半径分别为 6 个像素点和 3 个像素点；两者的交会点均十分清晰，后者相比前者各方向的边界更为平滑，但是后者交会点的间距更大且发生了一些偏移(图中第一行双向箭头所示)，同时后者在平滑中出现了奇异点处交会点丢失的情况(图中第一行圆圈区域)。因此，比较各平滑参数处理后的三方向图不难发现，在一定的范围内不论是滤波半径递增还是滤波次数递增，都能使三方向图变得更平滑；与此同时，随着平滑的深入，图像会逐步丢失一些局部方向信息，并且交会点的偏移量会逐步增大。这一规律将在图 3-48 中进一步得到验证。

好的平滑方向图能更好地检测出奇异点，但奇异点定位的准确性则由基础三方向图决定。大量的指纹研究提到：指纹谷线是嵴线之间的区域，嵴线是谷线区域间的区域，它们相互依存，均能表示指纹的方向。因此，需要进一步验证算法中嵴线或嵴-谷线所代表的指纹方向的合理性与准确性。在保证拥有相同的邻域直径 R_O=11、相同的平滑参数 NS(6,3) 和相同的图像尺寸(图像尺寸均已调整为 405 像素×405 像素)的基础上，通过使用嵴-谷线三方向计算和嵴线三方向计算两种计算方法获取基础三方向图，再经过平滑得到处理后的三方向图。图 3-48 为 6 幅指纹图像的处理结果。

图 3-48 中，前两幅原始指纹图像为质量比较好的样本，后四幅原始指纹图像则不同程度地存在低质量和断线区域。其中，图上所标注的红色椭圆区域为横向指纹断线存在于 $\pi/3$ 与 $2\pi/3$ 两个方向交会边界处的区域；蓝色椭圆区域为其他存在大量断线的区域；黄色圆形区域为指纹图像局部质量较差的区域。

前两幅原始指纹图像质量均比较好，如图 3-48 中前两行实验结果图所示。不论是采用嵴-谷线三方向计算方式还是采用嵴线三方向计算方式，经过平滑后都能得到比较平滑的图像和清晰的三方向交会点，且位置与奇异点位置保持一致。但是，在第二幅指纹图像的嵴-谷线三方向平滑结果图中所记的圆形区域内出现未能完全平滑的方向噪声。出现这一现象的原因是：采用嵴-谷线计算三方向图的过程中嵴线和谷线的方向信息均被提取出来作为指纹的整体方向，而指纹的特殊构造会使通过指纹采集到的指纹图像中嵴线(颗粒感的嵴线或丢失分叉点的嵴线)不一定会都连续，不连续的区域则会在计算过程中被当成谷线处理，造成指纹图像在该区域的方向计算结果错误，当该区域面积过大时，无法获得较好的平滑效果。同样，在嵴线三方向计算方式下这样的区域与谷线区域都被当成无效的背景区域，需要后面的平滑处理对其进行合理的处理。

后四幅指纹图像的质量相对差一些，如图 3-48 中第 3～6 行的实验结果所示。这四幅嵴-谷线三方向平滑结果都出现了 2～4 个错误的三方向交会点，见第 4 列中所标记的红色椭圆区域。它对应的则是横向指纹断线存在于 $\pi/3$ 与 $2\pi/3$ 两个方向交会边界处的区域，在这一区域断线方向被错误地计算成指纹局部方向，造成出现错误的三方向交会点。而在第 5 列嵴线三方向平滑结果中，未出现这一情况。第 3 行、第 5 行、第 6 行的指纹图像中均不同程度地分布着指纹断线，大部分存在于单个方向区域(如第 4 列和第 5 列中蓝色椭圆形区域)内的指纹断线经过计算和平滑后出现错误的方向。显然，嵴线三方向计算方法比嵴-谷线三方向计算方法的准确率更高一些。在第 4 行的指纹图像中，圆形区域为指纹的低质量区域，第 5 列平滑结果图中圆形区域内的各个方向保持得更准确，反映出嵴线三方向计算方法保持局部方向的能力更强。

(a)指纹原图　　(b)嵴-谷线三方向计算结果　　(c)嵴-谷线三方向平滑结果　　(b)嵴线三方向计算结果　　(c)嵴线三方向平滑结果

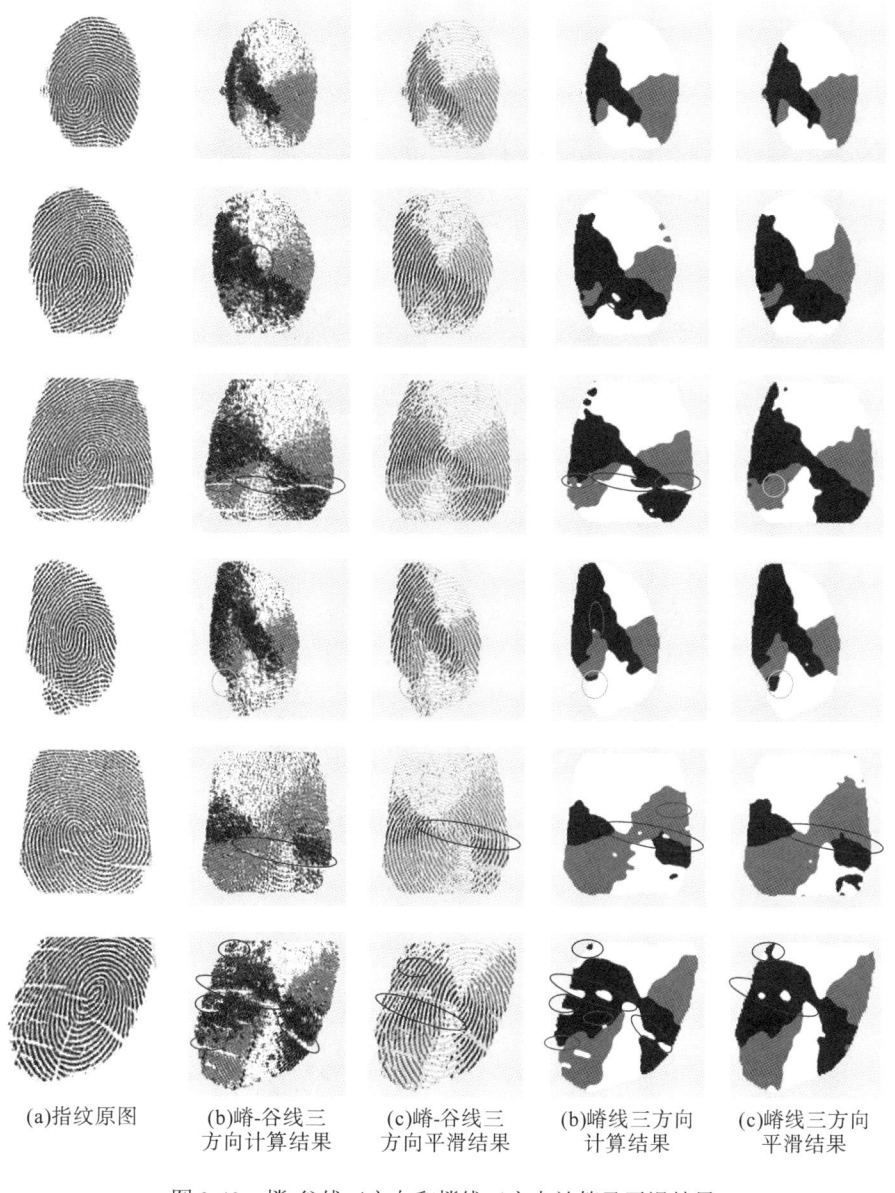

图 3-48　嵴-谷线三方向和嵴线三方向计算及平滑结果

综上所述，嵴-谷线三方向计算方法会放大指纹图像中断线的影响以及错误地估计低质量区域的方向；而嵴线三方向计算方法对小范围低质量区域和断线的处理效果较好。在本书实验中嵴线三方向计算方法有更高的准确性和抗干扰性，在嵴线三方向计算方法的基础上，结合指纹前期的增强和后期的平滑对低质量和有大量断线的指纹图像进行处理则是准确求取指纹三方向图的有效方法。

3. 多个平滑尺度下奇异点的检测结果

这里主要对多个平滑尺度下指纹图像中奇异点位置和类别的检测结果进行展示，以及通过与传统 Poincaré Index 检测算法[33]、基于指纹形状的奇异点检测算法[34]、基于多尺度高斯平滑的奇异点检测算法[35]和基于断层线检测奇异点的算法[36]的多组实验结果对比分析来验证本节算法的准确性与有效性。

针对质量较差的指纹图像，经过指纹增强处理以及嵴线三方向计算后，选取三个合适的平滑尺度级，分别为 NS(14,3)、NS(10,3) 和 NS(6,3)，得到不同平滑尺度下的三方向图，图像尺寸均已调整为 360 像素×360 像素。实验结果如图 3-49 所示。

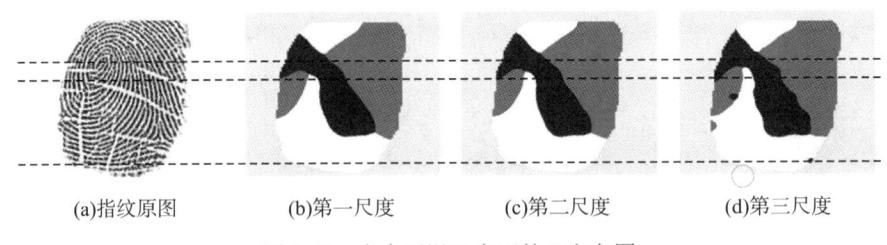

(a)指纹原图　　(b)第一尺度　　(c)第二尺度　　(d)第三尺度

图 3-49　多个平滑尺度下的三方向图

图 3-49 中，虚线表示奇异点准确位置的水平参考线，上方两条虚线代表中心点的水平位置，下方虚线代表三角点的水平位置，圆形区域表示出现错误的三色块区域。显然，图 3-49(b) 中第一尺度下三色块的数目与奇异点数目相符，但三角点和中心点（第二条虚线）处的三色块发生偏移，且偏移量最大；图 3-49(c) 中第二尺度下三色块的数目与奇异点数目也相符，三角点和下中心点处的三色块偏移量减小；图 3-49(d) 中第三尺度下三色块的数目与奇异点数目不相符，多出两个错误的三色块，但正确的三色块相对于奇异点没有发生偏移。

进一步对三色块方向序列进行计算与分类处理，得到三个不同平滑尺度下的奇异点检测结果，如图 3-50 所示。

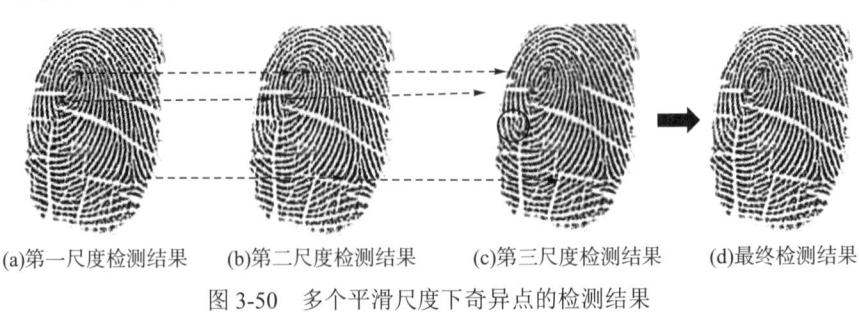

(a)第一尺度检测结果　(b)第二尺度检测结果　(c)第三尺度检测结果　(d)最终检测结果

图 3-50　多个平滑尺度下奇异点的检测结果

图 3-50 中，上方两行圆点表示中心点位置，下方圆点表示三角点位置，图 3-50(c) 中圆圈内的是伪奇异点，虚线箭头则代表逐尺度级寻找真奇异点的路径。第一尺度下检测奇异点的大致区域和类型，第二尺度和第三尺度下进一步寻找奇异点的精确位置。上一尺度级到下一尺度级按距离最小原则逐尺度级[图 3-50(a)→图 3-50(b)→图 3-50(c)]寻找，最终得到图 3-50(d)中奇异点检测的准确结果。

为了验证本节提出的基于多尺度平滑的低质量指纹图像奇异点检测算法的有效性，这里将该算法与文献[12]和文献[33]~文献[36]提出的算法分别应用于从指纹图像库 FVC2006 中随机抽取的指纹图像进行检测。在这一过程中所有的图像尺寸均已被调整为 360 像素×360 像素，各算法内窗尺寸的选择均与对应的要求匹配，且平滑适当。各算法具体参数如表 3-4 所示。

表 3-4　各算法中参数的设置情况

算法	分割块尺寸/(像素×像素)	方向场形式	块方向尺寸/(像素×像素)	方向模式(弧度)	平滑或滤波方式	平滑尺寸/(像素×像素)	奇异点实际定位范围
文献[33]	3×3	点	—	[0,π)	均值滤波	16×16	一个像素点
文献[34]	3×3	块	4×4	[0,π)	均值滤波	12×12	多个组合块
文献[35]	3×3	块	3×3 4×4 6×6	[0,π)	高斯平滑	9×9 12×12 18×18	最小块
文献[36]	3×3	点	—	0，π/3，2π/3	中值滤波	12 12 12	2 像素×2 像素
文献[37]	3×3	块	6×6	多方向	高斯平滑	18×18	2×2(窗口)
本节算法	3×3	点	—	0，π/3，2π/3	众数滤波	12×12 20×20 28×28	2 像素×2 像素

3.2.3 节介绍了用本节提出的方法将奇异点定位在 2×2 个像素点范围内，在实际的奇异点检测中具体结果如图 3-51 所示。但为了更直观和统一地进行展示，在检测奇异点几何中心的基础上，通过使用 OpenCV 中的 cvRectangle 函数制作固定直径为 8 个像素点的圆点对奇异点位置进行标注。

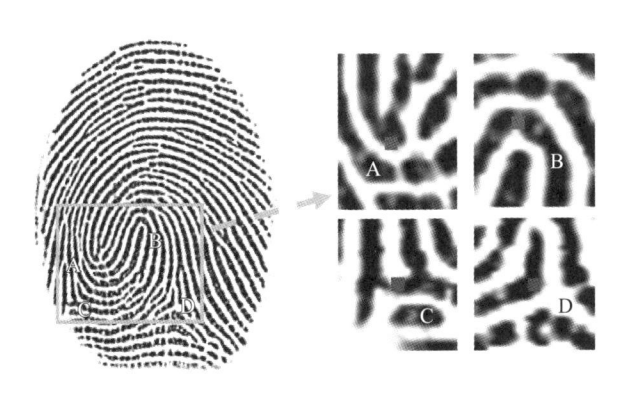

图 3-51　用本节提出的算法检测奇异点位置

图 3-51 中，对奇异点检测结果图的指纹奇异点区域(方框)做了局部放大处理，使定位在 2×2 个像素点级别的奇异点位置更加直观，第 1 行的点表示中心点，第 2 行的点表示三角点。从图中可见，奇异点的定位和类型区分都很准确。

本实验将一部分指纹图像通过本节提出的算法与文献[33]～文献[37]提出的方法处理后做详细的对比。图 3-52 为实验结果对比图。

图 3-52 包含了 8 幅指纹图像在经各算法处理后的奇异点检测结果，前 3 幅为质量较好的指纹，后 5 幅为多断线和颗粒化的低质量指纹。圆圈区域表示有奇异点丢失，椭圆区域表示有伪奇异点出现。其中，图 3-52(b)和图 3-52(c)中算法的方向场基于块；图 3-52(a)、图 3-52(d)中算法的方向场基于点；图 3-52(a)、图 3-52(c)中算法对奇异点的检测通过计算 Poincaré Index 值来实现；图 3-52(b)中算法通过寻找块方向场中特定范围的方向块组合来检测奇异点；图 3-52(d)～图 3-52(f)中算法对奇异点的检测通过计算指纹多方向图实现。图 3-52(a)为传统基于平滑点方向场的 Poincaré Index 检测算法的检测结果，图 3-52(b)为基于指纹形状的奇异点检测算法的检测结果，图 3-52(c)为基于多尺度高斯平滑的奇异点检测算法的检测结果，图 3-52(d)为基于指纹断层线的奇异点检测算法的检测结果，图 3-52(e)为基于量化和指纹分类的奇异点检测算法的检测结果，图 3-52(f)为本节提出算法的检测结果。

前 3 行的指纹图像质量相对较好，奇异点的检测环境相对简单，各算法对第一幅图像中奇异点的检测与定位都很准确；第二行的实验结果显示，图 3-52(a)～图 3-52(c)中算法虽然正确地检测出了奇异点，但最终的定位存在一定程度的偏移，没有图 3-52(d)～图 3-52(f)中算法对奇异点的定位精确；第三行的实验结果显示图 3-52(b)、图 3-52(c)中算法对指纹图像左下角三角点的检测出现丢失三角点的情况，图 3-52(a)中算法检测到的三角点位置存在一定程度的偏移。出现这一现象的原因是：图 3-52(a)中算法通过引入平滑来增强抑制噪声的能力，但在一个尺度下平滑容易造成局部区域出现平滑过度或平滑不足的现象，而奇异点发生一定程度的偏移与局部平滑过度有关；图 3-52(b)、图 3-52(c)中算法基于块建立方向场，虽然块方向场在一定程度上提高了指纹方向场的鲁棒性，但也造成局部细节丢失与奇异点位置发生一定程度(与方向块尺寸有关)的偏移。

后 5 行的指纹图像质量都较差，奇异点的检测环境也变得更加复杂。前 3 列和第 5 列的低质量指纹检测结果中出现伪奇异点的区域主要集中在指纹的中轴线[38]上，这是因为不论是基于传统平滑点方向场的 Poincaré Index 检测算法、基于指纹形状的奇异点检测算法，还是基于量化和指纹分类的奇异点检测算法，在指纹的中轴线附近方向场的变化最剧烈，一旦有噪声干扰，出现伪奇异点的概率就会大大增加。除此之外，指纹的边缘区域也较容易出现噪声干扰，图 3-52(a)中算法抑制噪声的能力有限，所以在指纹边缘出现噪点，如第 5 行第 1 列所示。第 4 列的低质量指纹检测结果中出现伪奇异点的区域主要集中在指纹的断线区域，这是因为三方向模式下结合比例尺缩放的算法对大部分区域的噪声的抑制能力都很强，但指纹断层线的检测对噪声却比较敏感，通常情况下出现在该区域的噪声以断线和污渍为主。

(a)文献[33]　(b)文献[34]　(c)文献[35]　(d)文献[36]　(e)文献[37]　(f)本节算法

图 3-52　各算法奇异点检测结果对比

观察图 3-52(c)中算法的检测结果不难发现,对于低质量指纹图像,该算法能准确地检测出奇异点的数目与种类,但因为中心点偏移量过大,被判定为伪奇异点。多个高斯平滑尺度下指纹中心点的检测结果如图 3-53 所示。

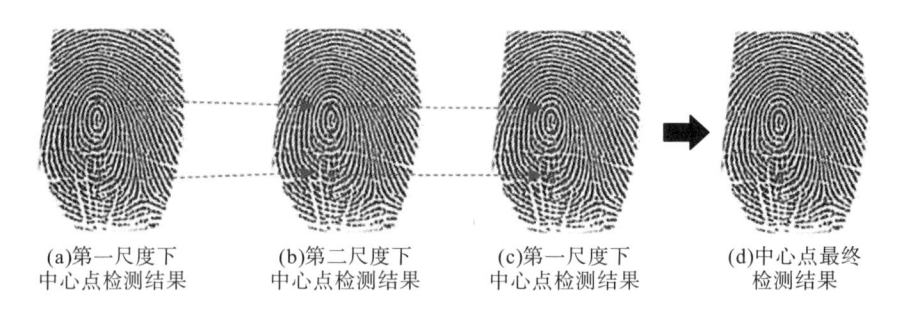

(a)第一尺度下中心点检测结果　(b)第二尺度下中心点检测结果　(c)第一尺度下中心点检测结果　(d)中心点最终检测结果

图 3-53　多个高斯平滑尺度下指纹中心点的检测结果

图 3-53 中,圆点表示检测到的中心点位置,虚线箭头表示按上一尺度级到下一尺度级距离最小原则寻找奇异点的路径。观察发现,图 3-53(a)中检测到了准确的中心点数目,图 3-53(c)中也检测到了真奇异点的位置；但是,图 3-53(b)中检测到的中心点位置偏移量较大,最终奇异点逐尺度级地寻找出错。原因有两点：①基于多尺度高斯平滑的奇异点检测算法实际上是在范围为$[0,\pi)$的方向场中使用 Poincaré Index 检测算法寻找奇异点,比较容易受到噪声的干扰,会出现较多的伪奇异点；②第二尺度下奇异点的检测结果是准确奇异点数目向准确奇异点位置转换的桥梁,而该算法对平滑尺度的依赖性太强,若第二尺度下的参数不适配,则当前图像使用距离最小原则寻找奇异点就会出现位置偏移问题。所以,图 3-52 第 3 列低质量指纹图像中有的奇异点检测结果准确,如第 5 行、第 6 行；有的奇异点检测结果错误,如第 4 行、第 7 行和第 8 行。

综合对图 3-52 和图 3-53 中实验结果的具体对比分析,针对上述列举的各类指纹图像,可知本节提出的算法检测效果更加突出。为了进一步验证该算法的有效性,做如下工作。

通过对比各算法检测结果中标记的奇异点与指纹专家手工标记的奇异点[39](handcrafted directional singular point,HDSP)之间的差异来衡量奇异点检测算法的有效性。通常将两者之间的距离称为错误距离,记作 d_{err}。若错误距离 $d_{err} \leqslant 10$,则认为检测到的奇异点与 HDSP 相同,这种细微差异可能是由指纹专家引起的；若 $d_{err} \in (10,15]$,则认为两者之间的差异比较小,这种差异是由指纹专家和检测算法共同引起的；若 $d_{err} \in (15,20]$,则检测到的奇异点被认为存在偏移,这可能是由方向场被过度平滑导致的；若 $d_{err} \geqslant 20$,则认为检测到的奇异点是伪奇异点。指纹图像库 FCV2006 中的 840 幅指纹图像来自 70 个手指分别采集 12 次的结果,每一幅图像的分辨率均为 500dpi,尺寸大小均为 500 像素×550 像素。从中随机挑选出 400 幅指纹图像建立一个指纹检测样本库,对其进行奇异点的统计和标定。其中,中心点个数为 487 个,三角点的数目为 214 个,奇异点总计 701 个。将文献[33]～文献[36]提出的奇异点检测算法与本节提出的算法应用于该指纹检测样本库,表 3-5 为各算法对指纹中心点的检测结果,表 3-6 为各算法对指纹三角点的检测结果,表 3-7 为各算法对指纹奇异点的检测结果。

表 3-5　指纹中心点的检测结果统计

统计项	文献[33]	文献[34]	文献[35]	文献[36]	本节算法
检测中心点数	675	624	519	627	508
错误中心点数	268	199	103	206	41
准确率/%	60.30	68.11	80.15	67.15	91.93
真阳率/%	83.57	87.27	85.42	86.45	95.89

表 3-6　指纹三角点的检测结果统计

统计项	文献[33]	文献[34]	文献[35]	文献[36]	本节算法
检测三角点数	501	334	203	449	211
错误三角点数	327	162	43	274	14
准确率/%	34.73	51.50	78.82	38.98	93.36
真阳率/%	81.31	80.37	74.77	0.818	92.06

表 3-7　指纹奇异点的检测结果统计

统计项	文献[33]	文献[34]	文献[35]	文献[36]	本节算法
检测奇异点数	1176	958	722	1076	719
错误奇异点数	595	361	146	480	55
准确率/%	49.40	62.32	79.78	55.39	92.35
真阳率/%	82.88	85.16	82.17	85.02	94.72

进一步将各算法所检测到的正确奇异点位置与 HDSP 进行比较计算,以衡量各算法在奇异点检测精确性上的差异。理论上,检测到的奇异点越精确,则检测到的奇异点与 HDSP 的距离越小。以此为依据,得到如表 3-8 所示的统计结果。

表 3-8　奇异点定位精确性统计

奇异点类型	与 HDSP 间距/像素点	文献[33]	文献[34]	文献[35]	文献[36]	本节算法
中心点占比 /%	[0,10]	27.76	21.41	32.21	62.71	85.22
	(10,15]	60.69	64.24	59.62	32.78	14.13
	(15,20]	11.55	14.35	8.17	4.51	0.65
中心点总数	[0,20]	407	425	416	421	467
三角点占比 /%	[0,10]	22.41	13.37	11.25	75.43	91.87
	(10,15]	47.13	63.37	84.37	21.14	7.11
	(15,20]	30.46	23.26	4.38	3.43	1.02
三角点总数	[0,20]	174	172	160	175	197

表 3-8 中的数据直观地展示了各算法在奇异点检测定位精确性上的差异,其中灰色单元格内的数据表示所检测到的奇异点与 HDSP 的间距在对应的间距范围内占比最大。文献[33]~文献[35]、文献[12]提出的算法所检测到的奇异点与 HDSP 的间距主要分布在(10,15)范围内,这主要是由于点方向场中局部平滑过度或块方向场以几何中心点定位奇异点造成检测到的奇异点偏移。而文献[36]提出的算法和本节提出的算法所检测到的奇异点与 HDSP 的间距主要分布在[0,10]范围内,在(15,20)范围内分布得很少,这主要在于点方向场的选择和三方向模式下平滑对噪声有较好的抑制效果。通过表 3-8 中的数据可知,相比文献[33]~文献[35]中的奇异点检测算法,本节提出的算法对奇异点的检测精度更高,对噪声的抑制能力也更强[37,38]。

综上所述,本节提出的算法在嵴线三方向图的基础上选择三个合适的尺度对图像进行众数滤波,得到不同的平滑三方向图;通过对三方向图中 2×2 个像素点的三色块的检测,确定各个平滑尺度下奇异点的位置和类型;按距离最小原则逐尺度级寻找奇异点的准确位置,对奇异点的检测更加精准。

3.2.5 小结

本节提出了一种在图像初步增强的基础上,通过在多个平滑尺度下的方向图中搜索 2×2 个像素点的交会块来定位奇异点区域的算法。对于低质量的指纹图像,与现有的奇异点检测算法相比,该算法不仅在指纹中心点检测、三角点检测、奇异点检测有更高的准确率,而且在奇异点的定位上还有更高的精确性。本节内容的创新性主要包括以下几个方面:

(1)通过基于方向场的灰度条形统计图频率估计算法,计算出指纹局部的中心频率;在初步构建整幅指纹图像频率场的基础上,按照 8 邻域频率平均法计算中心点频率,达到消除部分频率噪声的目的;结合二维 Gabor 滤波器选取尺寸合适的方窗进行滤波,在保证奇异点区域不偏移的情况下,达到最大限度地对指纹图像中断线区域、大颗粒嵴线区域以及过细的嵴线初步增强修复的目的。

(2)提出指纹嵴线像素点方向的计算方法,完成对指纹基础方向图的构建;进一步提出指纹方向 Z 分法的概念,对指纹的嵴线方向进行三分化处理,得到指纹的嵴线三方向图,嵴线三方向图提取了指纹主要的方向分布,但同时也引入了大量的椒盐噪声和无效的谷线区域;为了获得更好的指纹三方向图,提出基于三方向模式的平滑算法,选择合适的平滑参数能使指纹三方向图中噪点分布得较少且更加平滑。

(3)提出基于多个平滑尺度检测指纹奇异点的算法。在指纹嵴线三方向图的基础上选择合适的多个尺度对图像进行平滑,得到多幅指纹三方向图,通过搜索各三方向图中代表三方向交会处的 2×2 个像素点的三色块来确定候选奇异点,并通过对三色块所代表的方向序列的计算判定各候选奇异点的类型;为了进一步去除伪奇异点和精确定位真奇异点位置,按距离最小原则逐尺度级寻找候选奇异点,最终得到的最低尺度级下的合理候选奇异点即最终的奇异点检测结果。该方法能有效避免低质量图像中噪声的干扰,准确检测到奇异点以及精确定位奇异点(2×2 个像素点级别)。

所研究的指纹图像处理算法均在 Visual Studio 2010 + OpenCV 平台上执行，部分图表使用 MATLAB 绘制。基于此，本节详细分析了各算法的实验结果，并完成了算法的详细对比，验证了本节所提出的算法的准确性和有效性。

3.3　基于信息融合的多尺度奇异点检测

本节主要介绍基于 Poincaré Index(PI)值的奇异点检测方法和基于复数滤波器的奇异点检测算法，针对传统 PI 鲁棒性低和难以设定合适复数滤波响应阈值的问题，提出一种多尺度复数滤波器与 PI 值相结合的奇异点检测算法。

3.3.1　基于 Poincaré Index 的奇异点检测

指纹由一系列相互平行的嵴线和谷线交织形成，指纹奇异点被 Henry[39]定义为嵴线曲率最大的点，在该区域内嵴线方向变化率达到最大，纹线方向一致性达到最低。基于 PI 值的奇异点检测算法是最经典的指纹奇异点检测算法。

PI 值被定义为向量沿曲线旋转的角度值。指纹方向场并不是一个定义在$[0,2\pi]$上的向量场，尽管可以先将方向场重新标定为$[0,2\pi]$的矢量场，然后再计算 PI 值，但是标定过程过于复杂烦琐。大多数基于 PI 值检测指纹奇异点的算法均采用式(3-28)[40]求取 PI 值，需假设指纹图像方向场为$\theta(i,j)$，其中(i,j)表示图像坐标点。

$$\mathrm{PI}(i,j) = \frac{1}{2\pi}\sum_{n=0}^{k}\Delta(n) \tag{3-28}$$

$$\Delta(n) = \begin{cases} \delta(n), & |\delta(n)| < \dfrac{\pi}{2} \\ \pi + \delta(n), & \delta(n) \leqslant -\dfrac{\pi}{2} \\ \pi - \delta(n), & 其他 \end{cases} \tag{3-29}$$

$$\delta(n) = \theta_{n+1} - \theta_n \tag{3-30}$$

θ_n的取值如图 3-54 所示，其中$\theta_8 = \theta_0$。

如果求得的 PI 为 1/2，则 P 点就被认作中心点；如果 PI 为-1/2，则 P 点被认作三角点。这里有一个问题需要注意：在计算 P 点的 PI 值时，会反复利用(3-29)来调整两个相邻点之间的方位差$\Delta(n)$，因此有时候计算得到的 PI 值并不严格等于$\pm 1/2$，而是处于$\pm 1/2$的小范围内。

当指纹图像质量较高时，基于 PI 值的奇异点检测算法能得到令人满意的结果，但是将其应用到被噪声污染的指纹图像时，该算法会检测出许多伪奇异点。图 3-55 为应用该算法得到的检测结果(图中点代表检测出来的中心点和三角点)。如果想获取更多有关传统基于 PI 值的奇异点检测算法的资料，请参看文献[41]。

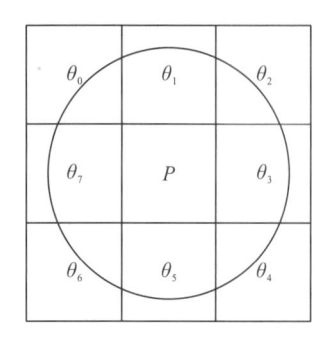

图 3-54　θ_n 取值示例 　　　　　图 3-55　基于 PI 值的奇异点检测结果

3.3.2　基于复数滤波器的奇异点检测

复数滤波器[42]非常适用于检测图像中具有对称特征的物体，Nilsson 等[43]成功将其应用到机器人标识物和指纹奇异点检测中。m 阶复数滤波器可以表示为 $Z(m) = \exp(im\phi)$。Nilsson 等将 m 阶复数滤波器通过多项式近似表示为 $(x+\mathrm{i}y)^m g(x,y)$，其中 $g(x,y)$ 是一个二维高斯函数。图 3-56 为几种复数滤波器的纹理模式和对应的方向模式，如何推导复数滤波器对应的纹理模式请参考文献[42]。

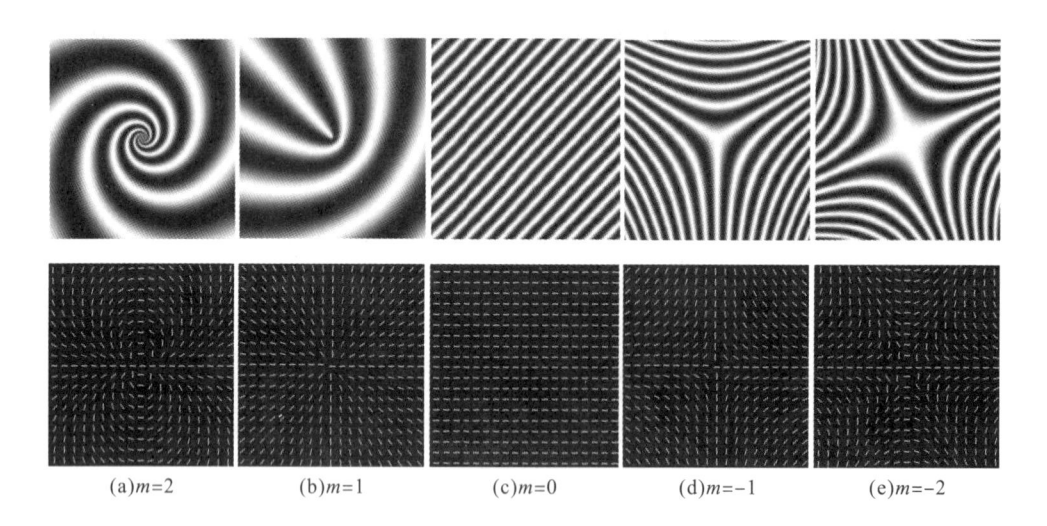

(a)$m=2$　　(b)$m=1$　　(c)$m=0$　　(d)$m=-1$　　(e)$m=-2$

图 3-56　几种复数对称滤波器

第一行为滤波器对应的纹理模式，第二行为滤波器对应的方向模式

观察 $m=\pm1$ 阶滤波器所对应的纹理模式，可以清楚地看到其纹理模式与指纹奇异点区域的纹理模式存在很强的相似性。在指纹奇异点检测中，主要用的是 $m=\pm1$ 阶复数滤波器。为了更进一步地理解其检测奇异点的过程，本节实验进一步考察指纹奇异点的方向分布，如图 3-57 所示。

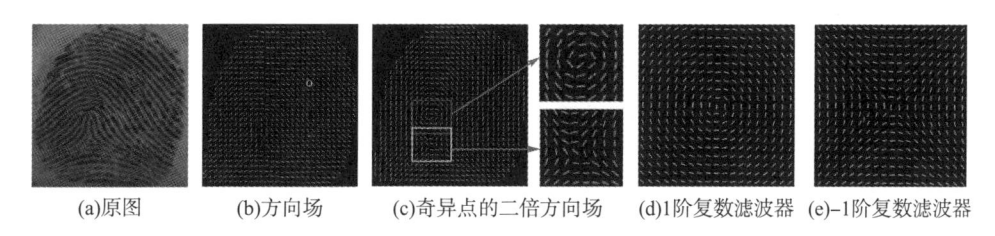

| (a)原图 | (b)方向场 | (c)奇异点的二倍方向场 | (d)1阶复数滤波器 | (e)-1阶复数滤波器 |

图 3-57 方向场模式分析

图 3-57(b)为原始指纹方向场,图 3-57(c)为二倍方向场,图 3-57(d)和图 3-57(e)分别为将 $m=1$ 和 $m=-1$ 阶复数滤波器的角度旋转 $\pi/2$ 后的结果。通过对比图 3-57(c)、图 3-57(d)和图 3-57(e),可知奇异点区域[图 3-57(c)中的方形区域]的方向模式与复数滤波器的方向模式极为相似,因此当采用 $m=\pm1$ 阶复数滤波器对二倍方向场进行滤波时,奇异点处的响应值比其他区域大,通过设定一个阈值便可得到奇异点的位置信息。

不论是原始灰度指纹图像还是指纹方向场图像,均不能直接利用复数滤波器对其进行滤波处理。为了利用复数滤波器来检测指纹奇异点,将方向场转换为复数,利用式(3-31)可以得到二倍方向场的复数表示形式:

$$\phi = \cos(2\theta) + \mathrm{i}\sin(2\theta) \tag{3-31}$$

接下来便可利用一阶对称滤波器来检测指纹奇异点。为了检测中心点,可以利用一阶对称复数滤波器对二倍方向场进行处理,用于检测奇异点的对称复数滤波器可以表示为

$$h_{\pm 1}(x,y) = z(\pm 1)g(x,y) = (x+\mathrm{i}y)^{\pm 1}g(x,y) \tag{3-32}$$

对于滤波响应,可以通过复数之间的点积运算求得,即

$$C_m(u,v) = \frac{1}{M}\sqrt{F_x(u,v)^2 + F_y(u,v)^2} \tag{3-33}$$

$$F_x(u,v) = \sum_{x=-\frac{w}{2}}^{\frac{w}{2}}\sum_{y=-\frac{w}{2}}^{\frac{w}{2}} g(x,y,\sigma_a)\{x'\cos[2\theta(u+x,v+y)] - y'\sin[2\theta(u+x,v+y)]\} \tag{3-34}$$

$$F_y(u,v) = \sum_{x=-\frac{w}{2}}^{\frac{w}{2}}\sum_{y=-\frac{w}{2}}^{\frac{w}{2}} g(x,y,\sigma_a)\{y'\cos[2\theta(u+x,v+y)] + x'\sin[2\theta(u+x,v+y)]\} \tag{3-35}$$

$$x' = \frac{x}{\sqrt{x^2+y^2}}, \quad y' = \frac{y}{\sqrt{x^2+y^2}} \times m \tag{3-36}$$

式中，w 为对称复数滤波器的大小；m 为滤波器的类型。若检测中心点，则 $m=1$；若检测三角点，则 $m=-1$。通过式(3-33)～式(3-36)可得到滤波器的模值响应，如图 3-58 所示。

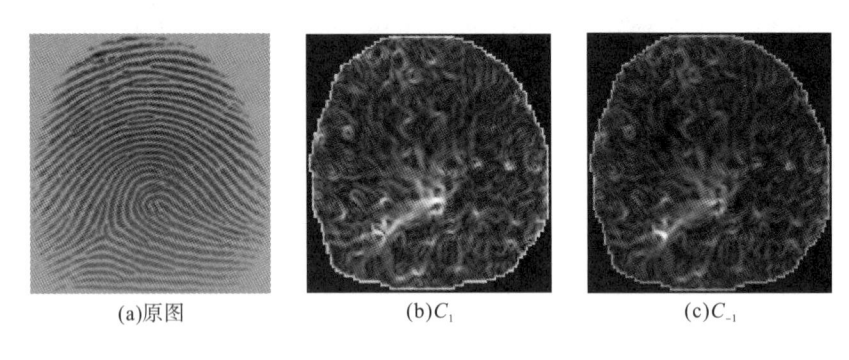

(a)原图　　　　　　　　(b)C_1　　　　　　　　(c)C_{-1}

图 3-58　复域滤波响应

3.3.3　结合复数滤波和 Poincaré Index 值的多尺度奇异点检测

对称复数滤波器是一种重要的指纹奇异点检测工具，与基于 PI 值的奇异点检测算法不同，它不仅能提取奇异点的位置信息，还能计算奇异点处的方向，唯一的缺点是需要预先设定阈值，但受噪声影响，通过传感器获得的指纹图像总是千差万别，很难设定一个适用于所有指纹图像的阈值。基于 PI 值的奇异点检测算法的优点是能检测出指纹图像中所有的奇异点，不足之处是对噪声的抑制能力较弱，对于被大噪声污染的图像，该算法经常会检测到许多伪奇异点。

与指纹方向场的建立类似，单一尺度下的奇异点检测总是很难实现精度与鲁棒性的统一。为了抑制噪声的影响，同时提高奇异点检测精度，本节提出一种结合对称复数滤波器和 PI 值的多尺度奇异点检测算法，该算法从低分辨率开始，逐渐在高分辨率下修正奇异点的位置。这里所提到的尺度是针对方向场而言的，大尺度方向场指的是将整幅指纹图像划分为较大的块后所得到的块方向场，小尺度方向场是指选择较小的块建立的方向场。块尺度较大的块方向场对噪声的抑制能力较强，但精度较低。本节选择在三个不同尺度($w_{1,2,3}$=3,7,11)下检测奇异点。将各个尺度下的中心点滤波响应表示为 C_w，三角点滤波响应表示为 D_w。下面详细描述本节提出的多尺度奇异点检测算法的具体步骤。

首先，利用式(3-33)～式(3-36)得到各个尺度下的滤波响应 C_{1w} 和 C_{-1w}，如图 3-59 所示。

然后对各个尺度下的滤波响应进行极大值检测和阈值筛选。在每个尺度下，如果某一点在某一邻域范围内为极大值且滤波响应值大于阈值，则将该点标记为候选奇异点。同时，计算各个候选奇异点的 PI 值，如果候选奇异点的 PI 值满足奇异点判定条件，则将候选奇异点判定为该尺度下的奇异点，如图 3-60 所示。

第 3 章 指纹特征提取算法

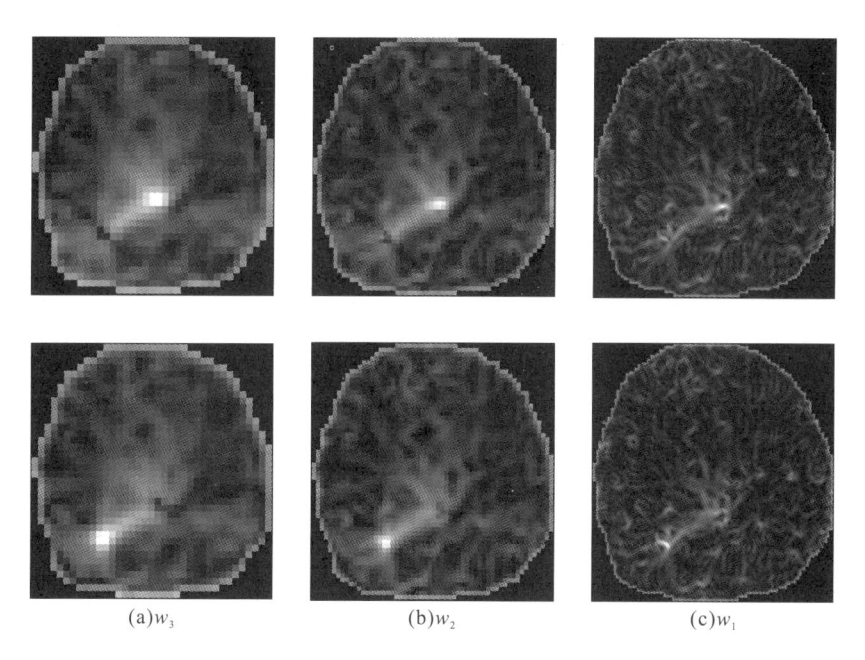

(a)w_3　　　　　　　　(b)w_2　　　　　　　　(c)w_1

图 3-59　不同尺度下的滤波响应

第一行为 C_1，第二行为 C_{-1}

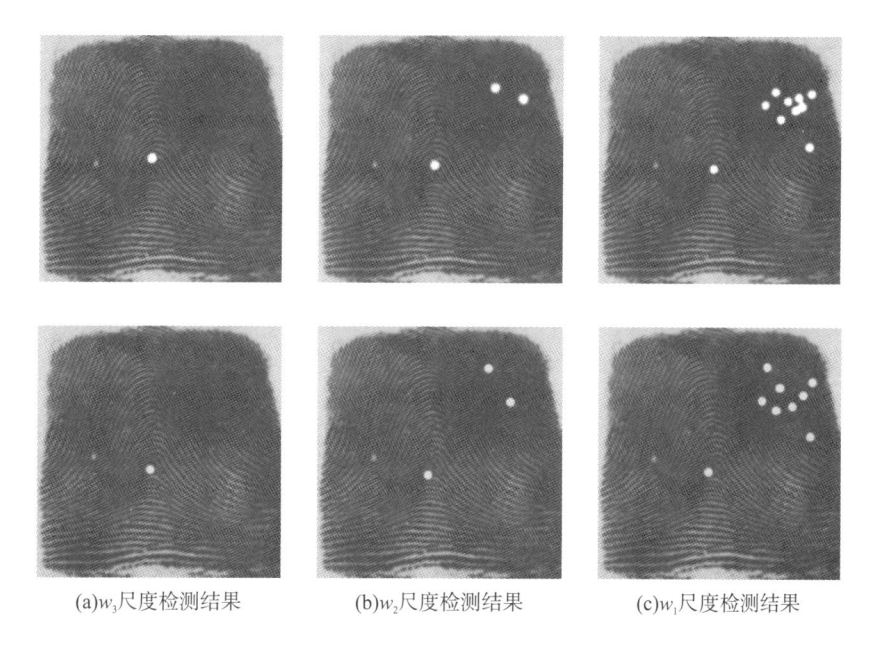

(a)w_3尺度检测结果　　　(b)w_2尺度检测结果　　　(c)w_1尺度检测结果

图 3-60　各个尺度下的奇异点

第一行为中心点检测结果，第二行为三角点检测结果

接下来，将各个尺度下检测到的中心点(或三角点)组合到一起。首先，将 w_3 和 w_2 下的中心点(或三角点)进行整合。由于 w_3 下检测到的中心点(或三角点)受噪声影响最小，

这一尺度下的中心点(或三角点)被认作真实中心点(或三角点),但是其位置偏离真实中心点(或三角点),将其记为 S_3。然后,将 w_2 下距离 S_3 最近的中心点(或三角点)判定为这一尺度下的真实中心点(或三角点),并将其记为 S_2,其余的中心点(或三角点)则被当作伪中心点(或三角点)删除。按照同样的步骤,将 w_1 下的中心点(或三角点)与 S_2 做比较,并保留距离 S_2 最近的中心点(或三角点),删除其余的中心点(或三角点)。最后,将保留下来的中心点(或三角点)作为奇异点检测结果,如图 3-61 所示。

算法描述如下。

(1)计算各个尺度下的指纹方向场 θ_k,并将其写成复数形式,其中 k 表示尺度。

$$\phi_k = \cos(2\theta_k) + j\sin(2\theta_k), \quad k=1,2,3 \quad (3-37)$$

(2)利用式(3-33)~式(3-36)求得各个尺度下的滤波响应 C_{mk}。其中 $m=\pm 1$,$m=1$ 表示中心点滤波响应,$m=-1$ 表示三角点滤波响应。

(3)对 C_{mk} 进行极大值检测,若 C_{mk} 为某一邻域内的极大值且大于某一阈值,则进一步计算 PI 值;若 PI 值满足奇异点判定条件,则将其标记为候选奇异点。

(4)将各个尺度下的奇异点合并,输出检测结果。

图 3-61　奇异点检测结果

上方圆点为中心点,下方圆点为三角点

3.3.4　实验结果分析

在奇异点检测中,方向场扮演了重要的角色,方向场求取的准确性直接影响奇异点提取效果。因此,本节首先计算指纹方向场。为了验证本节提出的多尺度奇异点检测算法的有效性,实验采用文献[22]提出的方法来建立指纹方向场。

首先这里建立三种外窗大小分别为 $w_1 \times w_1$、$w_2 \times w_2$ 和 $w_3 \times w_3$ 的方向场,w_1、w_2 和 w_3 的取值分别为 3、9 和 13。其中 w_1 和 w_2 尺度下的方向场采用灰度来表示,如图 3-62 所示。

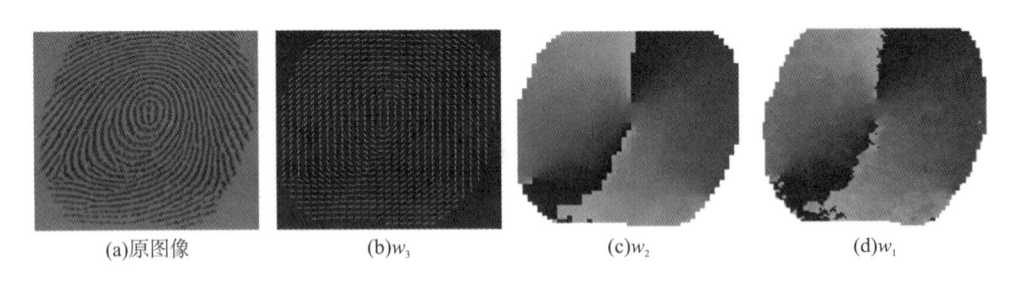

(a)原图像　　　　(b)w_3　　　　(c)w_2　　　　(d)w_1

图 3-62　方向场

接着对各个尺度下的方向场进行奇异点检测,对于 PI 值满足奇异点判定条件且复数滤波响应大于某一阈值的点,将其标记为该尺度下的候选奇异点,如图 3-60 所示。

最后将各个尺度下的检测结果进行合并,得到最终的结果,如图 3-63 所示。

第 3 章　指纹特征提取算法

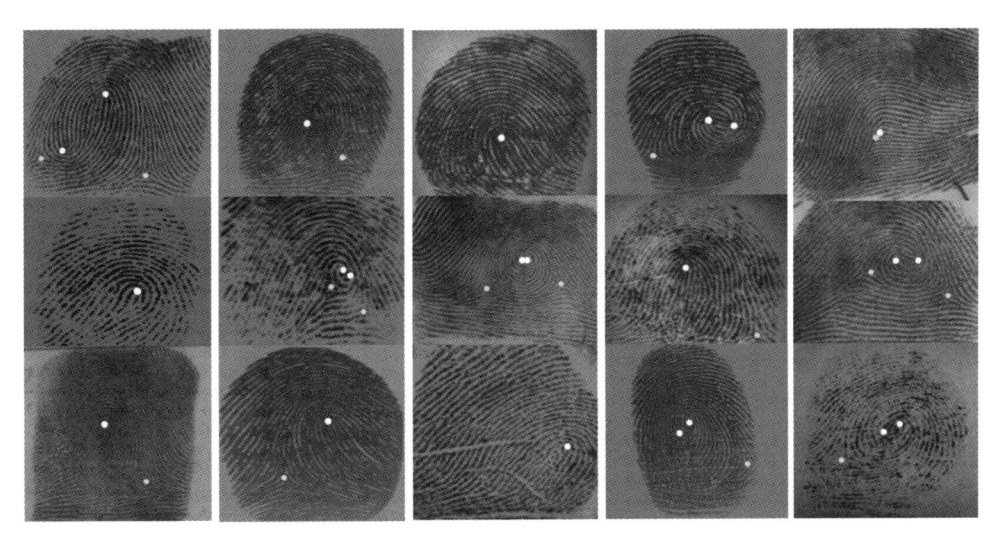

图 3-63　奇异点检测结果

奇异点检测算法的有效性可以通过对比算法检测到的奇异点与指纹专家手工标记的奇异点(HDSP)之间的差异来衡量。通常将两者之间的距离称为错误距离 d_{err}，如果错误距离 $d_{err} \leqslant 10$，则认为检测到的奇异点与 HDSP 相同，这种细微差异可能是由指纹专家引起的；若 $d_{err} \in (10,20]$，则认为两者之间的差异比较小，这种差异由指纹专家和检测算法共同引起；若 $d_{err} \in (20,40]$，则检测到的奇异点被认为不准确，这可能是由方向场被过度平滑导致的；若 $d_{err} > 40$，则认为检测到的奇异点是错误奇异点。公用指纹数据库 FVC2004DB1 总共包含 880 幅指纹图像，每一幅图像的分辨率为 500dpi，大小为 640 像素×480 像素。实验从中挑选出 300 幅指纹图像，然后对其进行中心点和三角点标定。其中中心点数目为 323，三角点数目为 184。实验将本节提出的算法与文献[22]、文献[35]、文献[43]和文献[44]提出的算法应用于这 300 幅指纹图像，表 3-9 为这几种算法对中心点的检测结果，表 3-10 为三角点检测结果，表 3-11 为奇异点检测结果。

表 3-9　中心点检测结果

算法	文献[22]	文献[35]	文献[43]	文献[44]	本节算法
检测到的中心点数	371	342	331	394	319
伪中心点数	91	71	57	127	21
准确率/%	75.47	79.24	82.78	67.77	93.42
真阳率/%	87	84	85	83	92

表 3-10　三角点检测结果

算法	文献[22]	文献[35]	文献[43]	文献[44]	本节算法
检测到的三角点数	194	175	167	214	157
伪三角点数	54	24	31	84	14
准确率/%	72.16	86.29	81.44	60.75	91.08
真阳率/%	76	82	74	71	78

表 3-11 奇异点检测结果

算法	文献[22]	文献[35]	文献[43]	文献[44]	本节算法
检测到的奇异点数	565	517	498	608	476
伪奇异点数	145	95	88	211	35
准确率/%	74.34	81.62	82.33	65.30	92.65
真阳率/%	83	84	81	78	87

为了衡量各种算法之间的差异,接下来计算检测到的真奇异点与人工标记的奇异点之间的距离。一个好的检测算法所检测到的奇异点应该尽可能地接近人工标记的奇异点。本实验中将所检测到的真奇异点粗略划分为两种类型,如表 3-12 所示。

表 3-12 真奇异点对比

奇异点类型	像素范围/像素	文献[22]	文献[35]	文献[43]	文献[44]	本节算法
中心点	[0,10]	117	94	136	72	124
	(10,20]	121	113	104	144	147
	(20,40]	42	64	34	51	27
三角点	[0,10]	118	124	123	104	133
	(10,20]	13	16	9	12	8
	(20,40]	9	11	4	14	2

通过表 3-12 可以更加直观地对比各种算法之间的差异,相比文献[43]~文献[44]所提出的算法,本节提出的算法检测精度更高,对噪声的抑制能力更好。值得注意的是,文献[35]的算法是通过点方向场来检测奇异点并进行了剔除伪奇异点的操作,因此该算法检测到的奇异点与真奇异点之间的距离在(20,40]范围内,远低于本节提出的算法,但是考虑到本节提出的算法基于块方向场,这种差异可以忽略。另外一个值得注意的问题是,本节提出的算法中奇异点丢失的主要原因是添加了 PI 值的限定条件,该条件下有时并不能检测出奇异点。

本节重点讨论了基于 PI 值的指纹奇异点检测算法和基于复数滤波器的奇异点检测算法,在分析这两种算法的优缺点后,提出了一种多尺度奇异点检测算法,通过将复数滤波器与 PI 值相结合来检测指纹奇异点。实验结果表明,本节提出的多尺度奇异点检测算法能很好地应用于低质量指纹图像,检测结果较准确。但由于引入了 PI 值的奇异点判定条件,对检测弓形指纹的奇异点不利,需要进一步改进。

参 考 文 献

[1] 张延杰, 齐文钊, 史毅. FPC1011C 在指纹识别模块中的应用[J]. 单片机与嵌入式系统应用, 2010, (8): 67-68.

[2] 廖开阳, 张学东, 章明珠, 等. 结合方向信息的指纹二值化及后处理算法[J]. 计算机应用, 2008, 28(4): 1001-1005.

[3] 楚亚蕴, 詹小四, 孙兆才, 等. 一种结合方向信息的指纹图像二值化算法[J]. 中国图象图形学报, 2006, 11(6): 855-860.

[4] Lee H C, Gaensslen R E. Advances in Fingerprint Technology[M]. 2nd ed. Boca Raton: CRC Press, 2001.

[5] Gabor D. Theory of communication[J]. Jounal of the Institution of Electrical Engineers, 1946, 93(26): 429-441.

[6] Bhanu B, Tan X J. Learned templates for feature extraction in fingerprint images[C]// Proceedings of the 2001 IEEE Computer Society Conference on Computer Vision and Pattern Recognition, 2001, 2(8-14): 591-596.

[7] 刘军波, 马利庄, 聂栋栋, 等. 改进的基于 Gabor 滤波器的指纹增强算法[J]. 计算机工程, 2005, 31(15): 146-147, 164.

[8] 张颖. 指纹识别算法研究与实现[D]. 武汉: 武汉理工大学, 2006.

[9] 尹义龙, 宁新宝, 张晓梅. 改进的指纹细节特征提取算法[J]. 中国图象图形学报, 2002, 7(12): 1302-1306.

[10] Guo Z C, Hall R W. Fast fully parallel thinning algorithms[J]. CVGIP: Image Understanding, 1992, 55(3): 317-328.

[11] 冯星奎, 李林艳, 颜祖泉. 一种新的指纹图象细化算法[J]. 中国图象图形学报(A 辑), 1999, 4A(10): 835-838.

[12] Datta A, Parui S K. A robust parallel thinning algorithm for binary images[J]. Pattern Recognition, 1994, 27(9): 1181-1192.

[13] Pavlidis T. Algorithms for graphics and image processing[M]. Rockville: Computer Science Press, 1982.

[14] Yu S S, Tsai W H. A new thinning algorithm for gray-scale images by the relaxation technique[J]. Pattern Recognition, 1990, 23(10): 1067-1076.

[15] 仲元昌, 朱树阔, 林永, 等. 一种基于 Core 点及特征点的指纹匹配算法[J]. 微电子学与计算机, 2011, 28(1): 34-37.

[16] 廖阔, 杨万麟. 点模式指纹匹配算法研究与实现[J]. 电子科技大学学报, 2004, 33(2): 154-157.

[17] 贾聪智, 解梅, 李庆嵘. 基于矢量三角法的指纹特征匹配算法的研究[J]. 计算机应用, 2004, 24(7): 45-49.

[18] 孙家广. 计算机图形学[M]. 3 版. 北京: 清华大学出版社, 1998.

[19] Priya S P. Biometrics and fingerprint payment technology[J]. Biometrics, 2017, 5(1): 224-236.

[20] Hong L, Wan Y F, Jain A. Fingerprint image enhancement: algorithm and performance evaluation[J]. IEEE Transactions on Pattern Analysis and Machine Intelligence, 1998, 20(8): 777-789.

[21] Bazen A M, Gerez S H. Systematic methods for the computation of the directional fields and singular points of fingerprints[J]. IEEE Transactions on Pattern Analysis & Machine Intelligence, 2002, 24(7): 905-919.

[22] Gottschlich C. Curved-region-based ridge frequency estimation and curved Gabor filters for fingerprint image enhancement[J]. IEEE Transactions on Image Processing, 2012, 21(4): 2220-2227.

[23] Yang J W, Liu L F, Jiang T Z, et al. A modified Gabor filter design method for fingerprint image enhancement[J]. Pattern Recognition Letters, 2003, 24(12): 1805-1817.

[24] Sauvola J, Pietikäinen M. Adaptive document image binarization[J]. Pattern Recognition, 2000, 33(2): 225-236.

[25] Bartunek J S, Nilsson M, Nordberg J, et al. Adaptive fingerprint binarization by frequency domain analysis[C]//The Fortieth Asilomar Conference on Signals, Systems and Computers, Pacific Grove, 2006: 598-602.

[26] Bayram S, Sencar H T, Memon N. Efficient sensor fingerprint matching through fingerprint binarization[J]. IEEE Transactions on Information Forensics and Security, 2012, 7(4): 1404-1413.

[27] Chan R H, Ho C W, Nikolova M. Salt-and-pepper noise removal by median-type noise detectors and detail-preserving regularization[J]. IEEE Transactions on Image Processing, 2005, 14(10): 1479-1485.

[28] Lowe D G. Organization of smooth image curves at multiple scales[J]. International Journal of Computer Vision, 1989, 3(2): 119-130.

[29] Zhang Q Z, Yan H. Fingerprint classification based on extraction and analysis of singularities and pseudo ridges[J]. Pattern Recognition, 2004, 37(11): 2233-2243.

[30] Wang L, Dai M. Application of a new type of singular points in fingerprint classification[J]. Pattern Recognition Letters, 2007, 28(13): 1640-1650.

[31] Zhao Q J, Zhang L, Zhang D, et al. Curvature and singularity driven diffusion for oriented pattern enhancement with singular points[C]//2009 IEEE Conference on Computer Vision and Pattern Recognition Miami, 2009: 2129-2135.

[32] Chikkerur S, Govindaraju V, Cartwright A N. Fingerprint image enhancement using STFT analysis[C]//Proceedings of the 3rd International Conference on Pattern Recognition and Image Analysis, Heidelberg, 2005, 20-29.

[33] Karu K, Jain A K. Fingerprint classification[J]. Pattern Recognition, 1996, 29(3): 389-404.

[34] Park C H, Lee J J, Smith M J T, et al. Singular point detection by shape analysis of directional fields in fingerprints[J]. Pattern Recognition, 2006, 39(5): 839-855.

[35] Jin C L, Kim H. Pixel-level singular point detection from multi-scale Gaussian filtered orientation field[J]. Pattern Recognition, 2010, 43(11): 3879-3890.

[36] Huang C Y, Liu L M, Douglas Hung D C. Fingerprint analysis and singular point detection[J]. Pattern Recognition Letters, 2007, 28(15): 1937-1945.

[37] Chua S C, Wong E K, Tan A W C. Fingerprint singular point detection via quantization an fingerprint classification[J]. World of Computer Science & Information Technology Journal, 2015, 5(12): 172-179.

[38] Wang K J, Cui H T, Cao Y, et al. A Preprocessing Algorithm for Touchless Fingerprint Images[M]//Biometric Recognition. Cham: Springer International Publishing, 2016: 224-234.

[39] Henry E R. Classification and Uses of Finger Prints[M]. London: George Routledge and Sons, 1900.

[40] Kawagoe M, Tojo A. Fingerprint pattern classification[J]. Pattern Recognition, 1984, 17(3): 295-303.

[41] 翁大伟. 指纹图像奇异点检测算法研究[D]. 济南: 山东大学, 2009.

[42] Bigun J, Bigun T, Nilsson K. Recognition by symmetry derivatives and the generalized structure tensor[J]. IEEE Transactions on Pattern Analysis & Machine Intelligence, 2004, 26(12): 1590-1605.

[43] Nilsson K, Bigun J. Localization of corresponding points in fingerprints by complex filtering[J]. Pattern Recognition Letters, 2003, 24(13): 2135-2144.

[44] Liu M H, Jiang X D, Kot A C. Fingerprint reference-point detection[J]. EURASIP Journal on Advanced in Signal Processing, 2005(4): 498-509.

[45] Le T H, Van H T. Fingerprint reference point detection for image retrieval based on symmetry and variation[J]. Pattern Recognition, 2012, 45(9): 3360-3372.

第4章 掌纹特征提取算法

鉴于掌纹具有遗传性、唯一性且受环境因素影响，近年来，很多学者研究了掌纹主线与疾病的关系。例如，祁岩超等[1]通过比较食管癌和贲门癌患者与正常人掌纹主线的区别，发现食管癌和贲门癌患者的掌纹异常率明显高于正常人，指出食管癌和贲门癌与掌纹主线特征具有一定的联系。崔博等[2]研究了心肌梗死与掌纹主线之间的关系，其结论为正常人的普通型掌纹略少于具有心肌梗死症状的患者，而桥贯型掌纹则多于患者。张亮等[3]通过统计分析发现较多肿瘤患者的手掌中普通型掌纹明显少于正常人，而悉尼型掌纹则多于正常人，说明普通型掌纹较多的人患肿瘤的概率较低。陆国芳等[4]通过研究分析抑郁症患者的掌纹主线特征，发现抑郁症患者的褶皱掌纹及桥贯型掌纹出现率高于正常人。刘金明[5]分析了原发性肝癌的掌纹主线特征，发现原发性肝癌患者的掌纹主线异于正常人。

综上所述，人类的一些疾病会反映在掌纹主线或纹型特征上。以上文献的掌纹主线特征分析主要由人工完成，具有主观性强、可靠性和效率低的特点。研究自动提取掌纹主线并对纹型进行分类的算法，可为研究掌纹纹型与乳腺癌的相关性提供客观、具有一致性的特征提取方法。

4.1 基于方向可调滤波器的掌纹主线特征提取及分类算法

作者通过翻阅大量国内外有关利用掌纹纹理信息预测诊断疾病、掌纹提取算法的文章，在前人研究成果的基础上分析总结出关于掌纹主线特征提取的两个难点。

1. 感兴趣区域的提取

在掌纹图像采集过程中，有时采集背景会受到外界干扰，影响采集的掌纹的质量，并且在不同的情况下即使采集同一个人的掌纹，掌纹图像也会有很大差异，这也会影响掌纹特征的提取，而获取掌纹图像中的感兴趣区域是掌纹主线特征提取的前提。掌纹图像感兴趣区域需包含完整的掌纹主线，且掌纹主线特征较为明显，这将为掌纹主线的提取提供极大便利。但现有的一些关于掌纹图像感兴趣区域提取的算法具有一定的局限性，如滚轮算法对手掌边缘信息不规则的掌纹图像进行提取时容易出现错误定位的情况。由此可见，在整个掌纹主线提取过程中，掌纹图像感兴趣区域的提取极其重要，而获得效果较好的预处理图像是掌纹识别过程中的一大难点。

2. 掌纹主线特征的提取

根据国内外许多关于掌纹主线特征提取以及利用掌纹预测诊断疾病的文献可知，单纯的掌纹特征提取处理起来相对比较简单，但若要根据后续处理要求对掌纹特征进行提取则是一个比较棘手的问题。例如，根据掌纹细节特征对掌纹进行识别需要改进掌纹图像二值化处理方法，因为二值化后的图像很容易丢失掌纹图像中的很多细节特征信息；掌纹的方向和强度能通过傅里叶变换反映出来，但傅里叶变换不能反映掌纹的空间位置信息。

本章将研究如何提取掌纹主线特征，并通过掌纹主线相对位置进行纹型分类，基于此，提出一种方向跟踪算法，利用方向跟踪算法对掌纹主线特征点进行提取。该算法适用于用非接触式采集方法采集的掌纹图像，并可以获取真正的掌纹主线特征信息，从而提取真正的掌纹主线。

4.1.1 图像预处理

本节主要完成掌纹图像预处理工作。首先利用迭代阈值的方法对已经灰度化的掌纹图像进行二值化处理；然后简单介绍目前主要的图像分割定位算法，并分析各算法的优缺点；最后根据实验过程中采集图像的方式和设备，使用最大内切圆算法对掌纹图像进行感兴趣区域(ROI)提取，通过获取最大内切圆的最小外接正方形得到掌纹图像中包括主要掌纹在内的 ROI。

1. 图像二值化

在对掌纹图像进行主线提取之前，需要对掌纹图像进行一些必要的处理以使掌纹图像的主线特征更加突出，并在后续的工作中有效地减少计算量，提高计算精度。对掌纹图像进行二值化处理可以帮助我们在原始图像中找出包括掌纹主线在内的区域。

图像二值化就是对掌纹图像进行滤波处理，使得只有两种灰度值出现在原来的灰度图像中，即原来的灰度图像只保留黑色(0)和白色(255)。而找到恰当的阈值则是图像二值化的关键所在，该阈值可以区分所需要的区域与背景区域。对于灰度图像中的所有像素点，若其灰度值小于所设定的阈值，则将其赋值为 0(黑色)；若其灰度值大于所设定的阈值，则将其赋值为 255(白色)。可以用式(4-1)来描述灰度图像二值化：

$$I(x) = \begin{cases} 0, & x < T \\ 255, & x \geq T \end{cases} \quad (4\text{-}1)$$

式中，$I(x)$ 为图像中的像素值；T 为指定的阈值；x 为图像的灰度值。

由此可知，图像二值化的关键是求解二值化的阈值。阈值的求解方法各具特色，可简单归纳为局部阈值法和全局阈值法。局部阈值法的代表算法为 Bernsen 算法[6]，它将原始图像划分为多个小区域，再针对每个小区域分别设定阈值。局部阈值法的计算速度相对较慢，无法适应实时性要求，但当图像受到非均匀光照的影响时，该算法的二值化效果较好。全局阈值法的代表方法为最大熵法、Ostu 法和全局迭代算法[7,8]，它只需要设定一个适用于整幅图像的阈值，就能够利用目标及背景图像的灰度特征来有效地区分目标与背景图像。全局阈值法在非均匀光照以及噪声影响的环境下二值化效果不佳，但其相对简单，处理目标与背景图像差异明显的图像时具有比较好的效果。

考虑到本书研究中使用非接触式方法获取掌纹图像设定了统一的背景，掌纹图像的目标与背景较容易区分，因此使用全局阈值法中的全局迭代算法[9]可以获得较为理想的效果。

全局阈值法中的全局迭代算法实现的过程如下。

步骤 1：分别求出掌纹图像中最小和最大的灰度值 $I_{\min}$ 和 $I_{\max}$。

步骤 2：利用掌纹图像中最小和最大的灰度值设定初始阈值。

$$T_m = \frac{I_{\min} + I_{\max}}{2} \text{（迭代次数 } m=0\text{）} \tag{4-2}$$

步骤 3：根据掌纹图像不同的灰度值，以初始阈值 T_1 为界限，将掌纹图像分为前景和背景两部分，即灰度值不小于初始阈值的为前景，小于初始阈值的为背景。

步骤 4：依次计算掌纹图像前景和背景的像素点数 P_m、B_m，以及原灰度图像前景和背景灰度的平均值 $\overline{I}_m^p$ 和 $\overline{I}_m^b$，平均值的计算公式为

$$\overline{I}_m^p = \frac{I(x,y) \geqslant T_m}{P_m}, \quad \overline{I}_m^b = \frac{I(x,y) < T_m}{B_m} \tag{4-3}$$

步骤 5：根据掌纹图像前景和背景的灰度平均值，求出掌纹图像二值化的新阈值，计算公式为

$$T_{m+1} = \frac{\overline{I}_m^p + \overline{I}_m^b}{2} \tag{4-4}$$

步骤 6：比较 T_m 和 T_{m+1}，如果 $T_m = T_{m+1}$，则终止迭代，进入步骤 7；如果 $T_m \neq T_{m+1}$，则 $m=m+1$，进入步骤 3，利用新的阈值重新进行迭代计算。

步骤 7：$T=T_{m+1}$，利用阈值 T 对图像进行二值化处理。

使用全局迭代算法对掌纹图像进行二值化滤波的结果如图 4-1 所示。

(a)原始掌纹图像　　　(b)灰度化掌纹图像　　　(c)二值化掌纹图像

图 4-1　原始掌纹图像、灰度化掌纹图像和二值化掌纹图像

2. 最大内切圆算法对掌纹图像的分割定位

在掌纹主线特征提取过程中对掌纹图像进行分割定位是必不可少的关键过程。对掌纹

图像分割定位的结果直接影响掌纹图像主线特征点的提取以及主线的拟合。在掌纹识别技术中，掌纹图像的分割定位一直都是重要任务和热点问题。

1) 掌纹图像的分割定位

掌纹图像的分割定位是指根据掌纹图像各自的特点分别进行调整，分割出较好的中心区域以便进行接下来的掌纹主线特征提取，最后完成掌纹主线的拟合。在完成掌纹图像分割定位后所提取出来的中心区域称为 ROI，相同手掌的掌纹图像分割定位出来的 ROI 位置差异不大。分割定位的结果对掌纹主线的提取及拟合影响很大。目前，对掌纹分割定位技术的研究已取得了较大进展。

2) 最大内切圆算法

在对掌纹图像进行采集时所使用的方法和设备不同，因此在对掌纹图像进行分割定位时需要根据采集的掌纹图像的特点选定合适的分割定位算法，同时要为后续掌纹主线特征点的提取及掌纹主线的拟合做好充足的准备。对掌纹图像进行分割定位时许多学者会建立直角坐标系，如直线与手指边缘算法等。文献[10]率先提出在二值化图像中直接搜索掌纹最大内切圆的分割定位算法。在本节中由于图像的采集均采用非接触式方式，对手掌的摆放位置不做要求，但需手指完全展开，因此基于最大内切圆算法对掌纹图像进行分割定位，提取出有效的 ROI。

最大内切圆算法的基本思路为：利用二值化后的掌纹图像，设定内切圆的初始半径，同时设定手掌内某一点作为圆心，以单位值的大小增大圆的半径值，若圆的边缘恰好落在掌纹的边缘上面，则记下此时圆的半径，停止对圆半径的搜索；然后继续改变圆心，重复上述步骤，记下半径；最后将完成搜索的圆的半径最大的圆心的位置及半径的位置记录下来，那么最终的圆就是在手掌区域内最大的内切圆。

3. 掌纹 ROI 的提取

根据上述获取最大内切圆的基本思路，本节实验的实现步骤如下。

步骤 1：设定初始半径值，半径值由图像的大小决定，在此设定初始半径值为 50 像素(经验值)。

步骤 2：根据初始设定的半径值，从图像的某一方向出发依次循环对圆心的位置进行判断。在此设定初始圆心与图像边缘的距离为初始半径值加 1，判断圆心的位置是否处于图像的手掌区域内，即判断圆心位置的二值化结果是否为白色(二值化处理后手掌区域应为白色)。

步骤 3：若圆心位置处于掌纹图像的手掌区域，则转入步骤 5；若圆心位置未处于掌纹图像的手掌区域，则转入步骤 4 以重新获得圆心位置。

步骤 4：重新设定内切圆的圆心位置，先使圆心的纵坐标加 1，然后使圆心的横坐标加 1，直到循环结束。

步骤 5：根据圆的半径和圆心的取值，用圆心角作为自变量计算圆周上的点，然后判断圆周上的点是否位于手掌的内部(同样以图像二值化后的白色点作为依据)。

步骤 6：若圆周上不是所有点均位于图像中手掌的内部，那么跳出此次循环，转入步骤 4；若圆周上所有点均位于图像中手掌的内部，即该圆内的所有点均位于手掌的内部，那么保存当前圆的所有信息，就是该圆的半径值及圆心坐标。

步骤 7：将上一次使用的半径值加 1，并根据步骤 2 设定圆心位置，返回步骤 3 再次对圆的位置进行判定，依次循环以求得手掌内最大内切圆。

最大内切圆确定后的掌纹图像如图 4-2 所示。

图 4-2(a)为经过二值化处理后掌纹图像中的最大内切圆；图 4-2(b)为原始掌纹图像中的最大内切圆。得到手掌内最大内切圆后求得最大内切圆的最小外接正方形，并将其单独提取出来，作为接下来提取掌纹主线的主要图像。掌纹图像提取的 ROI 如图 4-3 所示。

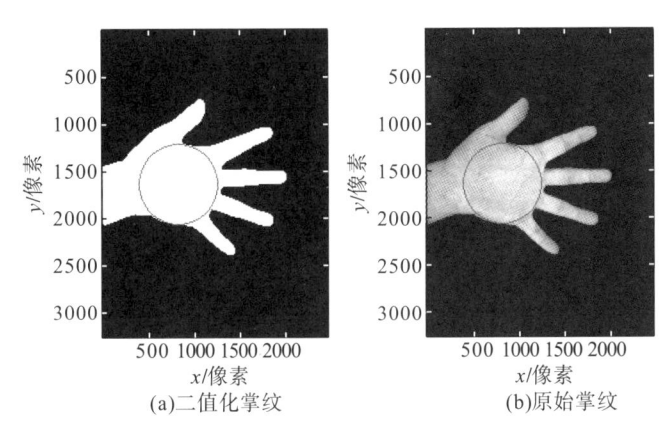

图 4-2　掌纹的最大内切圆　　　　图 4-3　掌纹图像提取的 ROI

如图 4-3 所示，首先获取掌纹图像最大内切圆，然后利用最大内切圆获取该圆的最小外接正方形，所得区域即掌纹图像的 ROI，此区域包含掌纹主线特征及其所有信息。

4.1.2　掌纹方向特征提取

由于掌纹主线的拟合依赖于提取的掌纹特征种类，因此若想通过旋转掌纹的方式找出最佳掌纹旋转角度用于提取掌纹方向特征点，则所提取的掌纹方向特征可以随着旋转角度的变化进行调整，或者具有旋转时不变的性质。由于目前基于掌纹特征识别方向的方法均满足不了此要求(即使有较高精度的方法)，如 RLOC[11]和竞争编码[12]所表示的方向特征较粗糙(掌纹方向的表示粗略地采用六个方向)，不能随着旋转角度的变化进行调整，同时也不具备旋转不变性，因此本节采用方向可调滤波器(steerable filter)进行掌纹方向特征的提取。

1. 方向可调滤波器

Freeman 等[13]率先提出了方向可调滤波器的概念。该滤波器主要通过一些基滤波器(basic filter)的滤波结果来表示图像在任意方向滤波的结果。换句话讲，可以通过线性组合给出一系列基滤波器，用以表示任意方向的滤波器，即方向可调滤波器。与 RLOC 和竞争编码等方法比较，方向可调滤波器提取的掌纹主线方向更加精确，同时不会增加计算量，具有固定数目的基滤波器，在提取掌纹方向特征时计算量也不会随着精度的提升而增大。另外，该滤波器不要求方向场的变化平缓，也不对噪声敏感。综上，方向可调滤波器非常适用于掌纹方向特征的提取。

方向可调滤波器的表达形式一般为

$$h^\theta(x) = \omega_1(\theta)h_1(x) + \omega_2(\theta)h_2(x) + \cdots + \omega_k(\theta)h_k(x) = \sum_{i=1}^{k}\omega_i(\theta)h_i(x) \tag{4-5}$$

式中，$h(x)$ 是一个方向可调滤波器；$\omega_1(\theta),\omega_2(\theta),\cdots,\omega_k(\theta)$ 是仅与方向 θ 相关的滤波系数；$h_1(x),h_2(x),\cdots,h_k(x)$ 表示基滤波器。因为卷积计算是线性计算，所以当方向可调滤波器同图像进行卷积计算时，可以将两个线性操作互换，即可以将图像与方向可调滤波器的基滤波器的卷积结果进行线性组合来表示图像与指定方向的方向可调滤波器的卷积结果：

$$I(x)*h^\theta(x) = I(x)*\sum_{i=1}^{k}\omega_i(\theta)h_i(\theta) = \sum_{i=1}^{k}\omega_i(\theta)[I(x)*h_i(x)] = \omega^{\mathrm{T}}(\theta)I(x) \tag{4-6}$$

式中，$I(x)$ 表示图像。方向可调滤波器的工作流程如图 4-4 所示。

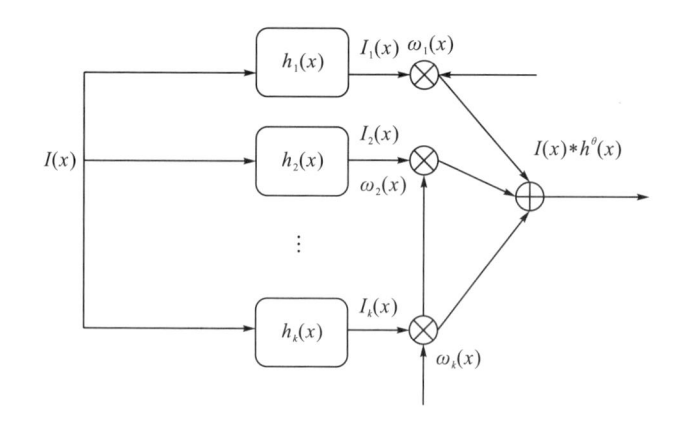

图 4-4　方向可调滤波器工作流程图

2. 掌纹纹理方向特征提取

Freeman 等[13]里讨论了使用同一滤波器在不同方向构造方向可调滤波器的一些基本条件，并且给出了该方向可调滤波器的求解方法，但是因为滤波器本身由不同方向组成，所以方向可调滤波器具有严格的形式要求，在本节中不再适用。

在方向可调滤波器基本形式的基础上进行求导，所得的 D 阶导数滤波器的基本形式为

$$h(x,y) = \sum_{k=1}^{D}\sum_{i=0}^{k}\alpha_{k,i}\frac{\partial^{k-i}}{\partial x^{k-i}}\frac{\partial^{i}}{\partial y^{i}}w(x,y) \tag{4-7}$$

式中，$w(x,y)$ 表示任意的各向同性函数；D 表示方向可调滤波器的阶数。

任意方向的 D 阶导数滤波器的形式为

$$h^{\varphi}(x) = \sum_{k=1}^{D}\sum_{i=0}^{k} \beta_{k,i}(\varphi) \frac{\partial^{k-i}}{\partial x^{k-i}} \frac{\partial^{i}}{\partial y^{i}} w(x,y) \tag{4-8}$$

系数向量

$$\beta_{k,i}(\varphi) = \sum_{j=0}^{k} \alpha_{k,j} \sum_{l,m \in S(k,i,j)} \binom{k-j}{l}\binom{j}{m} (-1)^{m} \cos^{j+(l-m)}\varphi \sin^{(k-j)-(l-m)}\varphi \tag{4-9}$$

集合 $S(k,i,j)$ 表示为

$$S(k,i,j) = \{l,m | 0 \leqslant l \leqslant k-j; 0 \leqslant m \leqslant j; k-(l+m)=i\} \tag{4-10}$$

式(4-10)即利用各向同性函数 $w(x,y)$ 的导数构造的方向可调滤波器。

图像旋转后的滤波器进行卷积计算的结果为

$$f(x,y) * h[R_{\varphi}(x,y)] = \sum_{k=1}^{D}\sum_{i=0}^{k} \beta_{k,i}(\varphi) f_{k,i}(x,y) \tag{4-11}$$

式中，R_{φ} 为旋转矩阵。

函数 $f_{k,i}(x,y)$ 表示图像 $f(x,y)$ 与滤波器 $w_{k,j}(x,y)$ 的卷积结果，即

$$f_{k,i}(x,y) = f(x,y) * w_{k,j}(x,y) = f(x,y) * \frac{\partial^{k-i}}{\partial x^{k-i}} \frac{\partial^{i}}{\partial y^{i}} w(x,y) \tag{4-12}$$

当求得 $f_{k,i}(x,y)$ 后，图像 $f(x,y)$ 与方向可调滤波器 $h[R_{\varphi}(x,y)]$ 的卷积结果便可以由系数向量 $\beta_{k,i}(\varphi)$ 中 φ 的三角函数求得。

整理式(4-11)与式(4-12)的结果，图像与滤波器进行卷积运算后，任意方向的滤波结果可以整理为

$$f * h_{\varphi} = q_1 \cos^{D}\varphi + q_2 \cos^{D-1}\varphi \sin\varphi + q_3 \cos^{D-2}\varphi \sin^{2}\varphi + \cdots + q_{D+1} \sin^{D}\varphi \tag{4-13}$$

式中，h_{φ} 表示旋转 φ 角度后的滤波器 $h(x,y)$；$q_1,q_2,\cdots,q_{D+1}$ 可以通过滤波器的结果以及系数向量 $\beta_{k,i}(\varphi)$ 计算得到。

对于最合适的方向可调滤波器，首先需要确定式(4-7)中基于系数 $\alpha_{k,i}$ 的方向可调滤波器的阶数 D 以及各向同性函数 $w(x,y)$。在本节中各向同性函数 $w(x,y)$ 选取为高斯函数，因为高斯函数具有最优的时频定位特性。

$$w(x,y) = g(x,y) = \frac{1}{2\pi\sigma^2} e^{-\frac{x^2+y^2}{2\sigma^2}} \tag{4-14}$$

根据参考文献[14]所给出的类似于 Canny 优化的准则，可推得系数 $\alpha_{k,i}$。定义理想的掌纹模型：

$$f_0(x,y) = \delta(y) \tag{4-15}$$

式中，$\delta(y)$ 表示单位脉冲函数(unit impulse function)。因此，通过优化准则推得的系数 $\alpha_{k,i}$ 即掌纹特征提取的最优系数。最终的系数为

$$\begin{cases} \alpha_{2,0} = 0.059\sigma \\ \alpha_{2,2} = -0.204\sigma \\ \alpha_{4,0} = -0.024\sigma^3 \\ \alpha_{4,2} = -0.194\sigma^3 \\ \alpha_{4,4} = -0.063\sigma^3 \end{cases} \tag{4-16}$$

式(4-16)中未提到的 $\alpha_{1,0}=\alpha_{1,1}=\alpha_{2,1}=\alpha_{3,0}=\alpha_{3,1}=\alpha_{3,2}=\alpha_{3,3}=\alpha_{4,1}=\alpha_{4,3}=0$。

为了令方向可调滤波器具有更高的自由度,以及能进行更高精度的特征提取,在实验中方向可调滤波器采用高阶。方向可调滤波器的阶数 D 取值为 4,这是由于方向可调滤波器的阶数越高,其方向选择能力越强。

将上述系数以及各向同性函数代入方向可调滤波器的一般公式[式(4-7)]中,可以求得方向可调滤波器的函数形式:

$$h(x,y)=0.059\sigma w_{2,0}-0.204\sigma w_{2,2}+0.024\sigma^3 w_{4,0}-0.194\sigma^3 w_{4,2}+0.063\sigma^3 w_{4,4} \quad (4\text{-}17)$$

式中

$$\begin{cases} w_{2,0}=\dfrac{1}{2\pi\sigma^3}\left(\dfrac{x^2}{\sigma^2}-1\right)\mathrm{e}^{-\frac{x^2+y^2}{2\sigma^2}} \\ w_{2,2}=\dfrac{1}{2\pi\sigma^3}\left(\dfrac{y^2}{\sigma^2}-1\right)\mathrm{e}^{-\frac{x^2+y^2}{2\sigma^2}} \\ w_{4,0}=\dfrac{1}{\pi\sigma^5}\left(\dfrac{3}{2}-\dfrac{3x^2}{\sigma^2}+\dfrac{x^4}{2\sigma^4}\right)\mathrm{e}^{-\frac{x^2+y^2}{2\sigma^2}} \\ w_{4,2}=\dfrac{1}{2\pi\sigma^5}\left(1-\dfrac{x^2+y^2}{\sigma^2}+\dfrac{x^2 y^2}{\sigma^4}\right)\mathrm{e}^{-\frac{x^2+y^2}{2\sigma^2}} \\ w_{4,4}=\dfrac{1}{\pi\sigma^5}\left(\dfrac{3}{2}-\dfrac{3y^2}{\sigma^2}+\dfrac{y^4}{2\sigma^4}\right)\mathrm{e}^{-\frac{x^2+y^2}{2\sigma^2}} \end{cases} \quad (4\text{-}18)$$

式中,σ 代表高斯函数的参数。该方向可调滤波器的 8 个基滤波器如图 4-5 所示(此时 $\sigma=4$)。

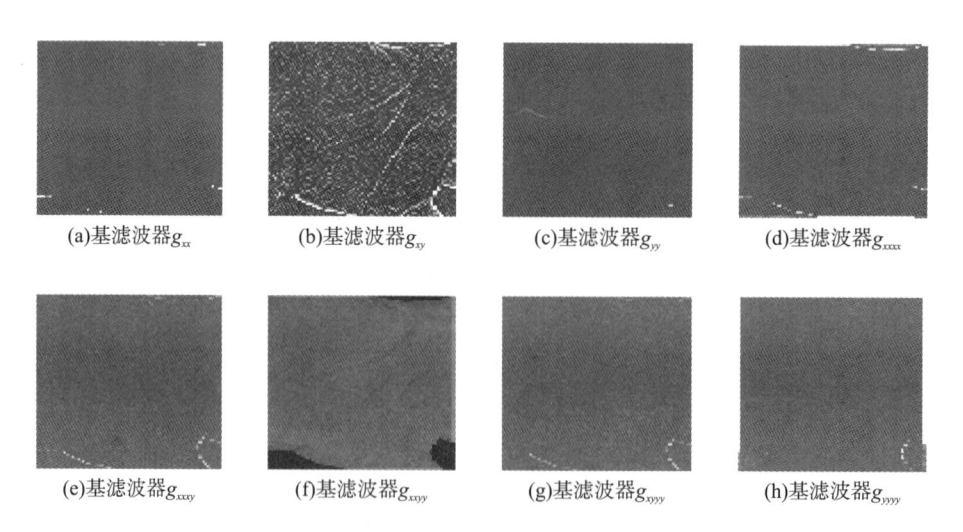

(a)基滤波器 g_{xx} (b)基滤波器 g_{xy} (c)基滤波器 g_{yy} (d)基滤波器 g_{xxx}

(e)基滤波器 g_{xxxy} (f)基滤波器 g_{xxyy} (g)基滤波器 g_{xyyy} (h)基滤波器 g_{yyyy}

图 4-5 方向可调滤波器的 8 个基滤波器(中心 $N=15$)

将系数 $\alpha_{k,i}$ 代入式(4-9)中得

$$\begin{cases} \beta_{2,0} = \alpha_{2,0}\cos^2\varphi + \alpha_{2,2}\sin^2\varphi \\ \beta_{2,1} = 2\alpha_{2,0}\cos\varphi\sin\varphi + 2\alpha_{2,2}\cos\varphi\sin\varphi \\ \beta_{2,2} = \alpha_{2,0}\sin^2\varphi + \alpha_{2,2}\cos^2\varphi \\ \beta_{4,0} = \alpha_{4,0}\cos^4\varphi + \alpha_{4,2}\cos^2\varphi\sin^2\varphi - \alpha_{4,4}\sin^4\varphi \\ \beta_{4,1} = 4\alpha_{4,0}\cos^3\varphi\sin\varphi + 2\alpha_{4,2}\cos\varphi\sin\varphi\left(\sin^2\varphi - \cos^2\varphi\right) - 4\alpha_{4,4}\cos\varphi\sin^3\varphi \\ \beta_{4,2} = 6\alpha_{4,0}\cos^2\varphi\sin^2\varphi + \alpha_{4,2}\left(\cos^4\varphi - 4\cos^2\varphi\sin^2\varphi + \sin^4\varphi\right) + 6\alpha_{4,4}\cos^2\varphi\sin^2\varphi \\ \beta_{4,3} = 4\alpha_{4,0}\cos\varphi\sin^3\varphi + 2\alpha_{4,2}\cos\varphi\sin\varphi\left(\cos^2\varphi - \sin^2\varphi\right) - 4\alpha_{4,4}\cos^3\varphi\sin\varphi \\ \beta_{4,4} = \alpha_{4,0}\sin^4\varphi + \alpha_{4,2}\cos^2\varphi\sin^2\varphi + \alpha_{4,4}\cos^4\varphi \end{cases} \quad (4\text{-}19)$$

再将 β 代入式(4-11)中可得

$$\begin{cases} q_1 = \alpha_{2,0}f_{2,0} + \alpha_{2,2}f_{2,2} + \alpha_{4,0}f_{4,0} + \alpha_{4,4}f_{4,4} \\ q_2 = 2(\alpha_{2,0} - \alpha_{2,2})f_{2,1} + (4\alpha_{2,0} - 2\alpha_{4,2})f_{4,1} + (2\alpha_{4,2} - 4\alpha_{4,4})f_{4,3} \\ q_3 = (\alpha_{2,0} + \alpha_{2,2})f_{2,0} + (\alpha_{2,0} + \alpha_{2,2})f_{2,2} + \alpha_{4,2}f_{4,0} + (6\alpha_{4,0} - 4\alpha_{4,2} + 6\alpha_{4,4})f_{4,2} + \alpha_{4,2}f_{4,4} \\ q_4 = 2(\alpha_{2,0} - \alpha_{2,2})f_{2,1} + (2\alpha_{4,2} - 4\alpha_{4,4})f_{4,1} + (4\alpha_{4,0} - 2\alpha_{4,2})f_{4,3} \\ q_5 = \alpha_{2,2}f_{2,0} + \alpha_{2,0}f_{2,2} + \alpha_{4,4}f_{4,2} + \alpha_{4,0}f_{4,4} \end{cases} \quad (4\text{-}20)$$

根据 8 个基滤波器求得滤波结果 $f_{2,0}$、$f_{2,1}$、$f_{2,2}$、$f_{4,0}$、$f_{4,1}$、$f_{4,2}$、$f_{4,3}$、$f_{4,4}$，并将其代入式(4-20)中，可以求得式(4-11)的系数。然后求式(4-13)的导数，并令其导数为零，求得

$$\begin{aligned}(f*h_\varphi) &= \left(q_1\cos^4\varphi + q_2\cos^3\varphi\sin\varphi + q_3\cos^2\varphi\sin^2\varphi + q_4\cos\varphi\sin^3\varphi + q_5\sin^4\varphi\right) \\ &= p_1\cos^4\varphi + p_2\cos^3\varphi\sin\varphi + p_3\cos^2\varphi\sin^2\varphi + p_4\cos\varphi\sin^3\varphi + p_5\sin^4\varphi \\ &= 0\end{aligned} \quad (4\text{-}21)$$

其中，系数 p_1、p_2、p_3、p_4、p_5 的表达式分别为

$$\begin{cases} p_1 = q_2 \\ p_2 = 2q_3 4q_1 \\ p_3 = 3q_4 - 3q_2 \\ p_4 = 4q_5 - 2q_3 \\ p_5 = -q_4 \end{cases} \quad (4\text{-}22)$$

最后求解式(4-21)中角度 φ 的值，经过求解可得当 $\varphi = 70°$ 时，掌纹图像的处理效果最佳，而掌纹的主线较为清晰，可方便进行后续掌纹的提取工作。处理结果如图 4-6 所示。

图 4-6 掌纹图像经方向可调滤波器处理后的效果图

$\theta = 70°$

在利用式(4-21)求解后,针对掌纹图像的合适角度,另取 15°为一个单位,在[0°,180°]范围内对掌纹图像纹理方向合适角度进行判断,判断结果如图 4-7 和图 4-8 所示。

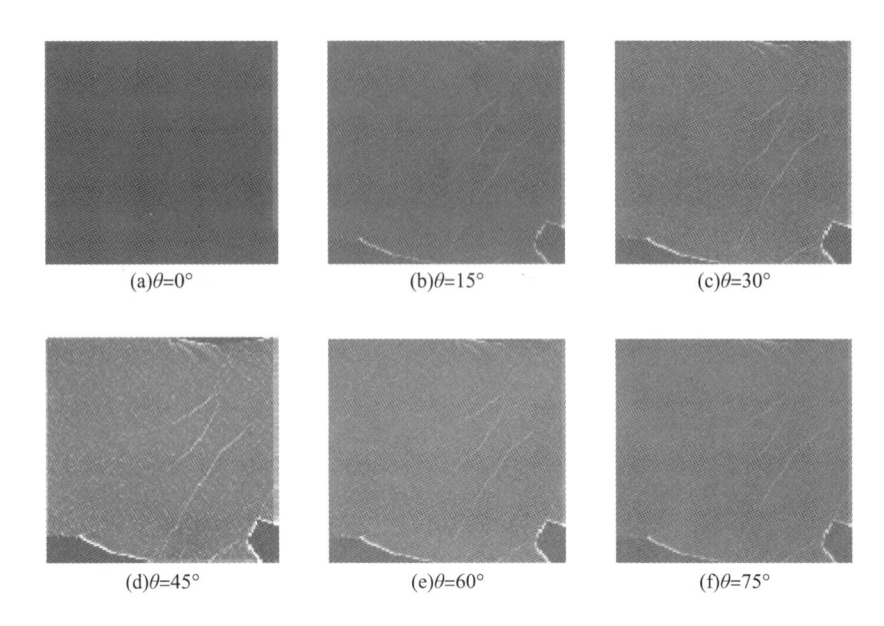

(a)$\theta=0°$ (b)$\theta=15°$ (c)$\theta=30°$

(d)$\theta=45°$ (e)$\theta=60°$ (f)$\theta=75°$

图 4-7　[0°,75°]范围内方向滤波结果

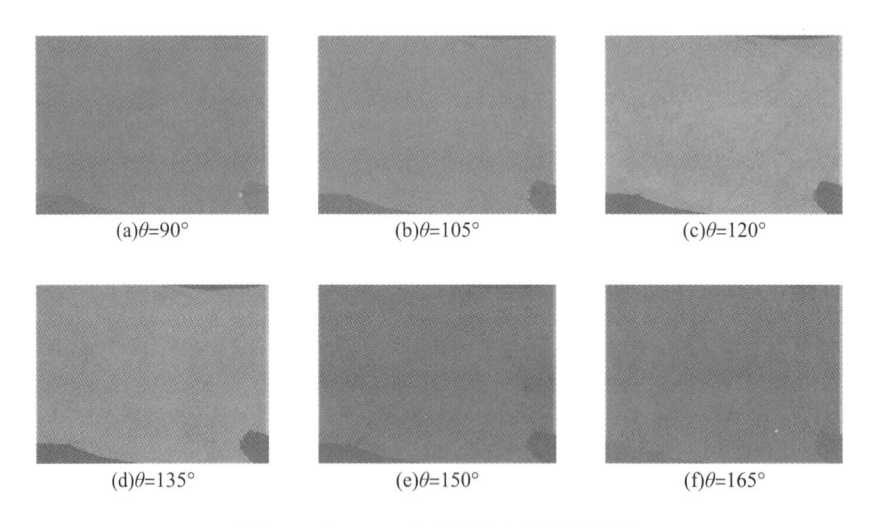

(a)$\theta=90°$ (b)$\theta=105°$ (c)$\theta=120°$

(d)$\theta=135°$ (e)$\theta=150°$ (f)$\theta=165°$

图 4-8　[90°,165°]范围内方向滤波结果

将图 4-7 与图 4-8 中的滤波结果与式(4-21)的求解结果进行比较,可知掌纹图像在进行方向滤波时将角度设定在[60°,75°]范围内具有较好的滤波效果,且掌纹内其他纹理信息的影响较小,公式求解结果恰好在该范围内,由此可知当 $\varphi=70°$ 时,所得掌纹图像对后续研究有利。

4.1.3 方向跟踪性算法对主线特征点的提取

掌纹识别技术是新兴的生物特征识别技术，已经出现各种掌纹特征提取算法，但现有的算法均针对的是掌纹匹配，即利用实验提取出掌纹信息并与已有的数据库中的掌纹信息进行特征匹配，如中国科学院的 BAC2005 数据库[15]等。现有的一些算法较少对掌纹主线进行提取，或对掌纹的主线纹络进行拟合。本节在前人研究成果的基础上，运用二次拟合算法对掌纹的主线进行提取。

通过方向可调滤波器对掌纹图像的纹理方向进行提取，提取出的纹理方向需进行进一步标记，以便得到较为完整的掌纹主线方向。

对处理后的掌纹图像进行进一步分析可知，掌纹的走向与手掌的摆放位置以及处理效果具有一定的联系，由于掌纹主线在图像中均非单一像素点，若对原始图像提取的 ROI 进行二值化处理，同时在二值化后的 ROI 内用数值"1"代表掌纹主线目标区域，数值"0"代表掌纹主线背景区域，那么在掌纹主线附近区域数值多为"1"，基于此，本书利用方向跟踪算法对掌纹的特征点进行提取。算法的基本原理为：先根据由方向可调滤波器判断出的方向得到效果较好的具有掌纹纹理的掌纹图像，并将其二值化，然后根据掌纹主线走向选定某个方向作为主方向，从掌纹主线的上端往下端依次扫描。

在二值化后的掌纹 ROI 内，由于受到附近噪点或者其他因素干扰，会存在一些数值为"1"却又零散分布的干扰点，而在掌纹主线附近数值为"1"的干扰点较为集中。基于此，本节根据掌纹的方向特征，取掌纹的 4×4 邻域，判断该邻域内掌纹主线点的阈值，依次求得掌纹主线特征点的主要信息，如图 4-9 所示。

$$
\begin{array}{cccc}
(i+3,j-3) & (i+3,j-2) & (i+3,j-1) & (i+3,j) \\
(i+2,j-3) & (i+2,j-2) & (i+2,j-1) & (i+2,j) \\
(i+1,j-3) & (i+1,j-2) & (i+1,j-1) & (i+1,j) \\
(i,j-3) & (i,j-2) & (i,j-1) & (i,j)
\end{array}
$$

图 4-9 4×4 邻域坐标信息

图 4-9 为图像 4×4 邻域的信息，从点 (i,j) 开始，依次沿着 $j \to j-3$、$i \to i+3$ 的方向判断掌纹主线点的数量，并以设定的阈值为依据，判断该区域是否在掌纹主线目标区域内，若在掌纹主线目标区域内，则记录该区域的信息，否则以方向上的最后一点作为下一个方向的起始特征点再次进行检索判断，如图 4-10 所示。

$$
\begin{array}{cccc}
(i+6,j-6) & (i+6,j-5) & (i+6,j-4) & (i+6,j-3) \\
(i+5,j-6) & (i+5,j-5) & (i+5,j-4) & (i+5,j-3) \\
(i+4,j-6) & (i+4,j-5) & (i+4,j-4) & (i+4,j-3) \\
(i+3,j-6) & (i+3,j-5) & (i+3,j-4) & (i+3,j-3)
\end{array}
$$

图 4-10 相邻 4×4 邻域坐标信息

继续检索判断相邻 4×4 邻域，依次沿着 $j-3 \to j-6$、$i+3 \to i+6$ 的方向再次判断该邻域是否属于掌纹主线目标区域，此时的判断依据仍为设定的阈值。

根据上述判断，若该区域属于掌纹主线目标区域，依此方向直到连续 4×4 区域均不属于掌纹主线目标区域则停止检索。此前所记录的掌纹主线特征点则应用于掌纹主线的获取。

依照方向跟踪算法的基本原理，将该算法在实验中的主要实现步骤总结如下。

步骤 1：从掌纹图像的右上顶点依次进行 4×4 邻域的遍历，根据顺序统计"0"和"1"的个数及位置信息，若"1"的数目满足阈值要求，则将这些"1"的位置信息存入典型特征矩阵中并转到步骤 3，若不满足则转入步骤 2。

步骤 2：取掌纹图像的左下顶点作为下次遍历的起始点，重复步骤 1 操作。若"1"的数量达到阈值要求范围，则将这些"1"的位置信息存入典型特征点矩阵中，若不满足则进入步骤 4。

步骤 3：根据步骤 1 中得到的新的矩阵，取矩阵最下面的位置作为下一次循环的起始位置，并将该位置存入特征点矩阵中。重复步骤 1 的统计分析，若满足阈值要求，则继续将特征点存入存有位置信息的矩阵中；若不满足，则进入步骤 2。

步骤 4：若依次统计两次 4×4 的范围均没有满足要求的特征点，则从原有遍历起点的位置依据自定义遍历方式进入下一个点继续循环，重复步骤 1，直到遍历到最后一点。

步骤 5：对最终得到的典型特征点矩阵进行分析，依据掌纹所占的比例设定长度阈值。若典型特征点矩阵的长度满足阈值要求，则保留该典型特征点信息并保留特征点信息；若不满足，则进行下一次循环。

步骤 6：在掌纹主线中主要的掌纹有三条，所以得到一条的典型特征点信息后，则以该信息点群的最后一点位置信息作为提取下一条掌纹信息的零点，依据上述步骤进行三次循环。

最终所得的掌纹主线特征点如图 4-11 所示。

图 4-11 掌纹主线特征点

4.1.4 最小二乘法拟合掌纹主线

本书在实验中采用最小二乘法对掌纹主线进行拟合。

1. 最小二乘法

最小二乘法不仅可以用于简单的线性参数估计，在系统辨识及预测、曲线拟合、交通甚至经济学等诸多领域也得到灵活应用。下面使用最小二乘法原理对掌纹的主线进行拟合。

当研究分析两个变量 x、y 之间的关系时，通常首先得到一组这两个变量之间相互对应的数据 $(x_1, y_1), (x_2, y_2), \cdots, (x_n, y_n)$，并利用直角坐标系将这些数据一一体现在直角坐标系中，然后观察各个数据之间的特性。若发现所有数据符合直线的性质，此时可以设直线方程：

$$y = a_0 + a_1 x \tag{4-23}$$

式中，a_0、a_1 为方程的系数，可以是任意实数。

若要得到直线方程[式(4-23)]，只需确定其系数 a_0。此时，只需将测量值 y 与计算值 $\hat{y}(\hat{y} = a_0 + a_1 x)$ 之间差值的平方和 Φ 作为判断依据，即

$$\Phi = \sum (y - \hat{y})^2 \tag{4-24}$$

将方程 $\hat{y} = a_0 + a_1 x$ 代入式(4-24)中得

$$\Phi = \sum (y - a_0 - a_1 x)^2 \tag{4-25}$$

当 $\Phi = \sum (y - \hat{y})^2$ 取最小值时，在式(4-25)中分别对系数 a_0、a_1 求偏导数，并令其等于0，即

$$\sum 2(a_0 + a_1 x - y) = 0 \tag{4-26}$$

$$\sum 2x(a_0 + a_1 x - y) = 0 \tag{4-27}$$

将式(4-26)与式(4-27)整理后得到以系数 a_0、a_1 为未知数的两个方程组，并对其进行求解，得

$$a_0 = \frac{\sum y}{n} - \frac{a_1 \sum x}{n} \tag{4-28}$$

$$a_1 = \frac{n \sum (xy) - \sum x \sum y}{n \sum x^2 - (\sum x)^2} \tag{4-29}$$

将整理后的系数 a_0、a_1 代入直线方程(4-23)中，得到原始数据的直线方程。此时并不是所有的测量数据均满足直线方程，为此引入一些指标用于判断直线方程的拟合效果，如相关系数 R、统计量 F、剩余标准差 S。相关系数 R 越趋近于 1 表示拟合效果越好，统计量 F 越大表示拟合效果越好，剩余标准差 S 越趋近于 0 表示拟合效果越好。

曲线拟合的最小二乘法：当给定测量数据的集合 $\{(x_i, y_i)\}(i = 0, 1, 2, \cdots, m)$ 后，在给定的函数类 Φ 中，求 $p(x) \in \Phi$，使得误差的平方和 E^2 取最小值，其中 $E^2 = \sum [p(x_i) - y_i]^2$。从几何意义上讲，也就是求与给定的数据点集合 $\{(x_i, y_i)\}(i = 0, 1, 2, \cdots, m)$ 的距离平方和最小的曲线 $y = p(x)$，函数 $p(x)$ 称为最小二乘解或拟合函数。

2. 主线的拟合

从掌纹图像中提取的 ROI 经过方向可调滤波器的处理后,用方向跟踪算法处理,得到掌纹主线的特征点,根据掌纹主线的特征点以及掌纹主线特有的方向特征,将掌纹用最小二乘法分别进行二次拟合以及三次拟合。

利用最小二乘法拟合原理得到的三条掌纹二次拟合表达式为

$$\begin{cases} y_1 = -0.0023x^2 + 1.8264x - 18.2231 \\ y_2 = -0.0044x^2 + 3.5044x - 182.9928 \\ y_3 = 0.0037x^2 - 6.0532x + 2794.6 \end{cases}$$

二次拟合掌纹如图 4-12 所示。

图 4-12(a)表示根据所提取的掌纹特征点信息进行二次拟合,并将拟合曲线叠放到方向可调滤波器处理后的掌纹图像,从图中可以看出,拟合曲线几乎完全叠放到原掌纹中。图 4-12(b)表示在拟合曲线以及掌纹所占比例的基础上,适当地将拟合曲线延长,并将拟合曲线叠放到原掌纹中,结果证明利用二次拟合得到的掌纹特征与原掌纹的信息匹配。

利用最小二乘法拟合原理得到的三条掌纹三次拟合表达式为

$$\begin{cases} y_1 = -0.0023x^2 + 1.8264x - 18.2231 \\ y_2 = 0.0044x^2 + 3.5044x - 182.9928 \\ y_3 = 0.0037x^2 - 6.0532x + 2794.6 \end{cases}$$

三次拟合掌纹如图 4-13 所示。

图 4-13(a)为对所提取的掌纹特征点信息进行三次拟合,并将拟合曲线放到方向可调滤波器处理后的掌纹图像中,从图中可以看出,拟合曲线可以复原部分掌纹的信息,但到了顶点,拟合曲线的走向与原掌纹的走向相悖。图 4-13(b)为在拟合曲线以及掌纹所占比例的基础上,适当地将拟合曲线延长,并将拟合曲线叠放到原掌纹中,结果证明拟合曲线的走向与掌纹的信息不相符。

| (a)拟合掌纹特征点 | (b)二次拟合掌纹主线 | (a)拟合掌纹特征点 | (b)三次拟合掌纹主线 |

图 4-12　二次拟合及对拟合曲线进行适当预测　　图 4-13　三次拟合及对拟合曲线进行适当预测

3. 拟合结果比对

通过进行二次拟合与三次拟合的比较(图 4-14)和 4.1.5 节的实验结果可以看出,二次拟合的结果与原掌纹信息相符,基本上可以复原掌纹的大部分信息,而利用三次拟合得到的拟合曲线的走向与掌纹的信息相悖,仅能得到部分掌纹的信息,而不能得到大多数掌纹的信息。所以,二次拟合的结果与实验预期更加相符。

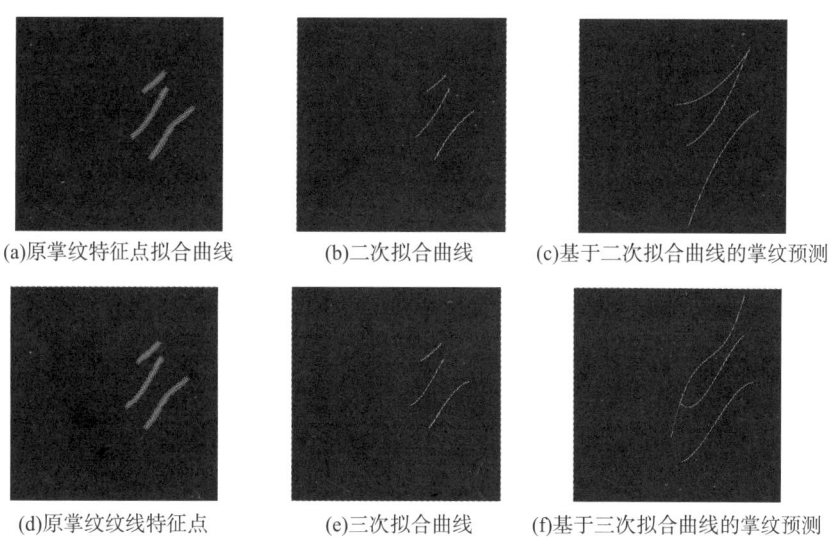

| (a)原掌纹特征点拟合曲线 | (b)二次拟合曲线 | (c)基于二次拟合曲线的掌纹预测 |
| (d)原掌纹纹线特征点 | (e)三次拟合曲线 | (f)基于三次拟合曲线的掌纹预测 |

图 4-14　二次拟合与三次拟合的效果比较

由图 4-14 可知，在得到掌纹图像特征点的基础上分别进行二次和三次拟合，在不将二次和三次拟合曲线适当延长时，二者基本可以展示所提取的掌纹特征点的信息，但三次拟合的曲线走向明显和掌纹信息不相符。

4.1.5　实验结果

本节主要基于统计学的方法，并参考相关文献的观点及学者的意见，根据实验的最终目的选取掌纹主线的特征，对掌纹进行分类(根据计算机视觉原理和提取的特征，将掌纹分成 5 类，以便计算机对掌纹特征进行识别)，然后对掌纹分类结果进行分析。实验所使用的掌纹图像主要包括以下两部分。

(1) 使用特定设备以非接触式方式采集的掌纹图像。掌纹图像采集箱如图 4-15 所示，进行掌纹图像采集时，采集箱处于半封闭状态且处于光照下时可有效防止图像曝光。所采集的掌纹图像背景为纯黑色，手指全部展开。因手掌上下厚度不同，从手指到手掌底部逐渐增厚，故将采集时所使用的背景板设置一定角度，该角度可以令手掌在背景板中水平放置。

如图 4-15 所示，图 4-15(a) 是掌纹图像采集箱的俯视图，图 4-15(b) 为采集箱的侧上方视图，当进行掌纹图像采集时，从上往下将采集箱使用黑色不透光的布遮住，且将光源打开，然后即可进行掌纹图像采集。

(2) 香港理工大学所提出的掌纹数据库 PolyU Palmprint Database V2(简称 PolyU)。

依据掌纹图像的分类原则，在使用最小二乘法对掌纹主线进行拟合的基础上，将掌纹分类的主要过程分为以下几个步骤。

步骤 1：根据掌纹图像的分类原则，以主线条数及交点与掌纹主线长度为掌纹分类判断标准。

步骤 2：若掌纹主线仅有一条，则将此类掌纹归为"断掌纹"；若提取出的掌纹主线信息较为清晰，而各类纹理信息较为混乱，则将此类掌纹归为"复杂纹"；其他掌纹均按照掌纹分类条件划分为第一类、第二类、第三类、第四类或第五类掌纹。

步骤 3：在用最小二乘法拟合掌纹主线后，计算在掌纹区域内掌纹主线有几条及掌纹主线是否存在交点。

步骤 4：根据判断出的掌纹主线特征情况和掌纹主线的分类原则，判断掌纹主线的分类结果。

(a)俯视图　　　　　　　　　(b)侧上方视图

图 4-15　掌纹图像采集箱

掌纹图像处理流程如图 4-16 所示。

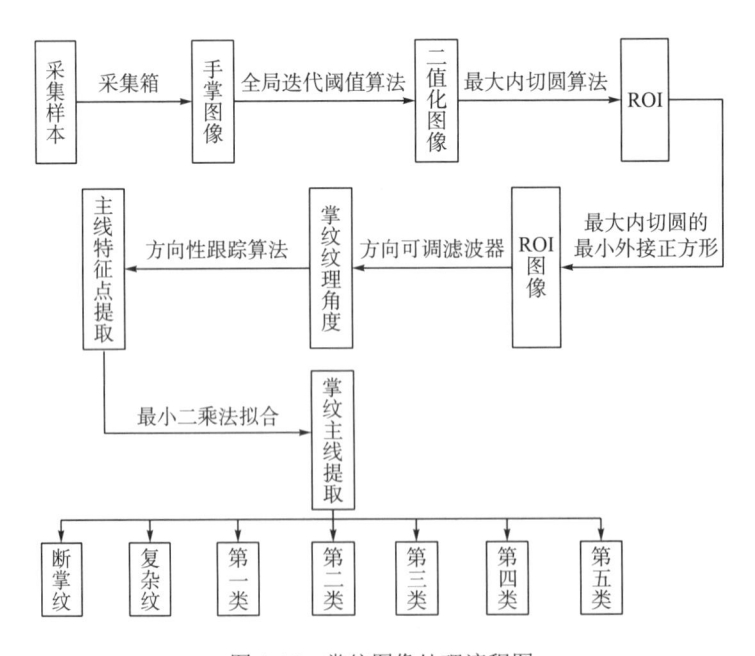

图 4-16　掌纹图像处理流程图

根据掌纹图像的分类情况和掌纹图像的分类原则,通过设置掌纹分类,得到几类掌纹,具体如图 4-17～图 4-21 所示。

如图 4-17 所示,图 4-17(b)为将掌纹图像分析处理后提取的掌纹主线,图 4-17(c)容易得到智慧线与生命线的交点。同时根据掌纹分类设置得知该掌纹图像为第一类掌纹图像,其他几类掌纹图像如图 4-18～图 4-21 所示。

如图 4-21 所示,因为主线信息较为混乱,掌纹信息错综复杂,不能提取出完整的掌纹信息,所以根据掌纹分类设置将其划分为第六类,即乱纹。

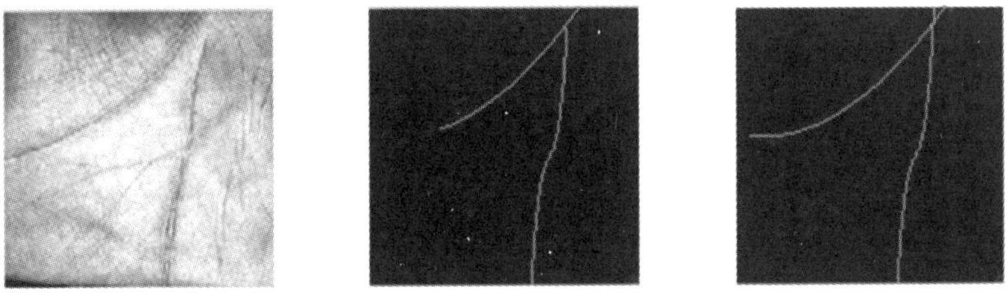

(a)掌纹图像ROI　　　(b)掌纹图像主线提取　　　(c)掌纹图像分类

图 4-17　掌纹图像主线提取结果(第一类)

(a)掌纹图像ROI　　　(b)掌纹图像主线提取　　　(c)掌纹图像分类

图 4-18　掌纹图像主线提取结果(第二类)

(a)掌纹图像ROI　　　(b)掌纹图像主线提取　　　(c)掌纹图像分类

图 4-19　掌纹图像主线提取结果(第三类)

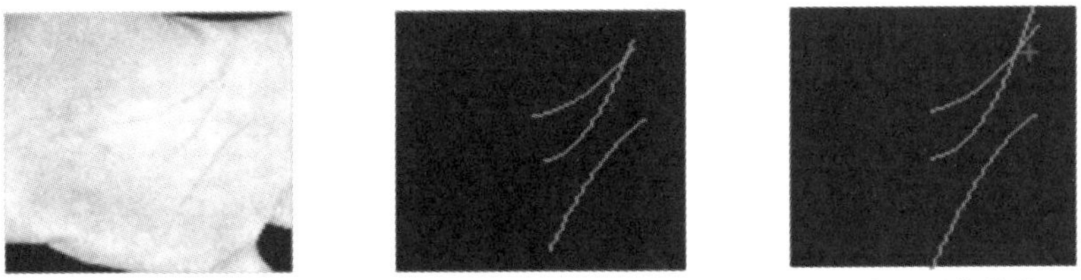

(a)掌纹图像ROI　　　(b)掌纹图像主线提取　　　(c)掌纹图像分类

图 4-20　掌纹图像主线提取结果(第四类)

(a)掌纹图像ROI　　　　(b)掌纹图像主线提取　　　　(c)掌纹图像分类

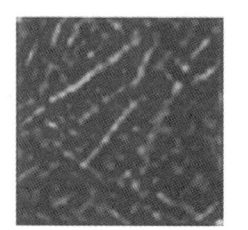

图 4-21　掌纹图像主线提取结果(第六类即乱纹)

本节所使用的掌纹图像主要有以下两类。

(1)本节采集的 85 人共 170 幅掌纹图像，其中无效掌纹图像为 12 幅，无效掌纹图像主要由曝光图像、掌纹不清晰图像构成，可用图像为 158 幅。对这些掌纹图像主线的分类统计结果如表 4-1 所示。

表 4-1　本节采集的掌纹图像主线分类统计结果

统计项	第一类	第二类	第三类	第四类	第五类	复杂纹	断掌纹
数量/幅	3	8	13	58	12	64	0
所占比例/%	1.90	5.06	8.23	36.71	7.59	40.51	0

(2)初步筛选香港理工大学的掌纹数据库 PolyU 中的 7752 幅掌纹图像并进行图像分类，剔除曝光掌纹图像 482 幅，不可用掌纹图像 733 幅，得到可利用掌纹图像共有 6537 幅。根据掌纹主线对该掌纹数据库中的图像进行统计分类，结果如表 4-2 所示。

表 4-2　香港理工大学掌纹图像数据库中掌纹图像主线分类统计结果

统计项	第一类	第二类	第三类	第四类	第五类	复杂纹	断掌纹
数量/幅	260	645	562	2024	496	2460	90
所占比例/%	3.98	9.87	8.60	30.96	7.59	37.63	1.38

将两种掌纹图像中各类掌纹所占比例进行比较，结果如表 4-3 所示。

表 4-3　两种掌纹图像掌纹分类结果比较(%)

数据来源	第一类	第二类	第三类	第四类	第五类	复杂纹	断掌纹
非接触式采集	1.90	5.06	8.23	36.71	7.59	40.51	0
掌纹图像数据库	3.98	9.87	8.60	30.96	7.59	37.63	1.38

如表 4-3 所示，通过比较可以发现两种掌纹图像的掌纹分类结果存在差异，这是由于通过非接触式方式采集的掌纹图像较少，样本量不足，但两者整体上的分类情况差异不大。

本节采用非接触式方式采集到的所有掌纹图像,并且在 PolyU 掌纹图像数据库中随机选取 200 幅掌纹图像,然后进行掌纹图像分类,分类情况如表 4-4 所示。

表 4-4 掌纹图像分类结果统计

掌纹类型	采集的图像统计			PolyU 图像统计			总计/幅	实验/幅	正确率/%
	采集/幅	实验/幅	正确率/%	PolyU/幅	实验/幅	正确率/%			
第一类	3	2	66.67	3	1	33.33	6	3	50.00
第二类	8	5	62.50	10	6	60.00	18	11	61.11
第三类	13	10	79.62	17	13	76.47	30	23	76.67
第四类	58	51	87.93	79	63	79.75	137	114	83.21
第五类	12	10	83.33	11	8	72.73	23	18	78.26
复杂纹	64	57	89.06	79	67	84.81	143	124	86.71
断掌纹	0	0	100	1	1	100	1	1	100
总计	158	135	85.44	200	159	79.50	358	294	82.12

表 4-4 为掌纹图像分类后的结果统计,总体上分类效果较好,分类正确率为 82.12%,而通过非接触式方式采集的掌纹图像的分类正确率为 85.44%,稍高于 PolyU 掌纹图像数据库的分类正确率(79.50%),这是由 PolyU 数据库中掌纹图像的采集方式及分辨率不同导致的。针对几类掌纹的分类情况,第一类及第二类的正确率比其他几类低,这是由于第一类及第二类的掌纹由两条掌纹主线构成,而在整个掌纹图像中除两条掌纹主线,还存在其他纹线对掌纹图像分类的干扰。断掌纹的样本较少,不具有代表性。几类掌纹中分类正确率较高的为复杂纹和第四类掌纹,两类掌纹的正确率均高于 80%,这是由于复杂纹类中掌纹纹线较多。若获取的掌纹主线特征与其他几类不同,则可判断为复杂纹。相比第四类掌纹,第三类和第五类掌纹具有共同特征,在通过掌纹主线空间位置及交点对掌纹进行分类时存在误判。

4.2 基于形态滤波的掌纹主线特征提取算法

掌纹的线特征提取主要指的是对手掌的主线以及较大较深褶皱线的提取,就提取的算法而言,目前常用的算法有基于边缘的检测算法、基于方向建模的算法和基于数学形态学的算法等。

(1)基于边缘的检测算法。Zhang 等[16]采用小波变换将掌纹图像分解为不同频率的成分,继而利用小波系数提取掌纹图像中明显的线特征,但是该方法提取的褶皱较多。Lin 等[17]采用 Sobel 算子提取具有方向的边缘特征,这些提取的边缘主要是掌纹主线以及较深的褶皱线,但是提取的线特征含有大量噪声。

(2)基于方向建模的算法。Zhang 等[18]利用方向建模,构造十二方向的线段模板,提取图像中的直线特征,接着利用提取出的直线模拟原始的掌纹,但该方法提取出的纹线并不连续。

(3) 基于数学形态学的算法。徐寒[19]利用掌纹图像的灰度特性，直接对掌纹灰度图像进行二值化处理，然后进行数学形态学处理，提取出三条掌纹主线，但是主线形态失真。黄申等[20]利用小波变换提取不同方向的主线分量，并通过形态学处理得到主线，最后结合回归分析和图像融合完成对主线的修复。彭其胜[21]采用数学形态学和模板匹配的方法对掌纹进行提取，主要运用形态学中的"底帽(bottom-hat)"变换，以及 4 方向的匹配模板，提取出主线及较深褶皱线的信息。

上述算法提取出的掌纹特征大多应用于身份识别领域。就基于掌纹的身份识别而言，并不需要提取出完整的掌纹主线，只需要提取出部分匹配识别的特征点即可。对于这些特征点，研究者只关心它们的唯一性和可鉴别性，即掌纹与身份的关联，所以绝大多数掌纹提取方法并没有很好地提取出掌纹主线。而在自动掌纹诊病领域，研究者所关心的是掌纹主线与疾病的关联，所以特征提取的重点是如何得到清晰、完整的掌纹主线。

当前掌纹主线提取方法存在的主要问题有：①提取过程中难以区分掌纹主线和较深的掌纹褶皱，容易错误提取出褶皱；②提取出的掌纹主线形态失真，不符合实际生长规律。因此，本节着重研究掌纹主线的提取方法，力求解决现有方法存在的局限性，以期为研究掌纹主线与乳腺癌的易感相关性提供一种客观、具有一致性的特征提取方法。

4.2.1 掌纹图像预处理

本节对掌纹图像进行归一化预处理操作，重点对图像中掌纹主线的方向进行校正。图像预处理的目的是消除干扰、突出特征，其效果将直接影响特征提取结果，特别是在具有方向性的掌纹特征检测中，图像的平移、旋转等都是影响检测结果的重要因素。此外，原始掌纹图像的背景过于庞大，尺寸也不尽相同，不利于纹线检测。因此，本节在预处理过程中，利用指根点的位置信息来旋转校正掌纹图像，并采用寻找手掌最大内切圆的方法分割出包含掌纹主线信息的感兴趣区域(ROI)，最终归一化成相同尺寸，其具体流程如图 4-22 所示。

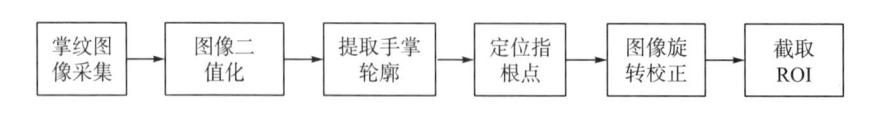

掌纹图像采集 → 图像二值化 → 提取手掌轮廓 → 定位指根点 → 图像旋转校正 → 截取 ROI

图 4-22　掌纹图像预处理流程

1. 掌纹图像采集

掌纹图像是指通过各种设备采集的原始手掌图像。参照目前掌纹识别系统常用的采集方式，在采集掌纹图像的过程中，分别尝试采用按掌印、用扫描仪扫描以及用数码相机拍摄的方式进行掌纹图像的采集，力求找到最佳的图像采集方式。

1)按掌印采集

该方法在采集之前,需要使手掌均匀地沾上油墨,而后将手掌用力按压在白纸上,这样就得到了印有掌纹的纸张,最后将该纸张用扫描仪录入计算机,即获得掌纹图像。在实际操作中发现,该方法采集到的图像一致性差,若按压手掌时力度不够或者油墨蘸取得不均匀,则采集效果不好,主要体现为手掌中心区域出现一块空缺,如图 4-23 所示。

虽然按掌印的方法在某些情况(合适的油墨量和均匀的按压力度)下得到的掌纹图像效果不错,并且黑色的油墨起到了增大掌纹与周围皮肤对比度的作用,突出了纹线特征,但是该方法操作烦琐、一致性差,采集掌纹后需要清洗手掌的油墨,较难被人们接受,因此不采取这种方法采集掌纹图像。

2)用扫描仪获取

该方法采集掌纹图像时,需要手掌掌心向下贴在扫描仪的玻璃板上,通过扫描仪的扫描功能直接将手掌图像输入计算机中进行处理。扫描仪获取的图像如图 4-24 所示。

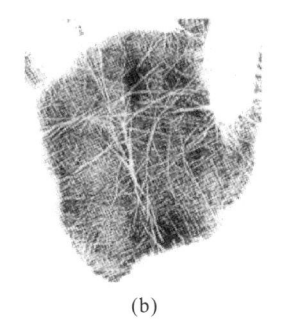

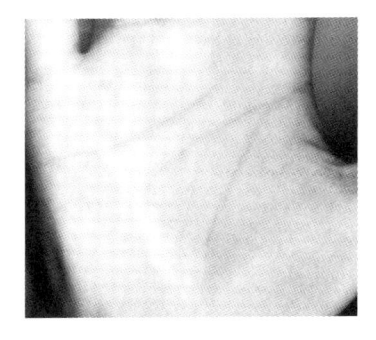

图 4-23 按掌印采集到的掌纹图像　　图 4-24 扫描仪获取的掌纹图像

与按掌印的方法相比,该方法省去了蘸取油墨的过程,直接扫描手掌,增加了方法的可接受性。但是扫描耗时太长,通常需要 3s 以上的时间,若手掌在扫描期间移动,则会使掌纹图像错位、模糊,影响图像质量。并且在实验过程中发现,由于人的手掌通常带有一定的温度,手掌接触温度较低的玻璃板时容易使玻璃板上凝结水雾,从而致使图像模糊。该方法成像速度慢、对手掌摆放位置要求高,因此不采取这种方法采集掌纹图像。

3)用数码相机采集

用数码相机采集是一种非接触式采集方法。其成像时间短,手掌不需要与设备接触,可接受性强,且得到的数字图像清晰并能够直接输入计算机进行处理,适用于掌纹图像的处理应用,但需要克服光照因素的影响。

本节在采集掌纹图像时,使用 4.1.5 节所提到的掌纹图像采集箱,这样采集的图像不会受到环境中光的影响，获取的图像质量较好。利用掌纹图像采集箱获取的掌纹图像样本如图 4-25 所示。

从图 4-25 的采集结果来看，掌纹图像中手掌部分光照均匀，纹线清晰，且背景为纯黑色，干扰非常少，采集效果比较理想。

本书在后续的研究过程中也用到了 4.1.5 节提到的香港理工大学制作的掌纹图像数据库(PolyU)[22]，数据库中的掌纹图像样本如图 4-26 所示。

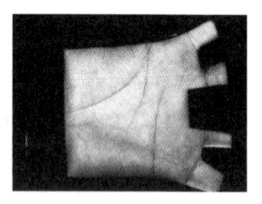

图 4-25　用掌纹图像采集箱获得的掌纹图像　　图 4-26　PolyU 掌纹图像数据库中的掌纹图像

由图 4-26 可见，该数据库中的掌纹图像经过了统一的剪裁，图像包含主线区域，纹线清晰，背景干扰少。

2. 手掌轮廓提取

手掌的轮廓界定了手掌区域和背景区域，是重要的边界信息，图像的旋转校正和分割都需要利用手掌轮廓信息。因此，本节首先对图像进行二值化处理以定位手掌在图像中的位置，剥离背景元素，继而提取出手掌轮廓。

在掌纹图像中，手掌区域与背景区域之间的灰度差异很大，而在它们各自的区域内无明显的灰度变化，因此可以采用 4.1.1 节中提到的图像二值化方法对原图进行分割。利用 MATLAB 自带的函数 graythresh 来求阈值，而 graythresh 函数则根据 Otsu 算法(大津算法)来自动获取可以适用于整幅图像的阈值。下面介绍 Otsu 算法的基本思想。

设图像包含 $L(0,1,\cdots,L-1)$ 个灰度级，灰度值为 i 的像素点的数量为 N_i，则图像的像素点总数 $N = N_0 + N_1 + \cdots + N_{L-1}$，灰度值为 i 的像素点出现的概率 $P_i = N_i/N$。获取一个恰当的阈值 T，将整幅图像分为前景 C_1 类和背景 C_2 类，这里分类准则的依据是使类间方差最大化，类间方差的定义为

$$\sigma^2 = a_1 a_2 (u_1 - u_2)^2 \tag{4-30}$$

式中，a_1 为前景 C_1 的面积与图像总面积之比：

$$a_1 = \sum_{i=0}^{T} P_i \tag{4-31}$$

a_2 为背景 C_2 的面积与图像总面积之比：

$$a_2 = 1 - a_1 \tag{4-32}$$

u_1 为前景 C_1 的均值：

$$u_1 = {}_i\sum_{i=0}^{T} iP \Big/ a_1 \tag{4-33}$$

u_2 为背景 C_2 的均值：

$$u_2 = \sum_{i=T+1}^{L-1} iP_i \bigg/ a_2 \tag{4-34}$$

由式(4-30)~式(4-34)可知，类间方差 σ^2 是 T 的函数，最佳分类阈值 T 应当使分类后前景像素和背景像素之间的方差最大，即使式(4-30)中 σ^2 最大化的 T 就是 Otsu 算法求得的最优解。

使用 Otsu 算法对掌纹图像进行二值化处理的结果如图 4-27 所示，图 4-27(a)为灰度掌纹图像，图 4-27(b)为二值掌纹图像。

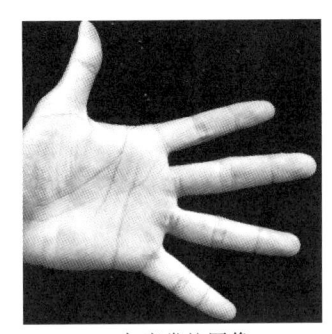

(a)灰度掌纹图像　　　　　　　(b)二值掌纹图像

图 4-27　Otsu 算法获取的掌纹图像

可以看出，Otsu 算法在处理前景区域与背景区域灰度差异相对明显的图像时效果较好。但是二值化后的手掌边缘仍然有一些毛刺以及不规则的凹陷，甚至形成了细小的孔洞[图 4-28(a)]，不利于提取手掌轮廓。因此，需要对二值图像进行一次 5×5 的中值滤波，这样不仅可以平滑边缘，还可以填平孔洞，确保手掌区域是一个单连通区域，其效果如图 4-28(b)所示。

得到掌纹二值图像后，手掌的位置已经确定，即前景图像。由于二值化后的手掌区域是一个单连通区域，观察边界像素点的特征可知，位于边缘的像素点在其 3×3 邻域内必然有背景像素点。因此，采用遍历全图的方法来提取手掌轮廓，提取出来的轮廓由前景图像上的边界像素点组成，提取步骤如下。

步骤 1：创建一个与二值图像大小一样的矩阵 I_n 来存储边界像素。

步骤 2：从左上角第 1 个像素开始，由左至右、由上至下地对二值图像进行遍历。

步骤 3：若当前像素的值为 1，对该像素的 3×3 邻域进行求和操作得到 S。若 $S \neq 9$，则在矩阵 I_n 中标记该像素点为边界像素；若 $S=9$，则不标记该像素点，即当前像素是前景区域内部的点。

步骤 4：重复步骤 2、步骤 3，直到图像被遍历完，I_n 中存储的像素即边界像素。

根据上述边界提取算法，得到的手掌轮廓图像如图 4-29 所示。

(a)滤波前   (b)滤波后

图 4-28　中值滤波处理

图 4-29　手掌轮廓图像

3. 指根点定位

4.1 节使用掌纹图像采集箱获取掌纹图像时，要求手掌从一侧笔直插入、五指张开，目的是使手掌中的掌纹主线尽可能舒展，且走向基本一致。尽管如此，在采集过程中难免会因为疏忽导致手掌移位而不能做到手掌摆放一致。如果能够有效地在掌纹图像中定位指根点的位置，就可以对图像进行归一化旋转处理，这样得到的掌纹图像的主线走向会基本一致。

指根点，是食指、中指、无名指以及小指与手掌部分的交点。观察指根点的特点，不难发现指根点通常拥有较大的曲度，基于这一点，本节采用刘元龙等[23]提出的改进圆盘法定位指根点。

首先介绍陈燕新等[24]提出的传统圆盘法，如图 4-30 所示。它定义了一个固定大小的圆盘，该圆盘以手掌轮廓上的像素点为圆心，逐像素点绕手掌一周。在移动过程中，对包含在圆盘内的重叠的前景图像(即手掌图像)进行面积计算，然后通过计算手掌轮廓上各个像素点对应的重叠面积的极大值来判断指根点的位置。这种方法在进行面积计算时采用的是积分方法，不仅复杂度高，而且将像素点作为离散点存储，导致进行积分计算较为困难。

改进圆盘法采用近似算法，具体原理详见 2.5.1 节第 4 部分，其定位的指根点如图 4-31 所示。

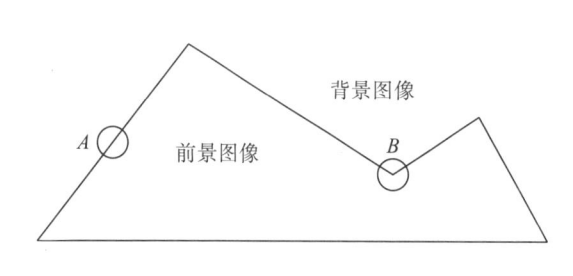

图 4-30　圆盘法示意图

图 4-31　改进圆盘法提取的指根点

从图 4-31 中可以看出，采用改进圆盘法[23]定位的指根点位置比较精确，为下一步旋转校正掌纹图像奠定了基础。

1) 图像旋转校正

指根点在手掌中的位置不会改变，因此无论采集图像时手掌出现何种方向的旋转，都可以用指根点来进行归一化校正，所采用的掌纹图像如图 4-32 所示。本节提出一种简单易行的校正方法，具体的校正思路如下。

如图 4-32 所示，点 A 和点 B 分别是食指与中指、中指与无名指之间的指根点。设 A、B 两点的坐标分别为 (x_a, y_a) 和 (x_b, y_b)，如果 $x_a = x_b$，即 A、B 两点位于同一条竖直线上，则说明手掌摆放在正确的位置，不需要校正，否则校正及旋转按照下面的步骤进行。

步骤 1：连接点 A 和点 B，得到直线 AB。过点 B 作一条垂线，得到直线 BO。

步骤 2：计算直线 AB 与 BO 之间的夹角，记为 θ。当 $x_a < x_b$ 时，A 点在 B 点左侧，图像顺时针旋转 θ 角度；当 $x_a > x_b$ 时，A 点在 B 点右侧，图像逆时针旋转 θ 角度。

通过上述方法旋转校正后的图像如图 4-33 所示。

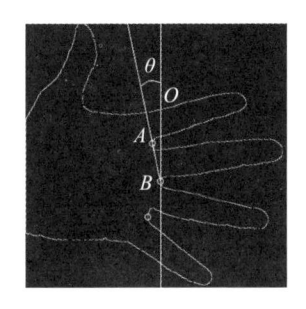

图 4-32　利用指根点旋转掌纹图像　　　　图 4-33　旋转校正后的掌纹图像

旋转校正后的掌纹图像消除了图像采集环节出现的方向干扰，使掌纹主线在图像中的走向基本一致，实现了对掌纹图像的归一化方向校正。后续的掌纹主线提取算法主要基于方向检测，因此归一化方向校正可以提高掌纹主线提取算法对掌纹图像的鲁棒性。

2) 截取掌纹 ROI

感兴趣区域(ROI)是后续主线提取步骤中的处理对象，其应当包含掌纹主线，并去除原始掌纹图像中庞大的背景。由 1.3 节可知，根据掌纹主线的定义，本节所提取的主线包括生命线、智慧线和感情线。

截取 ROI 时，需要对掌纹图像进行定位裁剪，许多学者会采用建立直角坐标系的方法来定位目标区域，但是通常该方法截取的区域大小固定，并不能很好地适应各种掌纹图像。

本节采用寻找手掌最大内切圆的方法来截取 ROI。因为手掌的二值图像是单连通图像，观察手掌的形状，可知最大内切圆必然出现在手掌的中心区域，该区域必将包含掌纹主线，是所需截取的 ROI。

Birdal[25]提出的快速寻找最大内切圆的算法的基本思想为：最大内切圆的圆心必然在连通区域的内部，且圆心应该处于距所有边界像素点最远的位置，而半径则等于圆心到边界像素点的最小距离。该算法的具体步骤如下。

步骤1：搜索手掌二值图像，找到第1个位于手掌轮廓内部的点 s_1。

步骤2：用向量 $\boldsymbol{D}_1$ 记录该点到所有手掌轮廓像素点的距离，即 $\boldsymbol{D}_1 = [d_1, d_2, \cdots, d_n]$（$n$ 为手掌轮廓像素点的数量），并找到其最小值 $\min(\boldsymbol{D}_1)$，也就是点 s_1 到距其最近的边界像素点的距离。

步骤3：对手掌轮廓内部所有的点 $s_1, s_2, \cdots, s_i$（i 为手掌内部像素点的数量）都执行步骤2，依次采用向量 $\boldsymbol{D}_1, \boldsymbol{D}_2, \cdots, \boldsymbol{D}_i$ 记录点 $s_1, s_2, \cdots, s_i$ 到所有边界像素点的距离。

步骤4：比较手掌内部所有点到距其最近的边界像素点的距离，找到其中的最大值，即若 $\max[\min(\boldsymbol{D}_1), \min(\boldsymbol{D}_2), \cdots, \min(\boldsymbol{D}_i)] = \min(\boldsymbol{D}_j)$，则 s_j 为最大内切圆的圆心，且半径 $r = \min(\boldsymbol{D}_j)$。

找到圆心和半径就可以截取 ROI 了，这里采用最大内切圆的内接正方形来截取 ROI，如图 4-34 所示。

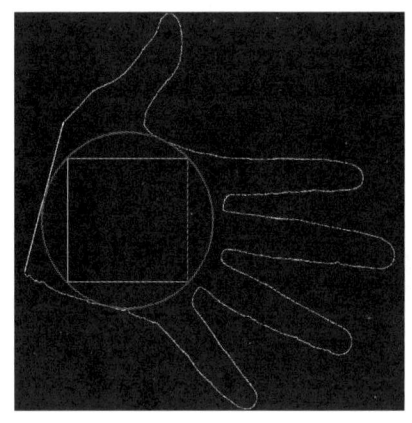

图 4-34　最大内切圆法截取掌纹 ROI

为方便后续的处理和存储，将截取的图像统一归一化成 128 像素×128 像素大小，截取的 ROI 如图 4-35 所示。

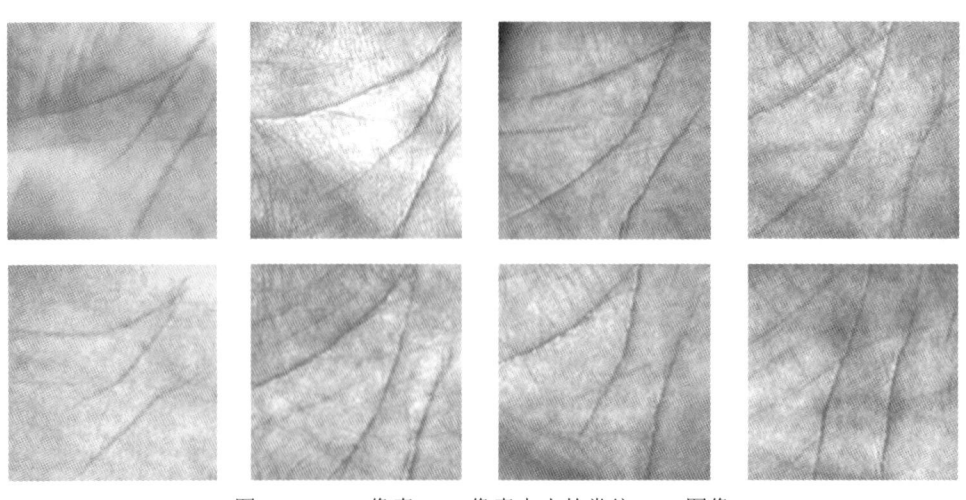

图 4-35　128 像素×128 像素大小的掌纹 ROI 图像

从图 4-35 中可以看出，经过预处理后掌纹图像统一被裁剪成正方形的 ROI 图像，并且 ROI 图像的截取很准确，囊括了主线信息，去除了原始掌纹图像的庞大背景，并且不同掌纹图像的主线走向较为一致，消除了图像采集过程中由手掌旋转造成的影响，提高了掌纹主线提取算法对图像的鲁棒性。

4.2.2 数学形态学概述

数学形态学是以形态结构元素为基础对图像进行分析的数学工具。它的基本思想是，用具有一定形态的结构元素度量和提取图像中的对应形状以达到对图像进行分析和识别的目的。数学形态学的应用可以简化图像数据，保持它们基本的形状特征，并除去不相干的结构。数学形态学的基本运算有四种，膨胀、腐蚀、开和闭，它们在二值图像和灰度图像中各有特点。基于这些基本运算，还可以推导和组合出各种数学形态学实用算法[26]。

1. 结构元素

结构元素没有固定的形态和尺寸，主要根据算法所要达成的目的以及待处理图像中目标物体的形态特征有针对性地设计其样式。它也可以理解为某种算法进行一次数据处理的"窗口"，因此结构元素的形状将影响算法的运行结果。

2. 二值图像形态学

1）二值图像的膨胀运算

二值图像的膨胀操作是指将与物体接触的所有背景点合并到该物体中，使边界向外部扩张。它可以用来填补物体中比结构元素小的孔洞。

二值目标图像 A 被结构元素 B 膨胀，写为 $A \oplus B$，$\oplus$ 为膨胀算子，膨胀操作的集合定义式为

$$A \oplus B = \{x \,|\, [(\hat{B})_p \bigcap A] \neq \varnothing \} \tag{4-35}$$

膨胀操作示意图如图 4-36 所示。

2）二值图像的腐蚀运算

腐蚀运算可以消除物体的边界，使边界向物体的内部收缩，可以用来消除比结构元素更小的物体。腐蚀操作中，结构元素在目标图像中移动，在移动过程中，每次都需要检验目标图像中的像素是否与结构元素完全重合，只要没有完全重合，结构元素的中心点像素就被置为"0"。

二值目标图像 A 被结构元素 B 腐蚀，写为 $A \ominus B$，$\ominus$ 为腐蚀算子，腐蚀操作的集合定义式为

$$A \ominus B = \{x \,|\, (B)_p \subseteq A\} \tag{4-36}$$

式中，p 表示集合平移的坐标对。腐蚀操作示意图如图 4-37 所示。

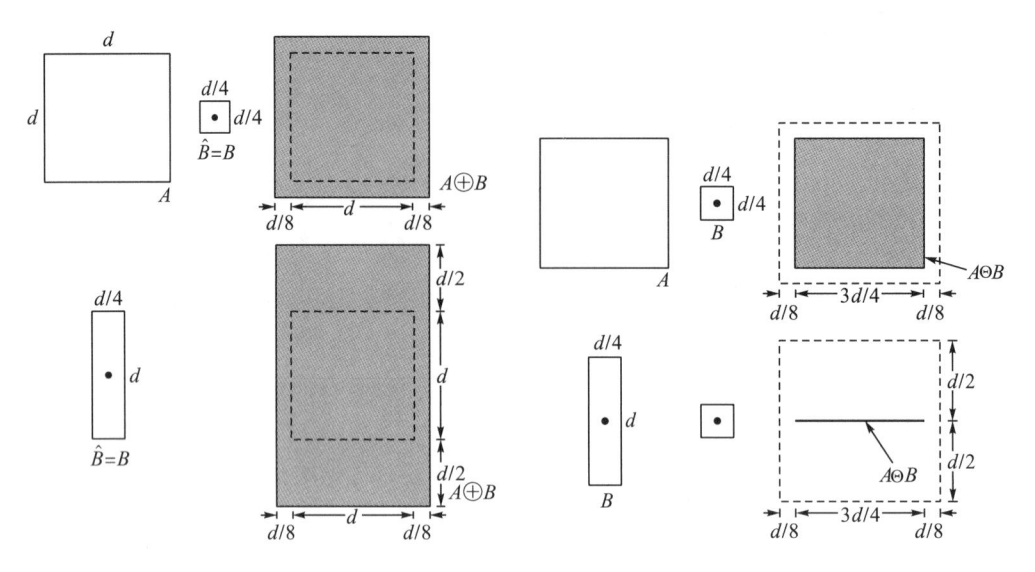

图 4-36 二值图像膨胀操作示意图　　　　图 4-37 二值图像腐蚀操作示意图

3) 二值图像的开运算

二值图像的开运算由膨胀和腐蚀操作组合而成，设 A 是目标图像，B 是结构元素，则 A 被 B 做开运算记为

$$A \circ B = (A \ominus B) \oplus B \tag{4-37}$$

开操作通常可以消除小的物体，在纤细点处断开物体的粘连，平滑较大物体的轮廓，但不明显改变其面积。开操作示意图如图 4-38 所示。

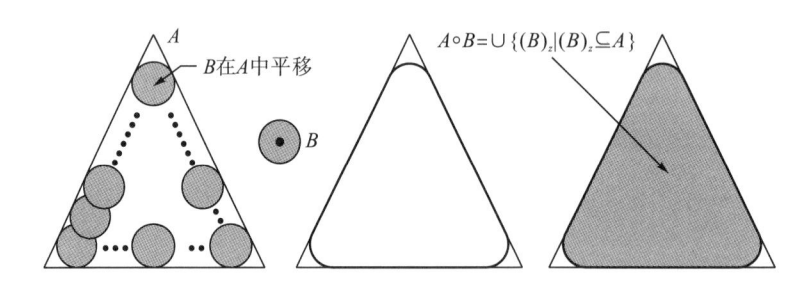

图 4-38 二值图像开操作示意图

4) 二值图像的闭运算

二值图像的闭运算也由膨胀和腐蚀操作组合而成，设 A 是目标图像，B 是结构元素，则 A 被 B 做闭运算记为

$$A \bullet B = (A \oplus B) \ominus B \tag{4-38}$$

闭运算同样也能平滑图像的轮廓，它平滑的是内凹的轮廓，并且可以填平小孔，连接细小的裂缝，合并邻近的物体。闭操作示意图如图 4-39 所示。

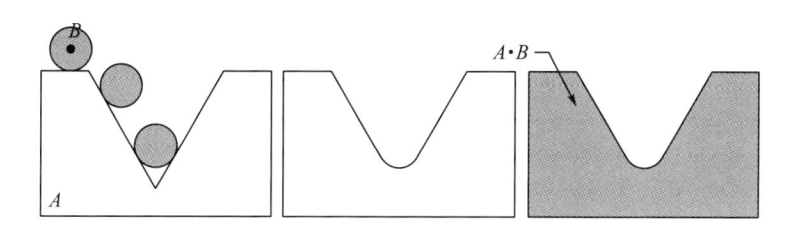

图 4-39　二值图像闭操作示意图

3. 灰度图像形态学

下面介绍灰度图像形态学的四则运算。设 $f(x,y)$ 为目标图像，$b(x,y)$ 为结构元素。

1）灰度图像的膨胀运算

灰度图像 f 被结构元素 b 膨胀记为 $f \oplus b$，其定义式为

$$(f \oplus b)(s,t) = \max\{f(s-x,t-y)+b(x,y) \mid (s-t),(t-y) \in D_f, (x,y) \in D_b\} \quad (4\text{-}39)$$

式中，D_f 和 D_b 分别表示 $f(x,y)$ 和 $b(x,y)$ 的定义域。

灰度图像膨胀中，结构元素在目标图像中移动，其中心点的灰度膨胀值是结构元素与目标图像的重叠区域中 $f+b$ 最大的值。因此，灰度膨胀操作会使结构元素覆盖区域中的高亮部分扩张，原有的暗细节会削减或消失。

2）灰度图像的腐蚀运算

灰度图像 f 被结构元素 b 腐蚀记为 $f \ominus b$，其定义式为

$$(f \ominus b)(s,t) = \min\{f(s+x,t+y)-b(x,y) \mid (s+t),(t+y) \in D_f, (x,y) \in D_b\} \quad (4\text{-}40)$$

式中，D_f 和 D_b 分别表示 $f(x,y)$ 和 $b(x,y)$ 的定义域。

灰度图像腐蚀中，结构元素在目标图像中移动，其中心点的灰度腐蚀值是结构元素与目标图像的重叠区域中 $f-b$ 最小的值。因此，灰度腐蚀操作会使结构元素覆盖区域中的灰暗部分扩张，原有的亮细节会削减或消失。

3）灰度图像的开运算

灰度图像的开运算定义如下：

$$f \circ b = (f \ominus b) \oplus b \quad (4\text{-}41)$$

灰度图像的开运算是先腐蚀后膨胀，将尺寸小于结构元素的灰度值峰顶削去。

4）灰度图像的闭运算

灰度图像的闭运算定义如下：

$$f \bullet b = (f \oplus b) \ominus b \quad (4\text{-}42)$$

灰度图像的闭运算是先膨胀后腐蚀，将尺寸小于结构元素的灰度值谷底填平。

为了展示灰度图像形态学运算结果，采用对角线长度为 4 像素的菱形结构元素来对 4.2.1 节提取出的 128 像素×128 像素大小的掌纹 ROI 灰度图像进行上述 4 种运算，得出的结果如图 4-40 所示。

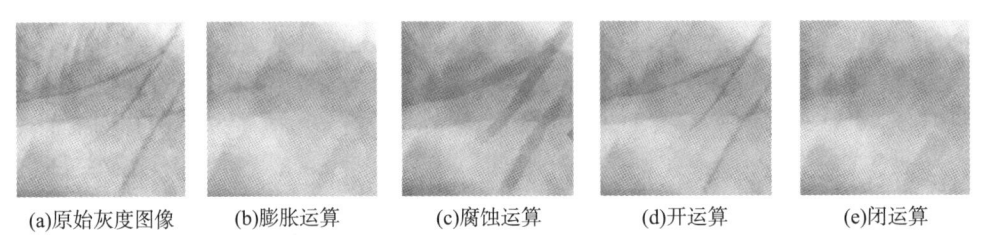

(a)原始灰度图像　(b)膨胀运算　(c)腐蚀运算　(d)开运算　(e)闭运算

图 4-40　灰度图像形态学基本运算

从图 4-40(b)～图 4-40(e)中可以看出，灰度图像的膨胀运算[图 4-40(b)]和闭运算[图 4-40(e)]都消除了图像的暗细节，不同之处是膨胀运算使得图像整体灰度值增大，图像明显变亮，而闭运算仅消除了形态小于结构元素的暗细节，图像整体亮度变化不大。灰度图像的腐蚀运算[图 4-40(c)]和开运算[图 4-40(d)]都去除了图像的亮细节，不同之处是腐蚀运算使得图像整体灰度值减小，图像明显变暗，而开运算仅消除了形态小于结构元素的亮细节，图像整体亮度变化不大。

4. 底帽变换

从掌纹 ROI 图像的四则运算结果中可以明显地看出，闭运算消除了掌纹 ROI 图像中的暗细节，这恰好是图像中掌纹的信息，而图像其他部分的灰度并没有发生明显变化，这就像将掌纹从图像中完美剥离了一样。借由这个发现，本节引出一个灰度图像特有的形态学变换——底帽变换。

底帽变换的定义如下：

$$h = (f \bullet b) - f \tag{4-43}$$

底帽变换操作是用闭运算的结果减去原图，这样得到的是原始图像中灰度较低的区域，这一区域对应于图像中较暗的部分，所以底帽变换运算也称为"黑帽运算"。采用对角线长度为 4 像素的菱形结构元素对掌纹 ROI 图像进行底帽变换，结果如图 4-41 所示。

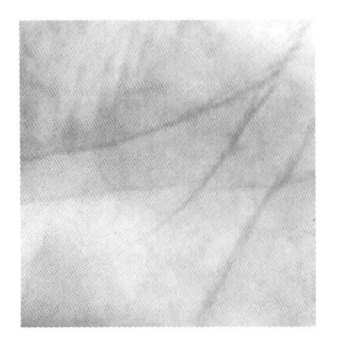

图 4-41　底帽变换提取的谷值信息

从图 4-41 中可以看出，ROI 图像中灰度较低的部分被提取出来。事实上，底帽变换能够检测出图像中灰度的谷值，掌纹图像的纹线恰好对应谷值信息，因此底帽变换可以应用于掌纹信息的提取。

4.2.3 基于形态学变换的掌纹主线提取算法

基于前面的数学形态学理论，本节介绍一种利用数学形态学提取掌纹的算法。该算法由彭其胜[21]提出，其在采用数学形态学的方法提取掌纹时，结合了模板匹配的思想：模板是已知的小图像，模板匹配就是在大图像中根据相似度来寻找与小图像具有相同形态的目标。

掌纹图像中的纹线可以看成一种线状的"小图像"，纹线提取的目的就是从原始掌纹图像中找出这些特定方向上的"小图像"，而形态学中的结构元素可以构造出任意形状的匹配模板。因此，用于匹配线形特征的模板也可以由形态学中的结构元素来构造，通过构造具有不同方向信息的线形结构元素并进行模板匹配，可以很容易地获得各个方向上的纹线信息[21]。

该算法的具体实现过程如下。

步骤 1：设掌纹 ROI 图像信号为 $I(x,y)$，为了平滑图像中的噪声，建立一个平滑滤波矩阵 $\boldsymbol{H}_0$，并将拟提取的掌纹归并在 4 个方向上，建立 4 个方向的结构元素，如表 4-5 所示。

$$\boldsymbol{H}_0 = \begin{bmatrix} 1 & 1 & 1 & 1 & 1 & 1 & 1 & 1 & 1 \\ 3 & 3 & 3 & 3 & 3 & 3 & 3 & 3 & 3 \\ 4 & 4 & 4 & 4 & 4 & 4 & 4 & 4 & 4 \\ 3 & 3 & 3 & 3 & 3 & 3 & 3 & 3 & 3 \\ 1 & 1 & 1 & 1 & 1 & 1 & 1 & 1 & 1 \end{bmatrix}$$

表 4-5　4 个方向的结构元素

b_0	$b_{90°}$	$b_{45°}$	$b_{135°}$
1	1	10000	00001
1	1	01000	00010
1	1	00100	00100
1	1	00010	01000
1	1	00001	10000

步骤 2：用 $\boldsymbol{H}_0$ 对图像进行平滑，也就是将图像和 $\boldsymbol{H}_0$ 进行卷积运算：

$$J = I * \boldsymbol{H}_0 \tag{4-44}$$

步骤 3：对于滤波后的图像 J，选择结构元素 b_0，进行底帽变换：

$$L_0 = (J \bullet b_0) - J \tag{4-45}$$

步骤 4：对平滑后的图像进行对比度拉伸处理，使主线与嵴线之间的灰度值差异变大，并选取合适的阈值对 L_0 进行 H-极大值变换（H-极大值变换是指将图像矩阵中所有的极大值减去选定的 H 值，当极大值小于 H 值时，去除该极大值），将灰度值小于阈值的点置为零(黑色)，而对于灰度值大于阈值的点，则将其灰度值更新为当前值减去阈值的结果，这样就把 L_0 中提取的嵴线信息去除了。

步骤 5：对 L_0 进行二值化、闭合运算后，得到 0°方向的掌纹。

步骤 6：将平滑模板 H_0 分别旋转 45°、90°、135°后得到其他三个方向的平滑模板 $H_{45°}$、$H_{90°}$、$H_{135°}$，对应的三个结构元素分别是 $b_{45°}$、$b_{90°}$、$b_{135°}$，重复步骤 2～步骤 5，得到所有方向上的掌纹。

步骤 7：融合 4 个方向上得到的掌纹，再经过细化处理，得到完整的掌纹特征。

采用以上 7 个步骤提取出的掌纹主线如图 4-42 所示。

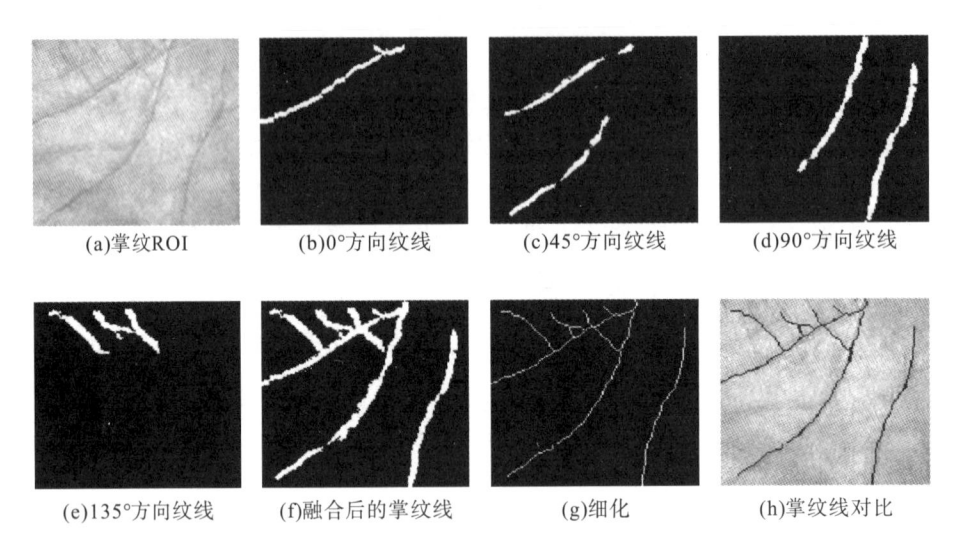

(a)掌纹ROI　　(b)0°方向纹线　　(c)45°方向纹线　　(d)90°方向纹线

(e)135°方向纹线　　(f)融合后的掌纹线　　(g)细化　　(h)掌纹线对比

图 4-42　掌纹提取示意图

从图 4-42 中可以看出，该算法不但可以提取出完整的掌纹主线，而且可以将许多较深的褶皱线也提取出来，提取出的掌纹与实际的掌纹能够较好地重合在一起，边缘定位比较准确，掌纹的形态也很贴合实际。因此，数学形态学结合模板匹配的方法很适合用于提取掌纹。

分析上述算法的实现过程可知，由于原始掌纹 ROI 图像中细节过多，直接采用底帽变换会将所有暗细节都提取出来，考虑到细节特征可以通过平滑滤波去除，在步骤 1 中，首先通过构造平滑模板来过滤细小的暗纹。但经平滑滤波后的图像依然不可避免地会残留大的嵴线和阴影噪声，同时观察到嵴线和阴影噪声通常较浅，即灰度值比主线大，而灰度值越大的物体经底帽变换后其灰度值越小，灰度值小的物体可以用 H-极大值变换去除。因此，步骤 4 通过对比度拉伸，扩大了主线与干扰项之间的灰度差距，继而选择位于主线与干扰项之间的 H 值进行 H-极大值变换可以去除这些干扰。

对于这种提取效果，从身份识别的角度来看是令人满意的。用于身份识别的掌纹特征提取技术，旨在利用提取的特征区分不同的个体，但若单单凭借掌纹主线特征来鉴别一个人的身份则不可靠。因此，研究人员希望加入一些褶皱线之类的旁系特征来帮助鉴别，这样能更容易地区分不同个体，提高识别效率和识别准确率。

在掌纹主线与疾病的易感性研究当中，这样的提取效果不理想。医学研究者需要的仅是掌纹主线，上述方法提取出的褶皱线变成一种干扰，并且在提取褶皱线的同时，极易将由光照产生的阴影当作纹线错误地提取出来，如图 4-43 所示。

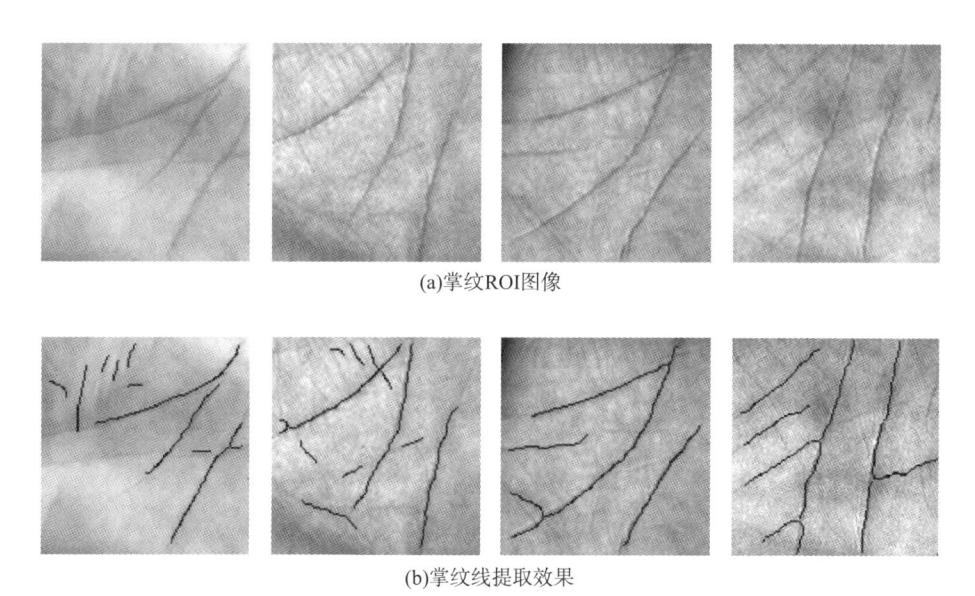

(a) 掌纹ROI图像

(b) 掌纹线提取效果

图 4-43　褶皱线与阴影噪声对提取效果的影响

从图 4-43 中可以看出，彭其胜[21]的算法不仅提取了掌纹主线，而且将褶皱线甚至阴影噪声都错误地提取出来。这是由于它们和掌纹主线一样，都是线形的暗细节，只要出现在与结构元素相同的方向上，就会被提取出来。因此，为了达到仅提取掌纹主线的目的，4.2.4 节提出一种改进的形态学掌纹主线提取方法。

4.2.4　改进的基于形态学变换的掌纹主线提取算法

本节将在 4.2.3 节算法的基础上进行改进，使改进后的算法能够屏蔽褶皱线的干扰，仅提取出掌纹主线，算法改进的过程如下。

4.2.1 节已经对掌纹 ROI 图像进行了旋转校正，使得掌纹主线在方向上具有一致性。观察掌纹 ROI 图像中的主线走向，不难发现主线的方向很有规律；即使掌纹图像来自不同的人，主线走向也基本一致。通过比对多幅图像，以所截取的掌纹 ROI 图像为例，主线的走向可以由三个方向进行描述。

如图 4-44 所示，根据每条主线的弯曲程度，可以用一条或者两条线段来分段近似。通常生命线可以用两条线段来近似，分别是线段①和线段②，其中线段①较长且平缓，线段②较短且陡峭；智慧线也可以用两条线段来近似，分别是线段③和线段④，两条线段长度差别不大，线段③较线段④更平缓；感情线仍然可以分为两段，即线段⑤和线段⑥，通常线段⑤较长且陡峭。在一些掌纹图像中，由于主线弯曲程度不大，可以根据实际情况选择一条线段来近似,如图 4-44(b)所示。虽然在一幅掌纹图像中划分出的线段可多达 6 条,但是其中的部分线段具有相同的方向,可以合并为三个方向,具体的划分如表 4-6 所示。

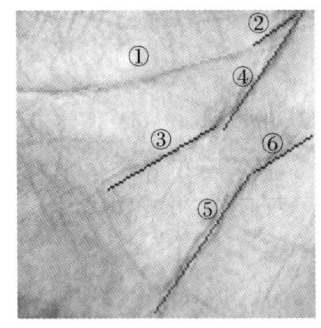

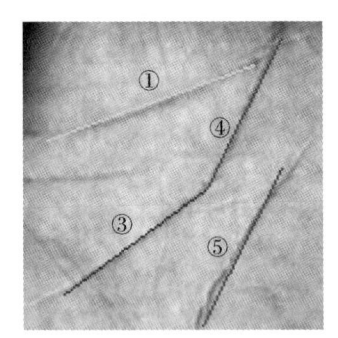

(a)弯曲程度较大的划分　　　　　　(b)弯曲程度较小的划分

图 4-44　掌纹主线的分段近似

表 4-6　三个方向的线段划分

方向 1	方向 2	方向 3
线段①	线段② 线段③ 线段⑥	线段④ 线段⑤

因此,新的平滑模板为

$$H = \begin{bmatrix} 1 & 1 & 1 & 1 & 2 & 3 & 4 & 3 & 2 \\ 1 & 1 & 1 & 2 & 3 & 4 & 3 & 2 & 1 \\ 1 & 1 & 2 & 3 & 4 & 3 & 2 & 1 & 1 \\ 1 & 2 & 3 & 4 & 3 & 2 & 1 & 1 & 1 \\ 2 & 3 & 4 & 3 & 2 & 1 & 1 & 1 & 1 \end{bmatrix}$$

由于主线与水平方向的夹角为 0°~90°,该平滑模板可以很好地平滑三个方向的所有不相干信息。另外,构造了三个新的方向性结构元素,如表 4-7 所示。

表 4-7　三个方向的结构元素

b_1	b_2	b_3
01000	10000	00000
01000	01000	11000
00100	00100	00100
00010	00010	00011
00010	00001	00000

结构元素 b_1、b_2、b_3 分别能够提取方向 1、方向 2、方向 3 的纹线信息,这样可以屏蔽方向不相干的皱褶信息和阴影信息。在提取主线的过程中,不同方向的纹线连接的

地方容易出现纹线断裂,因此在这些地方进行形态学闭合后,主线更加连续。图 4-45 展示了改进算法所提取的掌纹主线。

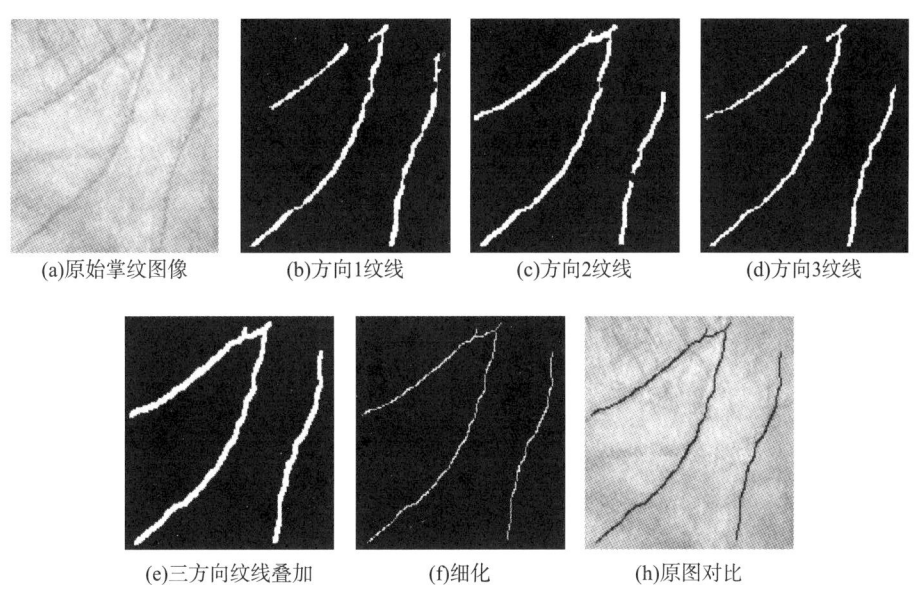

(a)原始掌纹图像　　(b)方向1纹线　　(c)方向2纹线　　(d)方向3纹线

(e)三方向纹线叠加　　(f)细化　　(h)原图对比

图 4-45　改进算法所提取出的掌纹主线

由图 4-45 可以看出,经过改进后算法提取的主线完整,定位也很精确,与主线方向不一致的褶皱线、嵴线以及噪声都没有被提取出来。

算法改进的思路是通过掌纹图像预处理归一化主线的方向,再针对性地检测各个主线方向上的纹线,这样就可以尽可能地屏蔽褶皱线以及噪声的影响,提取出精确的主线信息。为了直观地进行对比,图 4-46 展示了改进算法与原算法所提取的掌纹。

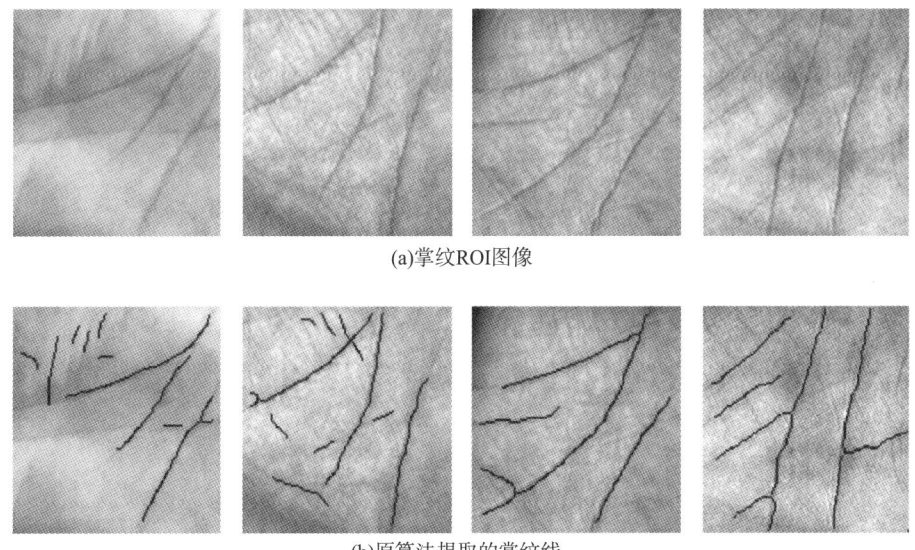

(a)掌纹ROI图像

(b)原算法提取的掌纹线

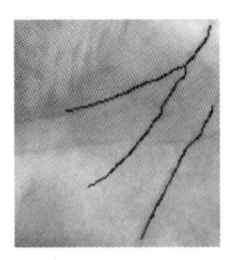

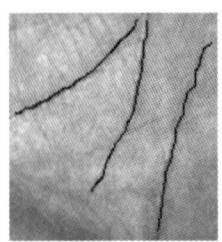

(c)改进算法提取的掌纹线

图 4-46 原算法与改进算法的对比

由图 4-46 可以看出,本节改进的算法消除了与主线方向不一致的褶皱线和阴影噪声的干扰,实现了对掌纹主线的提取。但是从图 4-46 的第 4 组对比图中可以看出,部分与主线方向一致且纹线较深的褶皱线无法被消除。这是由于数学形态学方法是一个基于全局的检测方法,它只能去除与结构模板方向不同或者形态不同的物体,而形态和方向与模板相似的物体则无法被去除。

4.3 基于邻域搜索的掌纹主线特征提取算法

基于形态学变换的掌纹主线提取算法使用全局检测,经改进后仍然难以完全屏蔽褶皱线的干扰。只要图像中存在与主线方向一致的褶皱线,就有可能被提取出来,从而影响检测结果。由于掌纹图像中的纹线众多,想要在全局检测中区分掌纹主线和褶皱线十分困难。因此,本节提出一种基于邻域搜索的掌纹主线提取算法,该算法能够定位掌纹主线在图像中的位置,并在这些位置进行局部检测,最终提取出完整、纯粹、自然的掌纹主线。

4.3.1 邻域搜索概述

邻域是数学集合论中的一个概念,一个点的邻域是指在集合中以该点为中心的一个开区间。若 a 是数轴上的一个点,则 a 的 ε 邻域为 $(a-\varepsilon, a+\varepsilon)$,$\varepsilon$ 为邻域的半径;若 $A(x,y)$ 是二维平面上的一点,则 A 的 ε 邻域为以 $A(x,y)$ 为圆心、ε 为半径的圆域。在图像处理中,规定某个像素点附近的几个像素点作为该像素点邻域空间内的像素,下面介绍图像处理中定义的几种邻域。

(1) 4 邻域

像素 $p(x,y)$ 的 4 邻域为

$$(x+1, y), (x-1, y), (x, y+1), (x, y-1)$$

也就是上、下、左、右 4 个像素点,如图 4-47 所示。

第 4 章 掌纹特征提取算法

(2) D 邻域

像素 $p(x,y)$ 的 D 邻域为

$$(x+1,y+1),(x-1,y+1),(x-1,y-1),(x+1,y-1)$$

也就是对角线上的 4 个像素点，如图 4-48 所示。

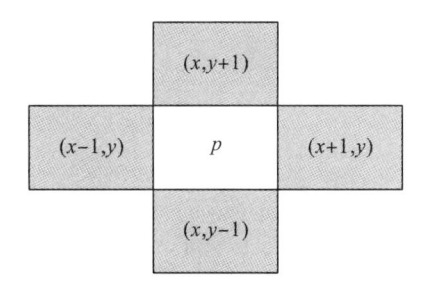

图 4-47 像素点的 4 邻域

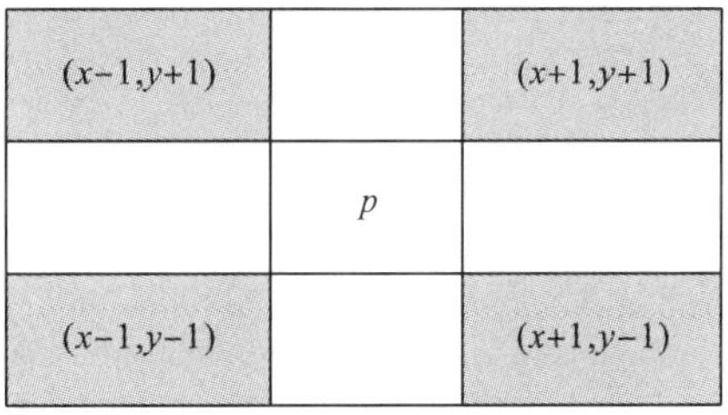

图 4-48 像素点的 D 邻域

(3) 8 邻域

像素 $p(x,y)$ 的 8 邻域是 4 邻域与 D 邻域所包含的所有像素点，也就是 3×3 邻域，如图 4-49 所示。

在图像处理中，邻域搜索常用于对边缘线的跟踪检测，它利用边界点的 8 邻域信息，在当前点的 8 个方向上搜索下一个边界点，之后更新坐标并确定下一个搜索方向，继续搜索。在采用邻域搜索算法时，需要选定一个搜索起始点，这个点可从图像中人工选取，也可以用算法自动定位。

掌纹是一种边缘，属于屋顶型边缘。屋顶型边缘处于灰度值上升与下降的交界处。观察掌纹灰度图像中的掌纹，可以发现掌纹比周围的区域更暗，即灰度值相对较低，掌纹从中心向两侧延伸的过程中，灰度值会有明显变化(升高)，如图 4-50 所示。

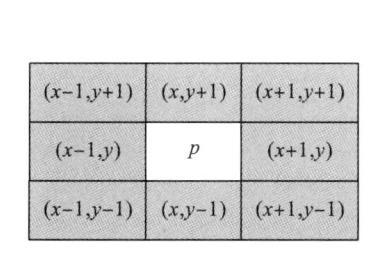

图 4-49 像素点的 8 邻域

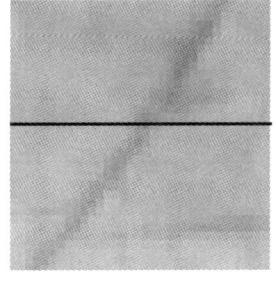

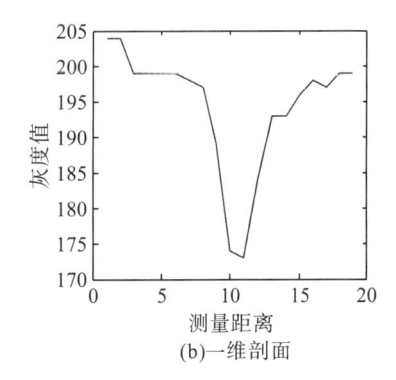

图 4-50 掌纹的一维剖面示意图

统计图 4-50(a)中黑线上像素的灰度值，得到如图 4-50(b)所示的一维剖面图，观察两图可知掌纹是一个下凹的屋顶型边缘，因此可以采用邻域搜索的方法进行跟踪提取。

4.3.2 基于邻域搜索的掌纹主线提取算法

掌纹主线在所有纹线中尺寸最大，并且掌纹主线的灰度值相对于周围的皮肤更低。根据掌纹主线的这两个特点，先利用数学形态学处理粗提取出掌纹主线，继而定位主线搜索起始点，最后在灰度图像中进行跟踪提取。本节详细介绍这种基于邻域搜索的掌纹主线提取算法。

1. 定位搜索起始点

搜索起始点必须位于掌纹主线上，只有确定了主线搜索起始点，才能进行主线的跟踪提取。通常人眼在观察掌纹图像时，主要通过纹线的长度和宽度来区分主线和褶皱线。类似地，在检测中也可以通过纹线的长度和宽度来辨别主线和褶皱线。掌纹主线的长度和宽度通常比褶皱线大，灰度值更低，因此 ROI 图像中的掌纹主线经过底帽变换并进行二值化处理后会有更大的面积，通过删除小面积区域可以剔除褶皱线，仅保留掌纹主线。采用数学形态学前置处理，定位主线搜索起始点的方法如下。

设掌纹 ROI 图像信号为 $I(x,y)$，采用 4.2.4 节中改进的平滑模板 H 和新的三个方向的结构元素进行形态学处理，如表 4-8 所示。

$$H = \begin{bmatrix} 1 & 1 & 1 & 1 & 2 & 3 & 4 & 3 & 2 \\ 1 & 1 & 1 & 2 & 3 & 4 & 3 & 2 & 1 \\ 1 & 1 & 2 & 3 & 4 & 3 & 2 & 1 & 1 \\ 1 & 2 & 3 & 4 & 3 & 2 & 1 & 1 & 1 \\ 2 & 3 & 4 & 3 & 2 & 1 & 1 & 1 & 1 \end{bmatrix}$$

表 4-8　新的三个方向的结构元素

b_1	b_2	b_3
01000	10000	00000
01000	01000	11000
00100	00100	00100
00010	00010	00011
00010	00001	00000

首先用平滑模板 H 对图像进行平滑：

$$J = I * H \tag{4-46}$$

对于平滑后的图像 J，依次选择结构元素 $b_i(i=1,2,3)$，进行底帽变换：

$$L_i = (J \bullet b_i) - J \tag{4-47}$$

而后采用恰当的阈值对 L_i 进行 H-极大值变换，将处理后的图像用 Otsu 算法做二值化处理，并采用形态学处理填补孔洞、适度膨胀，得到 BW，融合三个方向的二值图像，得到基于底帽变换的二值图像 $G_y(i,j)$。为了避免 BW 中的主线出现粘连，采用"矩形"结构元素对 BW 进行开操作，断开主线之间的粘连，保证每条主线都是一个单连通区域。最终得到的主线粗提取二值图像 BW 如图 4-51 所示。

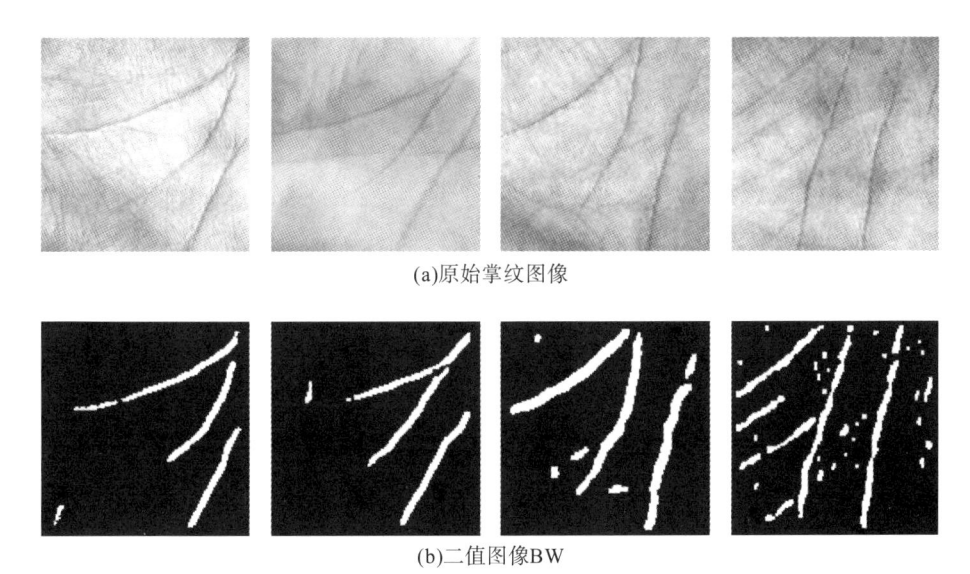

(a)原始掌纹图像

(b)二值图像BW

图 4-51 不同掌纹图像的主线粗提取二值图像 BW

由图 4-51 可以看出，在二值图像 BW 中，面积最大的三个单连通区域代表着三条掌纹主线。对 BW 中的单连通区域按面积从大到小进行排序，仅保留前三个单连通区域，其余区域全部删除，这样保留下来的区域就是粗提取的掌纹主线。接着对粗提取出的掌纹主线进行数学形态学前置处理，操作次数为无限次（$n = \text{Inf}$），该操作将会使没有孔洞的区域收缩成一个点。在掌纹 ROI 图像中标记这些点，如图 4-52 所示。

经过数学形态学底帽变换后得到的单连通区域比实际掌纹宽，形态上也存在失真现象，因此收缩后得到的点并不一定精确地落在主线上。为了确保主线搜索起始点在主线上，通过下述方法精确定位：统计当前点的 5×5 邻域中所有像素点的灰度值，拥有最小灰度值的点将成为主线搜索起始点。精确定位的主线搜索起始点用"○"标记，如图 4-53 所示。

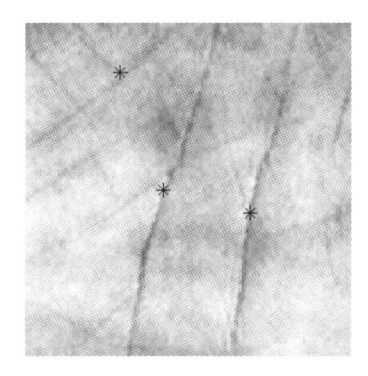

图 4-52 经数学形态学前置处理后得到的主线点

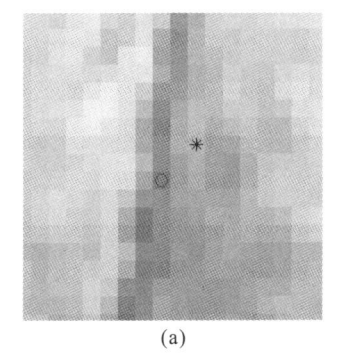

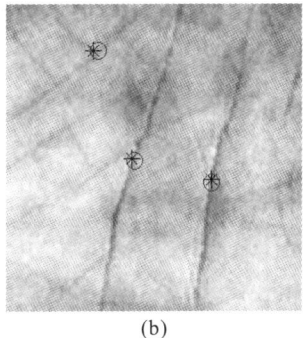

(a) (b)

图 4-53 精确定位的主线搜索起始点

2. 提取主线

确定主线搜索起始点后，下一步就是对主线进行跟踪提取。主线搜索流程如图 4-54 所示，从确定的起始点开始搜索，若当前点不满足终止搜索的条件，则在当前点的 8 邻域范围内搜索下一个点，当搜索到下一个主线点之后，标记该点，并更新当前点坐标。继续搜索，直到当前点满足终止搜索的条件。

主线搜索算法的思路为，在 128 像素×128 像素大小的掌纹 ROI 图像中，掌纹主线的宽度大约是 3 像素，通常位于中央的像素点的灰度值最低，因此在搜索时，算法设计成对灰度值最低的方向进行跟踪。采用邻域搜索算法提取掌纹主线的具体步骤如下。

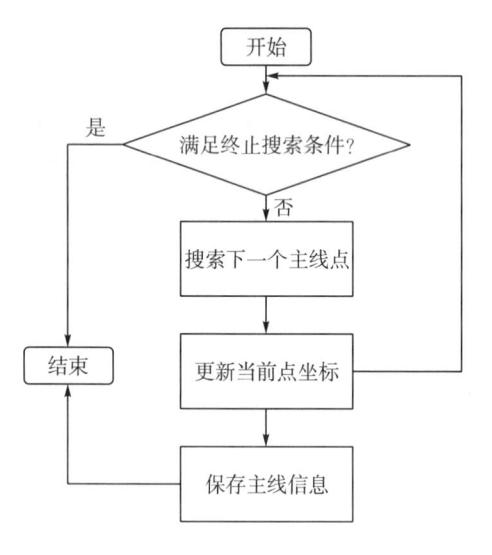

图 4-54 主线搜索流程图

步骤 1：确定搜索方向。因为掌纹主线的走向具有规律性，前期工作中也做了归一化的预处理，所以搜索方向确定为向左下角和向右上角两个方向，如图 4-55 所示。

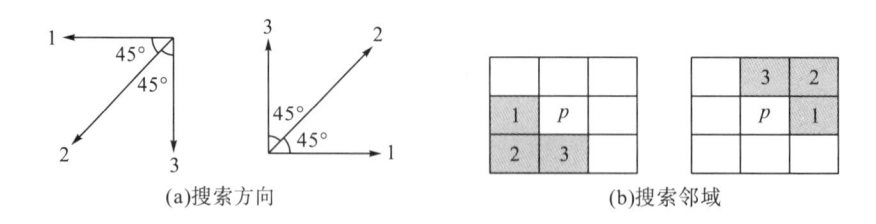

(a)搜索方向　　　　　　　　　(b)搜索邻域

图 4-55 掌纹主线的搜索方向

以向左下角搜索为例，设当前像素点为 $p(x,y)$，那么在 p 的 8 邻域中，可供搜索的像素点有三个，分别是 $(x-1,y)$、$(x-1,y-1)$、$(x,y-1)$。将搜索方向旋转 180°可以得到向右上角的搜索方向，可供搜索的像素点也有三个，分别是 $(x+1,y)$、$(x+1,y+1)$、$(x,y+1)$。

步骤 2：确定下一个主线点。在 $p(x,y)$ 的邻域中，采用一个长度为 3 像素的"探针"，以 p 点为起点，分别向三个搜索方向"刺探"。以向左下角搜索为例（图 4-56），黑色像素点是已经搜索到的主线点，圆圈标记的像素点是 $p(x,y)$，从 p 点出发的黑线代表"探针"，统计方向 $i(i=1,2,3)$ 上的"探针"所经过的像素点的平均灰度值 I_i：

$$I_1 = \frac{p(x,y) + p(x-1,y) + p(x-2,y)}{3} \tag{4-48}$$

$$I_2 = \frac{p(x,y) + p(x-1,y-1) + p(x-2,y-2)}{3} \tag{4-49}$$

$$I_3 = \frac{p(x,y) + p(x,y-1) + p(x,y-2)}{3} \tag{4-50}$$

再求出 $\min\{I_1, I_2, I_3\}$，也就是平均灰度值最小的方向，将其作为主线的跟踪方向。那么，下一个主线点就是"探针"在该方向上的中央像素点。

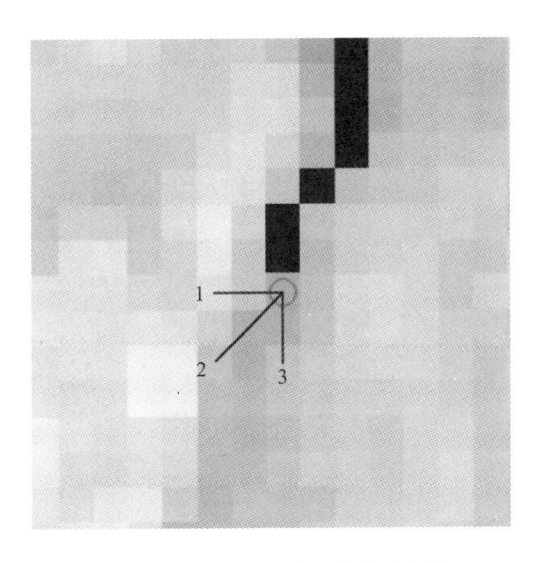

图 4-56 搜索下一个主线点示意图

步骤 3：更新当前点坐标，继续搜索。

步骤 4：进行终止搜索判定，终止条件采用灰度值和灰度方差。

(1) 设定一个灰度阈值 T，若当前点的灰度值超过阈值或其 3×3 邻域的灰度平均值超过阈值，则认为当前邻域内亮度较大，其判定公式为

$$p(x,y) > T \text{ 或 } \left[\sum_{i=-1}^{1}\sum_{j=-1}^{1} p(x+i, y+j)\right] - 2p(x,y) > T \tag{4-51}$$

(2) 设定一个方差阈值 V，若当前点 5×5 邻域内 25 个像素点灰度值的方差小于阈值，则认为当前邻域内的像素灰度值基本无变化，其判定公式为

$$\frac{1}{25}\sum_{i=1}^{25}(x_i - \mu)^2 < V \tag{4-52}$$

式中，x_i 表示 5×5 邻域中的像素点；μ 为邻域的平均灰度值。

当且仅当点 p 同时符合上述两个条件(即点 p 亮度过大),且其周围区域无明显灰度变化时,认为 p 点周围不存在主线点,终止搜索。

步骤 5:保存主线点。把搜索到的主线点保存到新建的二值图像中,主线点标记为 1(黑色),其他标记为 0(白色)。

4.3.3 实验结果分析

采用本节提出的搜索算法进行主线跟踪提取,其结果如图 4-57 所示。

(a)提取的掌纹主线

(b)定位的主线搜索起始点

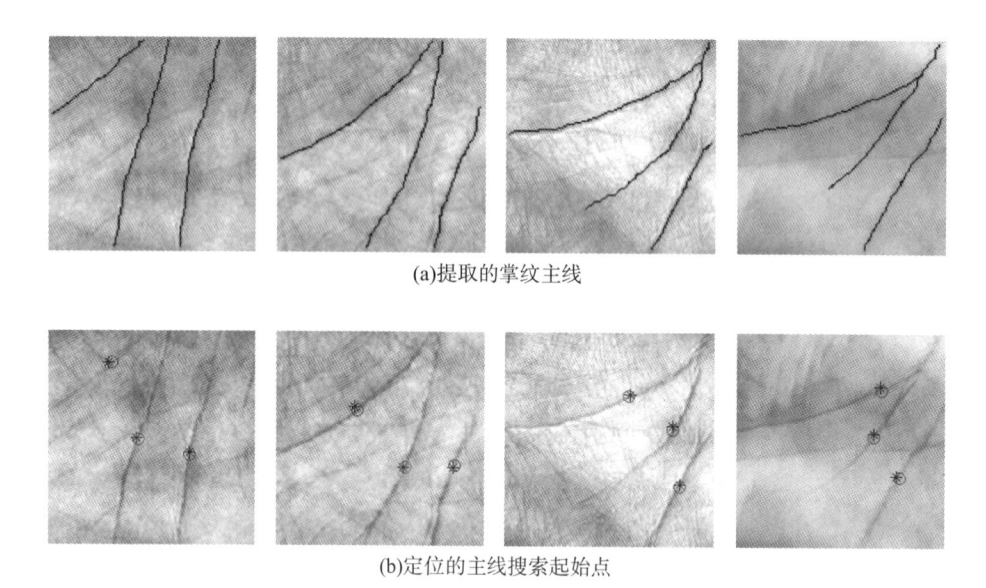

图 4-57 基于邻域搜索的掌纹主线提取

由图 4-57 可以看出,采用数学形态学前置处理所定位的主线点非常准确,以这些主线点作为起始点,应用搜索算法提取出的掌纹主线不但完整,而且形态也很贴合实际,并且该算法完全屏蔽了褶皱线、嵴线、阴影噪声的干扰,仅保留了纯粹的主线信息。

相较于掌纹图像中的其他纹线,掌纹主线尺寸大、灰度值低,利用数学形态学处理中的底帽变换可以放大这些特征,拉开掌纹主线与其他纹线的差距。通过保留二值图像中最大的三个单连通区域,可排除其他纹线及孤立噪声的干扰。由于 128 像素×128 像素的掌纹 ROI 图像中,主线的宽度约为 3 像素,且位于主线中央的像素点灰度值最低。因此,为了保持对主线中央像素点的跟踪,算法设计了一个长度为 3 像素的"探针",对各个搜索方向进行了"刺探",并始终沿着灰度值最小的方向进行跟踪。观察掌纹主线的起止区域,发现主线终止于平坦的明亮区域。因此,算法在判断终止条件时,将灰度值和灰度方差都纳入考量,从实验结果来看,判定准则达到了要求。

目前,提取掌纹时常用的方法还有基于梯度算子的方法,为了突出本节提出的搜索算法的优势,下面将本书提出的算法与基于 Sobel 算子的算法及彭其胜的算法[21]做对比,如图 4-58 所示。

第 4 章　掌纹特征提取算法　　163

(a)掌纹ROI图像　(b)基于Sobel算子的算法　(c)彭其胜的算法[21]　(d)本节算法

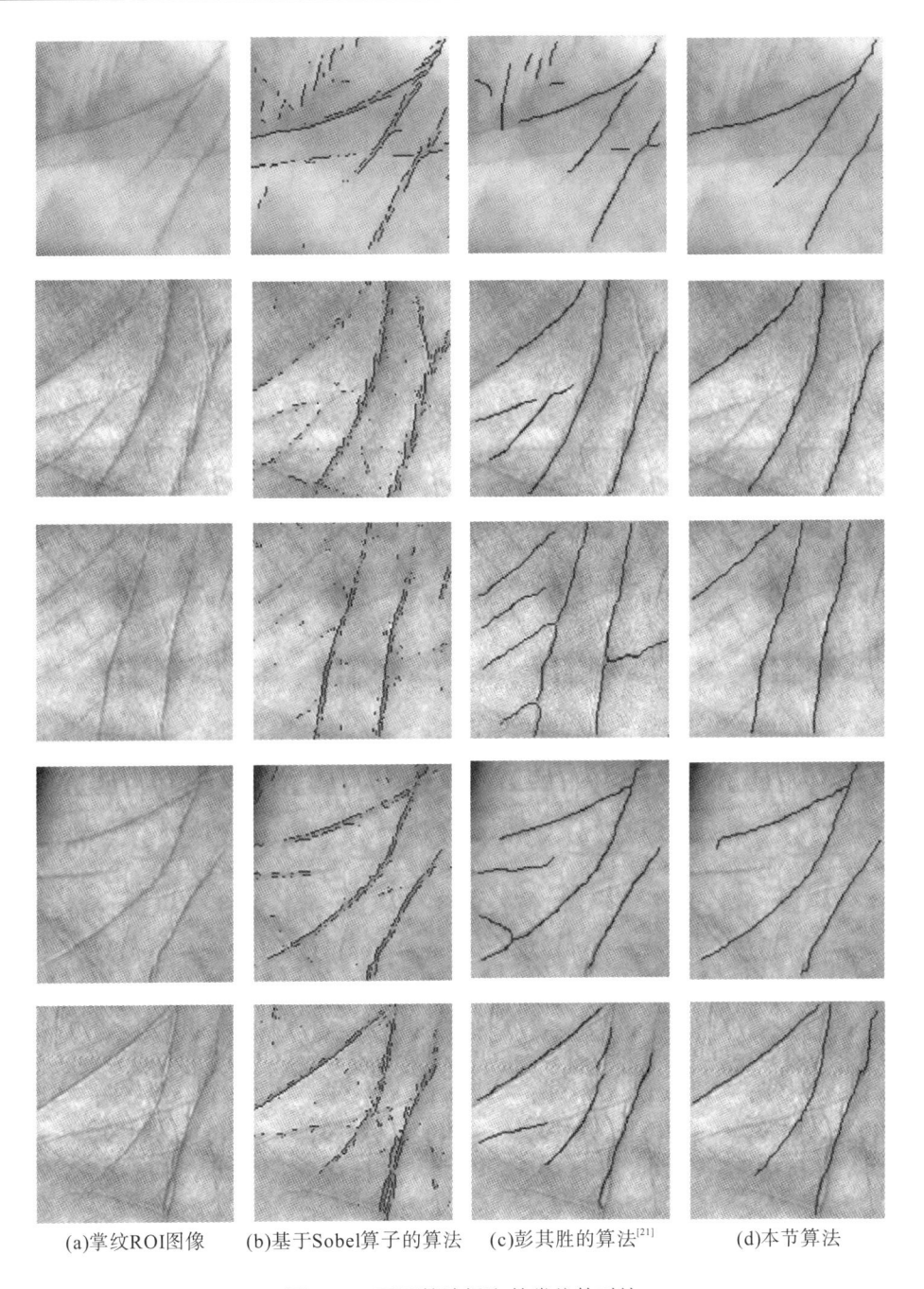

图 4-58　不同算法提取的掌纹的对比

从图 4-58 中可以直观地看出，本节提出的搜索算法提取出的主线效果最好。Sobel 算子是常见的边缘检测算子，它利用梯度来检测边缘，梯度算子在判定边缘时认为灰度梯度值大于阈值的像素点都是边缘点。这种判定不太合理，会造成边缘点的误判，因为许多噪点都具有较大的梯度值，而梯度值较小的边缘点反而丢失了。因此，Sobel 算子检测出的掌纹连续性差、噪声多，并且因为掌纹由两个阶跃边缘组成，所以双边缘现象不可避免。彭其胜提出的数学形态学结合模板匹配的方法[21]提取出的掌纹连续性好、定位准确，但是这种基于全局的检测方法不可避免地提取出褶皱和阴影。本节算法利用数学形态学前置处理去除了褶皱和噪声的干扰，利用邻域搜索算法跟踪提取掌纹主线。相对于全局检测，这种局部检测方法避免了主线区域以外的噪声干扰，提取出的掌纹主线完整、纯粹、自然。

4.4 基于复数滤波器的多尺度 ATD 点检测算法

掌纹的 ATD 点（三角点），是计算掌纹 ATD 角的根本立足点。掌纹是具有有限范围的空间频率的嵴和谷的定向纹理图案，而一个三角点被定义为三个不同流向的汇合点（图 4-59）。

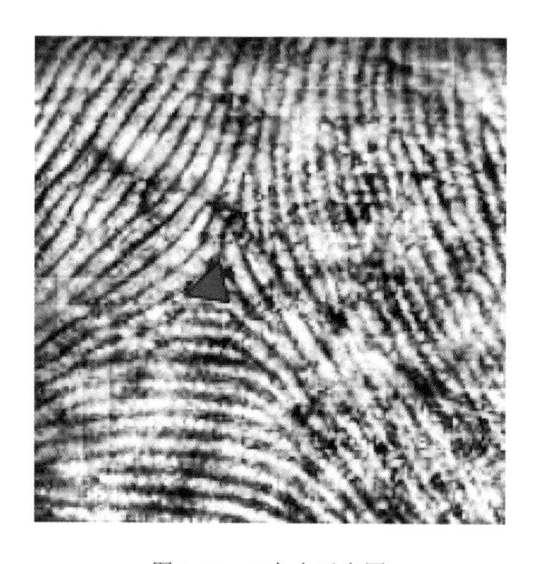

图 4-59　三角点示意图

Srinivasan 等[27]提出用一种基于块方向图的局部方向直方图来检测三角点的算法。局部方向直方图不显示突出峰的地方很可能是一个三角点。Koo 等[28]提出了一种用于确定三角点的多分辨率方法。在每种分辨率下，他们从方位图像中导出一个曲率图像，其块表示局部曲率大小，高分辨率的高曲率区域表示为三角点区域。Nilsson 等[29]使用多个复杂的滤波器来检测方向场中的三角点，该方法基于多分辨率分析，复数滤波器响应幅度高的点保留为三角点。Chikkerur 等[30]通过使用三个额外的确定性图来改进 Nilsson 等的方法，这三个确定性图表示关于三角点可能的位置和方向的启发式。基于庞加莱指数方法是检测三角点的最经典方法，由 Kawagoe 等[31]提出，而 Bazen 等[32]基于格林定理提出了 Poincaré Index 方法的另一种实现。然而，基于庞加莱指数的方法容易受到噪声的影响，因为只使用本地信息不足以区分虚假检测的真正三角点。也有许多研究结合了局部和全局信息来检测奇异点。Zhou 等[33]提出了基于方向、定位、嵴流、起始、终止（direction, orientation, ridge flow, incipient, and termination, DORIC)特征和全局约束的三角点检测方法, DORIC 特征是他提出的一种新颖的特征，即沿着一个圆的方向值的差异。Fan 等[34]结合零极点模型和 Hough(霍夫)变换来检测三角点。Jin 等[35]从多尺度高斯滤波取向场中提取三角点以实现像素级精度。除了这些方法，还有神经网络方法[36]、基于马尔可夫模型的方法[37]、基于二维傅里叶展开的指纹方向模型(fingerprint orientation model based on 2D Fourier expansion, FOMFE)的方法[38]和基于不一致性特征的方法[39]等。对于所有三角点检测算法，尽管使用了各种技术，但大多数都严格依赖图像的方向场。然而，定向场计算本身是一项艰巨的工作，特别是掌纹图像存在重大失真问题时。此外，块选择或像素选择的方向场也是一个难以取舍的选择：块方向具有很强的检测伪三角点的能力，但精确定位三角点的能力低，像素选择或相对较小块方向可以更精确地定位三角点，但识别伪三角点的能力较低。

本节主要介绍传统的基于 Poincaré Index 的掌纹 ATD 点检测算法(传统的 Poincaré Index 检测算法)及基于复数滤波器的 ATD 点检测算法，并针对 Poincaré Index 检测算法抗噪声能力较差的局限性，提出一种改进算法。同时为了进一步去除伪三角点，提出一种多尺度 ATD 点检测算法。

4.4.1 传统的 Poincaré Index 检测算法

目前，Poincaré Index 检测方法是三角点检测中最简单实用的方法。Poincaré 指数被 Kawagoe 等[31]率先用于提取三角点。像素点(i,j)的庞加莱指数值(PI 值)计算公式如下：

$$\text{PI}(i,j) = \frac{1}{2\pi}\sum_{n=0}^{k}\Delta(n) \tag{4-53}$$

式中，PI(i,j)表示庞加莱指数；$\Delta(n)$表示方位差$\delta(n)$在定义域的取值，由式(4-54)计算：

$$\Delta(n) = \begin{cases} \delta(n), & |\delta(n)| < \frac{\pi}{2} \\ \pi + \delta(n), & \delta(n) \leqslant -\frac{\pi}{2} \\ \pi - \delta(n), & \text{其他} \end{cases} \tag{4-54}$$

式中，$\delta(n)$表示闭合曲线上相邻两个方向的方位差，有

$$\delta(n) = \theta_{n+1} - \theta_n \tag{4-55}$$

式中，θ_n表示以当前点$P(i,j)$为中心的 N 个方向组成的闭合曲线上第 n 个点的方向。θ_n 的取值如图 3-54 所示，其中$\theta_8 = \theta_0$。如果 PI 值是$-1/2$，则该点被定义为一个三角点。

当对沿逆时针方向的闭合曲线上相邻方向之间的方位差进行求和时，根据式(4-54)的不同条件来调整每个差异。从式(4-55)中可以看出，使用式(4-54)计算的 PI 值并不完全等于$-1/2$，而是在$-1/2$的窄邻域内变化，即$\left[-\frac{1}{2}-\delta,-\frac{1}{2}+\delta\right]$且对应不同的嵴线曲率。

三角区域的嵴线曲率对于各种掌纹显著不同,因此很难确定δ的值。如果选择较大的δ值,则会检测到较多的伪三角点;如果δ值太小,可能会导致丢失真三角点。此外,在噪声区域,当计算方位差的总和时,由于各种噪声导致方向场具有随机性,最后两个条件可能会被多次使用。因此,一些噪点可能会被检测为三角点,因为它们的 PI 值偶尔可以满足条件。然而,真三角点周围的方向场应该不断变化,并且只能满足式(4-54)中最后两个条件中的一个。从另一个层面看,这导致 Poincaré Index 检测算法的抗噪性能变差。

当检测到三角点时,对于真三角点,满足式(4-54)的条件π-δ(n)的情况仅出现一次,因此该时刻方位差δ(n)的值应该为π,只有在这种情况下,闭曲线π-δ(n)的方位差总和才等于真三角点所需的-π。然而,这个要求相当严格,因为这在很大程度上取决于三角区域的嵴线曲率,而嵴线曲率对于各种掌纹明显不同。

当掌纹图像中没有褶皱线或褶皱线等噪声很少时,传统的 Poincaré Index 检测算法的检测结果非常精确。但是如果掌纹图像中褶皱线等噪声较多,此算法可能会检测出较多的伪三角点(图 4-60)。

图 4-60 为传统 Poincaré Index 检测算法检测的结果。图 4-60(a)为图像质量较差、存在褶皱线等噪声时通过传统 Poincaré Index 检测算法的检测结果。可以看出其受到的噪声影响较大,出现许多伪三角点。图 4-60(b)为图像质量很好、不存在大噪声时通过传统 Poincaré Index 检测算法的检测结果。可以看出三角点位置非常准确,且没有出现伪三角点。针对所采集到的掌纹图像的状况,本节提出以下改进方案。

传统的 Poincaré Index 检测算法检测结果非常精确,计算相对简单,但抗干扰能力极差。关于它的改进方案,已有许多学者进行了研究。Bazen 等[32]计算方位图像的旋转,然后在每个元素的小邻域内局部积分,而不是沿着封闭圆求和角差。Zhang 等[40]根据 Poincaré Index 检测算法检测出奇异点,根据聚类算法得到奇异点聚类,根据每个聚类的大小和类型确定三角点的位置。

从以上分析可以看出,沿着逆时针方向,在三角点周围存在$[0,\pi]$的方向变化。当在$[-\pi/2,\pi/2]$内定义方向时,此规则也适用。根据图 4-60 所示的奇异点附近局部独特的嵴形图案,可以总结出三点:

(1)基于梯度的方法[41]在闭曲线上计算出的方位角变化在奇异点附近是连续的。闭合曲线由两种方向类型的像素组成,第一种类型具有正方向,而第二种类型具有负方向。此外,闭合曲线从第一种类型转变为第二类型和从第二类型转变为第一种类型的方向分别仅发生一次。

(2)闭合曲线发生类型转变时的两个转折点相互不同。前者具有较小的方位差,即δ(n)的绝对值出现在方向角接近 0°的点上;后者具有较大方向差的点出现在方向场时,取接近-π/2、π/2、0、π 的点。

(3)除具有大方位差的过渡点,闭合曲线上点的方向变化是渐变的,即相邻元素之间方位差的绝对值小于π/2,图 4-61 为三角点附近嵴线方向的变化,其中三角形周围三条粗曲线代表内部嵴线,椭圆代表突然发生方向变化的点。

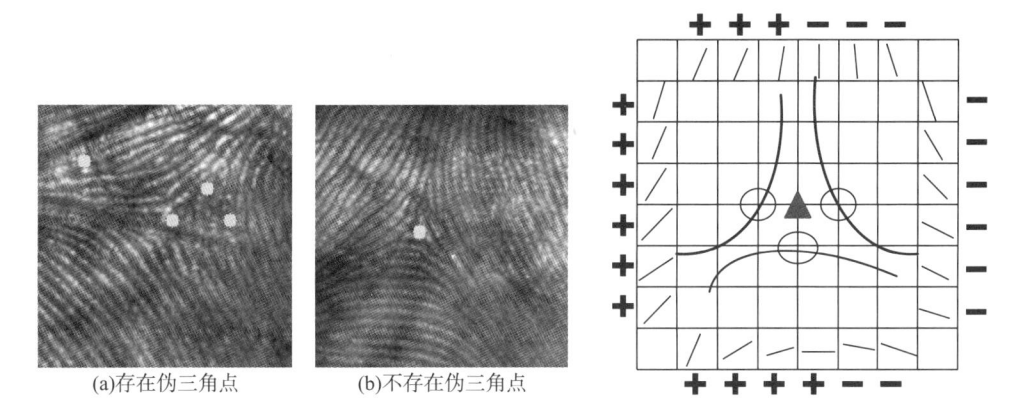

(a)存在伪三角点　　　(b)不存在伪三角点

图 4-60　传统的 Poincaré Index 检测算法的三角点检测结果　图 4-61　梯度法下三角点周围的方向变化

为了捕捉方向的突然变化，并更可靠地提取奇异点，对传统的 Poincaré Index 检测算法进行改进，具体如下。

(1) 将式(4-54)中的 $\pi - \delta(n)$ 修改为 $\delta(n) - \pi$，即式(4-54)转换为

$$\Delta(n) = \begin{cases} \delta(n), & |\delta(n)| < \dfrac{\pi}{2} \\ \pi + \delta(n), & \delta(n) \leqslant -\dfrac{\pi}{2} \\ \delta(n) - \pi, & \text{其他} \end{cases} \quad (4\text{-}56)$$

(2) 当计算沿闭合曲线的方位差的总和时，提出两个约束条件：①计算闭合曲线上从正方向到负方向以及从负方向到正方向的过渡点的数量，如果只有一个过渡点，继续计算 PI 值。否则，这一点将被视为正常点。②计算闭合曲线上方位差绝对值大于或等于 $\pi/2$ 的数目，如果数目大于 1，则该点被视为正常点。有了这两个附加的约束条件，传统的 Poincaré Index 检测算法对噪声的鲁棒性更强，并且可以捕获不同分辨率的定向场中奇异点周围的转变点(图 4-62)。

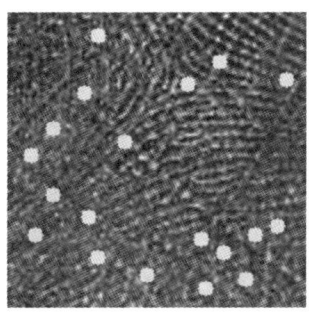

(a)传统的Poincare Index检测算法　　　(b)改进方案的检测结果

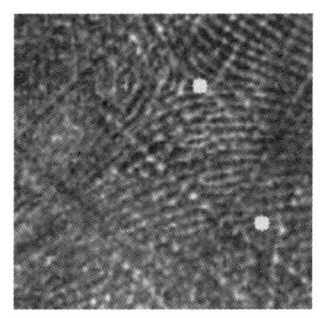

图 4-62　检测结果对比

图 4-62 为三角点检测结果。从图 4-62(a)中可以看出对于图像质量较差、存在诸多复杂噪声的掌纹图像，伪三角点出现得较多。通过对比图 4-62(a)和图 4-62(b)可以很明显地看出，图 4-62(b)中伪三角点明显减少且真实三角点得到完整保留，同时真实三角点位置没有发生偏移，证明改进算法是可行的。

4.4.2 基于复数滤波器的三角点检测

复数滤波器[41]非常适用于检测图像中具有对称特征的物体，Bigun 成功将其应用到三角点[48]和机器人标识物的检测中。Bigun 将 m 阶复数滤波器用如下多项式[48]近似表示：

$$Z(m) = (x + \mathrm{i}\, y)^m g(x, y) \tag{4-57}$$

式中，$Z(m)$ 表示滤波结果；m 表示复数滤波器的阶数；$g(x, y)$ 是一个二维高斯函数。图 4-63 为三角对称复数滤波器的方向模式和对应的纹理模式，如何推导复数滤波器对应的纹理模式请参见文献[41]。

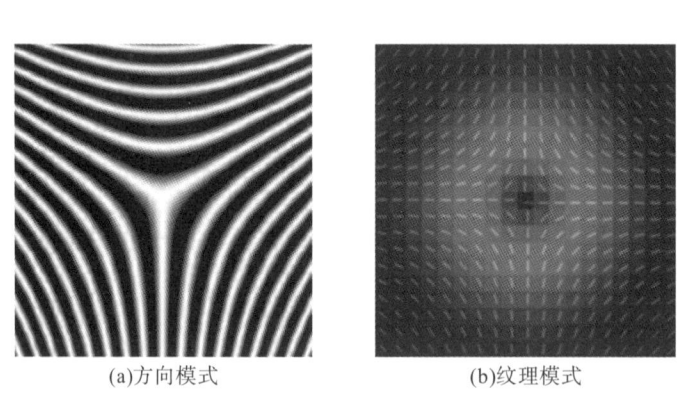

(a)方向模式　　(b)纹理模式

图 4-63　三角对称复数滤波器的方向模式和对应的纹理模式

观察三角对称复数滤波器所对应的纹理模式，可以清楚地看到其纹理模式与掌纹三角点区域的纹理模式具有很强的相似性。掌纹三角点检测中，主要用的是 $m=-1$ 阶的复数滤波器。为了更好地理解复数滤波器能应用于掌纹三角点检测的原因，将掌纹方向场与三角对称(即 $m=-1$ 阶)复数滤波器进行对照，如图 4-64 所示。

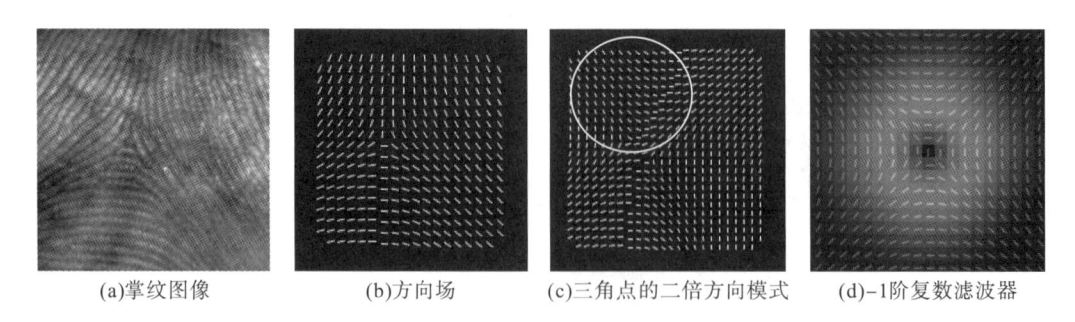

(a)掌纹图像　　(b)方向场　　(c)三角点的二倍方向模式　　(d)-1阶复数滤波器

图 4-64　方向场模式分析

图 4-64(b)为原始掌纹方向场,图 4-64(c)为二倍方向场,图 4-64(d)为将 $m=-1$ 阶复数滤波器的角度旋转 $\pi/2$ 后的结果。通过对比图 4-64(c)和图 4-64(d),可知三角点区域[图 4-64(c)椭圆区域]的方向模式与复数滤波器的方向模式极为相似,因此当采用 $m=-1$ 阶复数滤波器对二倍方向角进行滤波时,三角点处的响应值比其他区域大。

由以上分析可知,用复数滤波器提取掌纹的三角点时,不能直接对掌纹图像或掌纹图像方向场直接操作。对于点方向场,首先通过梯度矢量求其平方复数点方向场 $p(x,y)$,即

$$p(x,y) = \left[G_x(x,y) + iG_y(x,y) \right]^2 \tag{4-58}$$

式中,$G_x(a,b)$ 和 $G_y(a,b)$ 分别表示像素 (a,b) 处水平和垂直方向上的梯度幅值。对于点方向场,要得到复数滤波响应,只需要将复数滤波器与平方后的方向场进行卷积运算即可,即

$$H_d(x,y) = p(x,y) \otimes h_{-1}(x,y) = r_d(x,y) e^{i\alpha_d(x,y)} \tag{4-59}$$

式中,$H_d(x,y)$ 为滤波响应;$r_d(x,y)$ 为滤波响应幅值,表示该位置的三角对称幅度;$\alpha_d(x,y)$ 为相位,体现了三角对称模式的方向信息;$h_{-1}(x,y)$ 表示三角对称复数滤波器。且

$$h_{-1}(x,y) = z(-1)g(x,y) = (x+iy)^{-1} g(x,y) \tag{4-60}$$

对于块方向场,首先利用式(4-61)将方向场转换为其二倍方向场的复数形式。

$$\varphi = \cos(2\theta) + i\sin(2\theta) \tag{4-61}$$

式中,φ 为二倍方向场;θ 为块方向场,在第 3 章中已经求得块方向场为 $\theta(i,j)$ [式(3-13)]。得到二倍方向场的复数形式后,便可利用三角对称复数滤波器对二倍方向场进行滤波。三角对称复数滤波器可以检测三角点。对于滤波响应,可以通过复数之间的点积运算得到。由式(4-62)计算:

$$r_d(u,v) = \frac{1}{M} \sqrt{F_x(u,v)^2 + F_y(u,v)^2} \tag{4-62}$$

式中,$r_d(u,v)$ 表示滤波响应幅值;$M = |F_x(u,v)||F_y(u,v)|$。

$$F_x(u,v) = \sum_{x=-\frac{w}{2}}^{\frac{w}{2}} \sum_{y=-\frac{w}{2}}^{\frac{w}{2}} g(x,y,\sigma) \left\{ \frac{x}{\sqrt{x^2+y^2}} \cos[2\theta(u+x,v+y)] + \frac{y}{\sqrt{x^2+y^2}} \sin[2\theta(u+x,v+y)] \right\} \tag{4-63}$$

$$F_y(u,v) = \sum_{x=-\frac{w}{2}}^{\frac{w}{2}} \sum_{y=-\frac{w}{2}}^{\frac{w}{2}} g(x,y,\sigma) \left\{ -\frac{x}{\sqrt{x^2+y^2}} \cos[2\theta(u+x,v+y)] + \frac{y}{\sqrt{x^2+y^2}} \sin[2\theta(u+x,v+y)] \right\} \tag{4-64}$$

其中,三角对称复数滤波器的大小为 $w \times w$。通过式(4-62)~式(4-64),在不同尺度下得到三角对称复数滤波器的滤波响应如图 4-65 所示。

如图 4-65 所示,三角对称复数滤波器的滤波响应中,亮度最强的区域为三角点所在区域。无论是在小尺度下还是在大尺度下,三角点所在区域的滤波响应都是最强的。这一特性将作为三角点检测的重要依据。

(a)原图　　　　　　　(b)w=3　　　　　　　(c)w=7

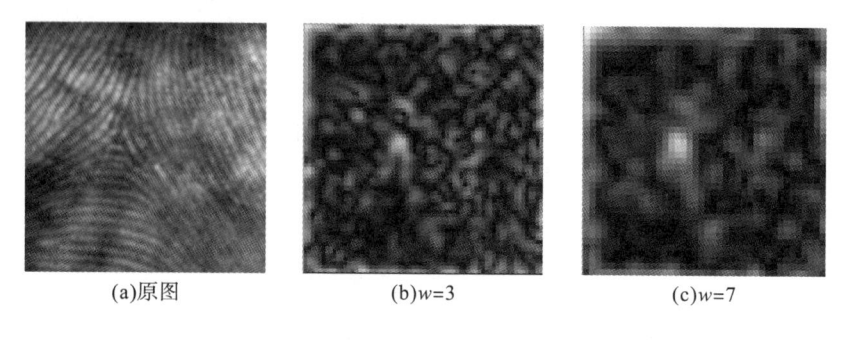

图 4-65　滤波响应

4.4.3　基于复数滤波器的多尺度 ATD 点检测

通过前面对复数滤波器的介绍，可以看出在三角点检测中，三角对称复数滤波器扮演着重要的角色，同时也是三角点检测的重要工具。它的优点是可以在提取三角点位置的同时计算三角点处模式对称的方向，也就是嵴线的方向。而唯一的缺点是需要预先设定阈值，这对于掌纹图像来说很困难，因为掌纹图像所包含的信息很复杂。对于褶皱线这类本身不可避免的大噪声，想要设定一个适用于所有掌纹图像的阈值来去除这类噪声是不可能的。基于 PI 值的三角点检测算法的优点是计算非常准确，同时计算简单；缺点是对噪声很敏感，对于具有褶皱线等噪声的图像，会有许多伪三角点被检测出。通过上述分析比较，本节提出一种基于复数滤波器的多尺度 ATD 点检测算法，算法流程如图 4-66 所示。

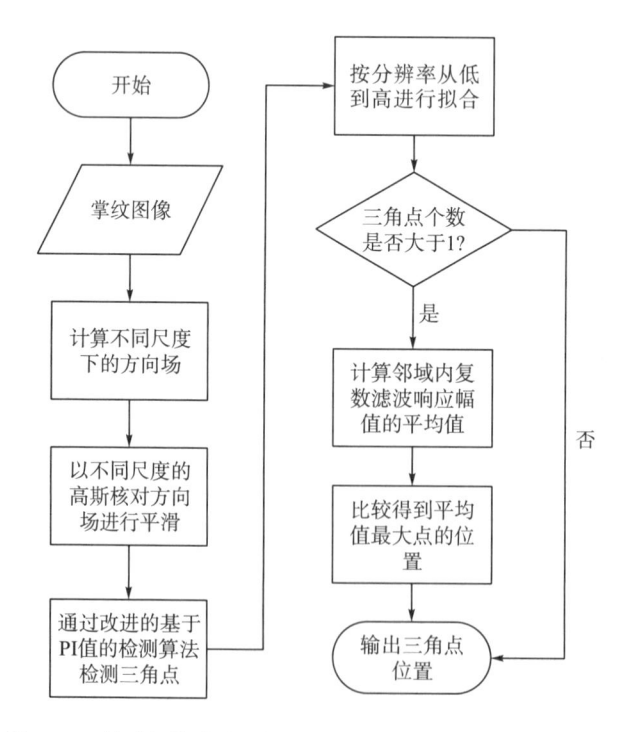

图 4-66　基于复数滤波器的多尺度 ATD 点检测算法的流程图

第 4 章 掌纹特征提取算法

从基于复数滤波器的多尺度 ATD 点检测算法的流程图可以看出，多尺度指的是通过多尺度块的大小求取方向场，因为固定尺度下的三角点检测总是很难达到精确和鲁棒性的统一。可以利用改进的 Poincaré Index 检测算法从大尺度开始，逐渐在小尺度下拟合三角点的位置，其实质就是从低分辨率到高分辨率的不断修正过程。这里大尺度指的是通过将整幅掌纹图像划分为较大的块求取块方向场，小尺度是指选择较小的块建立方向场。大尺度下的块方向场对噪声的抑制能力较强，而小尺度能提高三角点位置的精度。但是在改进的 Poincaré Index 检测算法中，在大尺度下对所有掌纹很难做到不检测出伪三角点。因此，本节提出结合三角对称复数滤波器对多余的点进行邻域滤波。因为对于真三角点周围的邻域，求得的复数滤波响应平均值要大于伪三角点[通过式(4-65)计算]，可通过对比取值最大的点作为最终的三角点。

$$\hat{r}_d(x,y) = \frac{1}{w \times w} \sum_{x=-\frac{w}{2}}^{\frac{w}{2}} \sum_{y=-\frac{w}{2}}^{\frac{w}{2}} r_d(x,y) \tag{4-65}$$

式中，邻域的大小为 $w \times w$。

首先，计算不同尺度下的掌纹方向场，然后用不同尺度的高斯核对方向场进行平滑处理，得到如图 4-67 所示的方向场。图 4-67(a)为原图，其余分别为块的尺度 $w_1=11$、$w_2=7$ 和 $w_3=3$ 的方向场。图 4-67(d)的方向场用点的灰度图像表示，因为尺度较小时不便于观察方向场的情况。

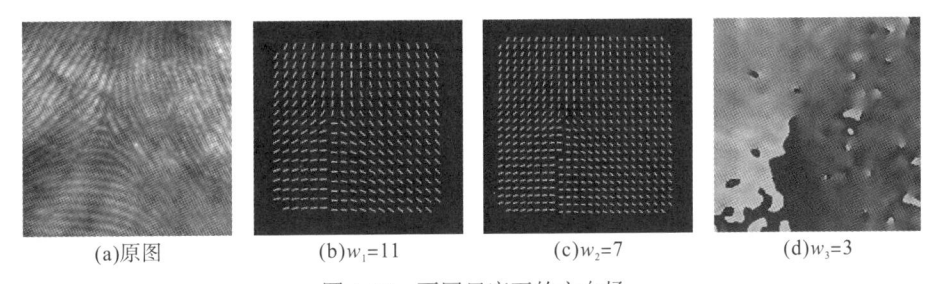

(a)原图　　(b)$w_1=11$　　(c)$w_2=7$　　(d)$w_3=3$

图 4-67　不同尺度下的方向场

然后，用改进的 Poincaré Index 检测算法对各个尺度下的方向场进行三角点检测。获取的三角点位置如图 4-68 所示。从图 4-68 中可以看出，图 4-68(a)为在最大尺度下检测到的三角点，其三角点只有一个，且明显往右偏移。图 4-68(b)为在小尺度下检测到的三角点，其明显比最大尺度下的检测结果更加准确，不足之处是很多伪三角点没有被去除。

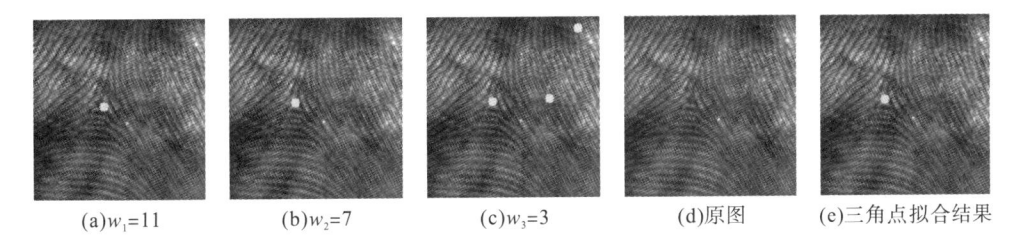

(a)$w_1=11$　　(b)$w_2=7$　　(c)$w_3=3$　　(d)原图　　(e)三角点拟合结果

图 4-68　三角点拟合过程

图 4-68(c)是在最小尺度下检测到的三角点,三角点位置明显比图 4-68(a)和图 4-68(b)更加准确,但是伪三角点的个数明显增加。

接下来,将各个尺度(w_1=11、w_2=7、w_3=3)下检测到的三角点组合到一起。①将 w_1 和 w_2 下的三角点进行整合。w_1 下检测到的三角点受噪声影响最小,因此这一尺度下的三角点被认作真实三角点,但是其位置又偏离真实三角点,将其记为 S_3。②将 w_2 下距离 S_3 最近的三角点判定为这一尺度下的真实三角点,并将其记为 S_2,其余的三角点则被当作伪三角点删除。按照同样的步骤,将 w_3 下的三角点与 S_2 作比较,并保留距离 S_2 最近的三角点,删除其余的三角点。③将保留的三角点作为三角点检测结果,如图 4-68(e)所示。需

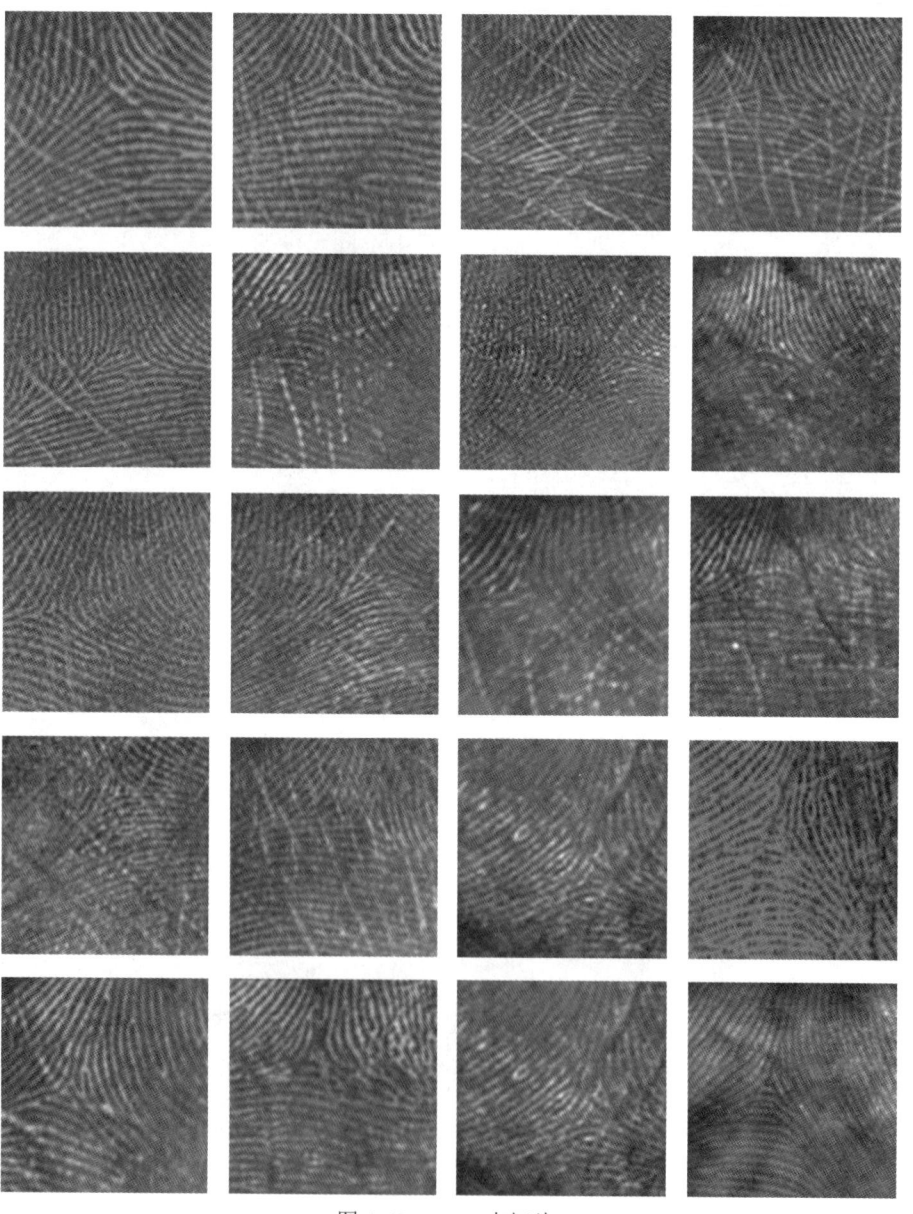

图 4-69 ATD 点切片

要注意的是，改进的 Poincaré Index 检测算法在大尺度下很难保证只保留真三角点，由于存在噪声，不可避免地会保留伪三角点。下面对掌纹 ATD 点所处的切片的特征进行分析，如图 4-69 所示。

通过观察分析发现，掌纹 ATD 点所处的切片只存在一个三角点且这个三角点就是 ATD 点之一。所以下一步的工作就是进一步去除以上步骤不能去除的伪三角点，留下的真三角点必然就是所求的 ATD 点。可通过式(4-65)计算所有剩余点 $w \times w$ 邻域内三角对称复数滤波响应幅值的平均值，然后通过比较将最大值对应的点的位置作为最终确定的真实三角点。

算法描述如下：

(1) 计算各个尺度下的掌纹切片方向场 $\theta_{1,2,3}$，并在不同尺度的高斯核下进行平滑。这里的尺度从大到小分别为 $w_1 = 11$、$w_2 = 7$、$w_3 = 3$。

(2) 利用改进的 Poincaré Index 检测算法对各个尺度下的方向场进行三角点检测。

(3) 将各个尺度下的三角点进行整合并进行判断，如果整合后的三角点数量小于或等于 1(即 $n \leq 1$)，则直接输出检测结果，否则进行下一步。

(4) 通过式(4-58)～式(4-61)对所有剩余点进行三角对称复数滤波，邻域大小为 $w \times w$，并通过式(4-62)求所有响应幅值的平均值。

(5) 比较各个邻域的响应幅值平均值，取最大值对应的点的位置作为检测结果。

4.4.4 实验结果分析

在三角点的检测中，获取准确的方向场是对三角点进行准确提取的基础，一个平滑稳定的方向场能提高三角点的准确性。图 4-67 为不同尺度下的方向场。

对各个尺度下的方向场进行三角点检测。先应用改进的 Poincaré Index 检测算法检测三角点，然后将各个尺度下的三角点进行整合，最后通过三角对称复数滤波器进一步去除伪三角点。图 4-70 为多尺度 ATD 点检测结果。

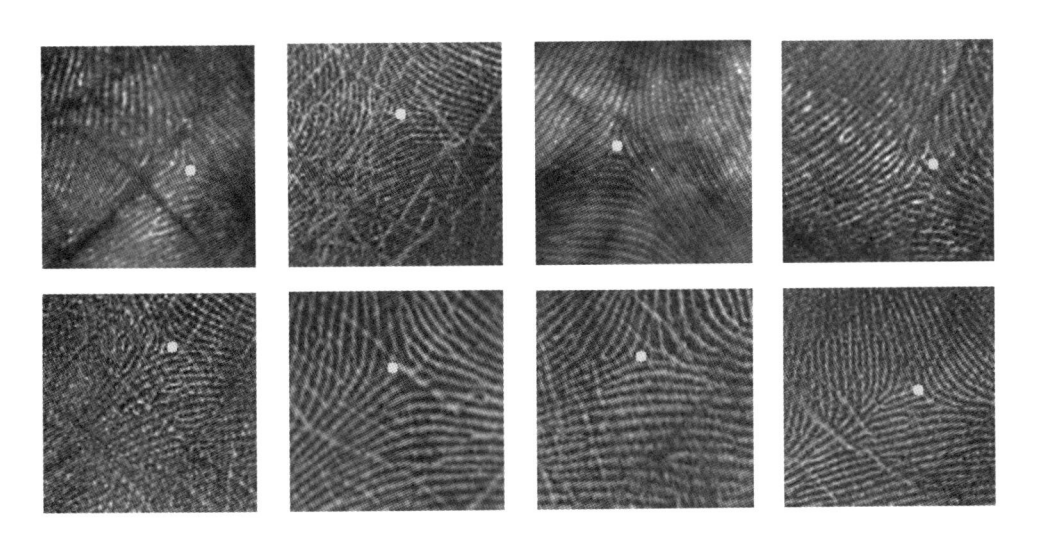

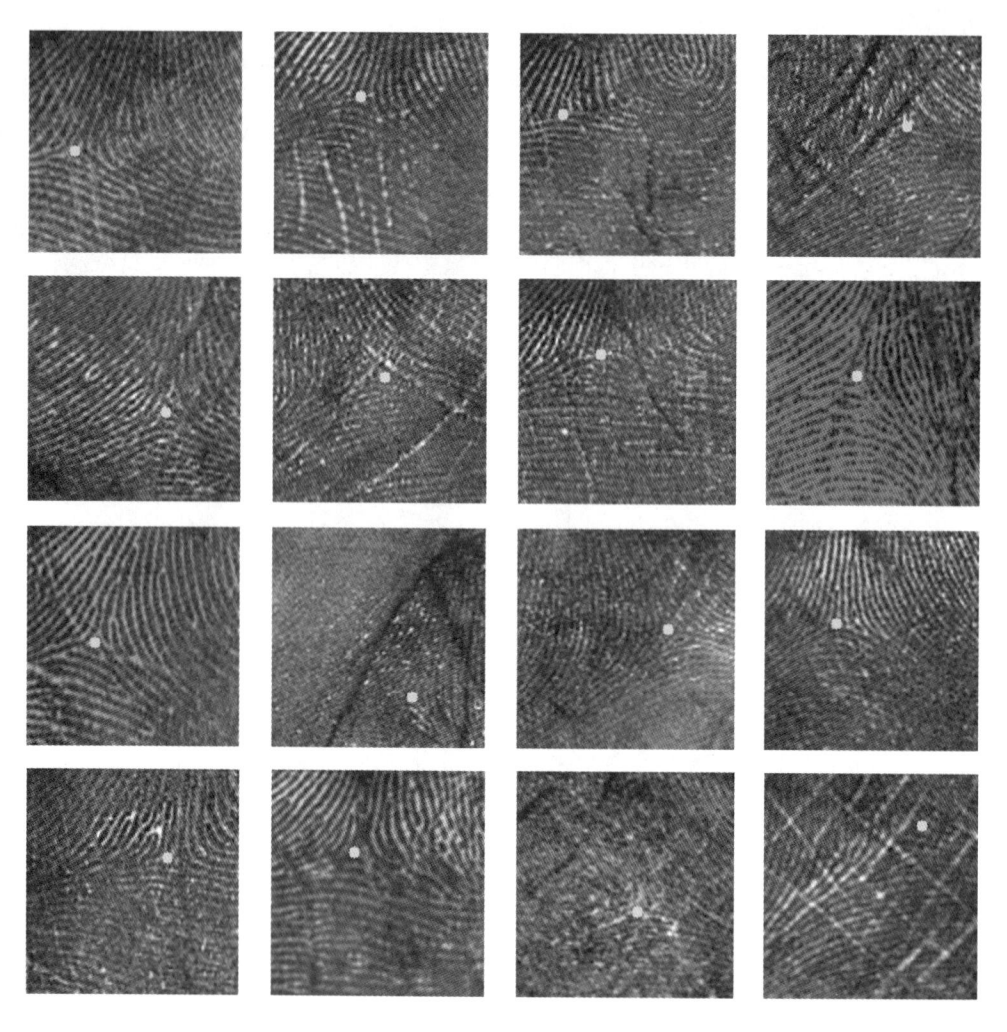

图4-70 三角点检测结果

通过观察分析和对比可以看出：①算法检测到的 ATD 点已经能够保证唯一性，不会出现两个以上的三角点，复数滤波在三角点验证和去除伪三角点方面取得成功；②对一些褶皱线等大噪声，只要其不横跨三角点位置，就不会影响准确地检测出三角点，而一些横跨三角点位置的大噪声则会引起三角点的偏移。

为了验证算法的可靠性，将标记的三角点位置同检测到的三角点位置进行对比（表4-9）。随机选择 20 幅掌纹切片图像作为实验样本，其中，(i_0, j_0) 为算法检测到的三角点位置，(i_1, j_1) 为事先标记的三角点位置，距离 d 的计算公式为

$$d = \sqrt{(i_1 - i_0)^2 + (j_1 - j_0)^2} \tag{4-66}$$

表 4-9　标记的三角点和检测到的三角点的(容错)距离　　　(单位：像素)

(i_1,j_1)	(i_0,j_0)	d	(i_1,j_1)	(i_0,j_0)	d
(103, 85)	(100, 85)	3.0	(61, 63)	(65, 69)	7.1
(106, 85)	(116, 85)	0	(43, 70)	(43, 72)	2.0
(37, 151)	(37, 157)	6.0	(133, 157)	(138, 155)	5.2
(97, 67)	(111, 74)	15.6	(142, 91)	(146, 93)	4.5
(97, 61)	(106, 61)	9.0	(67, 85)	(78, 85)	11.0
(127, 94)	(127, 94)	0	(67, 82)	(61, 84)	6.4
(106, 85)	(106, 86)	1.0	(136, 82)	(136, 78)	4.0
(57, 100)	(58, 106)	6.3	(106, 64)	(102, 61)	5.0
(124, 100)	(120, 97)	5.0	(85, 85)	(87, 91)	6.4
(106, 67)	(112, 62)	7.8	(61, 106)	(61, 105)	1.0

如表 4-9 所示，d 可以作为衡量三角点位置正确性的一个指标，称为容错距离。如果容错距离小于或等于 10 像素，那么就认为所检测到的三角点与事先标记的三角点重合，为同一个三角点。因为一个三角点定义为三个不同方向的汇合点，这个点的位置一般认为在嵴线上，而嵴线的宽度为 7 像素左右，所以只要容错距离小于或等于 10 像素，那么三角点检测结果就是准确的。若容错距离 $d\in(10,20]$，则认为三角点检测结果基本正确，因为人工标记会产生误差；若 $d\in(20,40]$，则认为三角点检测结果不准确，这是由于实验中对褶皱线等大噪声过度平滑引起三角点发生偏移；若 $d>40$，则认为所检测到的三角点是错误的。通过表 4-9 的样本可以看出，三角点的检测算法基本保证了容错距离不大于 20 像素，检测到的三角点是准确的。为增强算法的说服力，扩大样本并对容错距离进行加强估计(表 4-10)。

表 4-10　容错距离范围统计　　　(单位：幅)

$d\in[0,10]$	$d\in(10,20]$	$d\in(20,40]$	$d>40$
161	22	12	5

表 4-10 是对 200 幅掌纹切片图像进行实验后的统计数据，从表中可以看出其准确率高达 80%以上，进一步说明了算法的可靠性。

4.4.5　小结

本节重点介绍了基于庞加莱指数的掌纹三角点检测算法和基于三角对称复数滤波器的三角点检测算法，在分析这两种算法的缺点后，在传统的 Poincaré Index 检测算法的基础上提出了改进方案，同时提出了一种基于复数滤波器的多尺度 ATD 点检测算法，通过不同尺度下的方向场计算 PI 值，并逐级拟合三角点，最终通过三角对称复数滤波器来确定三角点位置。实验结果表明，本节提出的基于复数滤波器的多尺度 ATD 点检测算法能很好地应用于掌纹图像，检测结果较为准确。

参 考 文 献

[1] 祁岩超, 祝斐明, 买玲, 等. 食管癌和贲门癌病人的皮纹学研究[J]. 实用肿瘤杂志, 1990, 5(2): 104-105.

[2] 崔博, 邓宁. 心肌梗塞的皮纹学研究[J]. 优生与遗传, 1992(3): 56-57.

[3] 张亮, 屈景辉, 师建国, 等. 肿瘤患者皮纹特征的量化分类初步分析[J]. 人类学学报, 2007, 26(2): 165-170.

[4] 陆国芳, 李树宁, 高丽荣, 等. 抑郁症患者的皮纹特征[J]. 人类学学报, 2012, 31(2): 202-206.

[5] 刘金明. 原发性肝癌的中医体征研究[D]. 北京: 北京中医药大学, 2013.

[6] Land E H, McCann J J. Lightness and retinex theory[J]. Journal of the Optical Society of America, 1971, 61(1): 1-11.

[7] Cao K, Jain A K. Latent orientation field estimation via convolutional neural network[C]// International Conference on Biometrics, Phuket, 2015: 349-356.

[8] Gupta P, Gupta P. A robust singular point detection algorithm[J]. Applied Soft Computing, 2015, 29: 411-423.

[9] Çavuşoğlu A, Salih Görgünoğlu S. A fast fingerprint image enhancement algorithm using a parabolic mask[J]. Computers & Electrical Engineering, 2008, 34(3): 250-256.

[10] Wang Y, Hu J K, Schroder H. A gradient based weighted averaging method for estimation of fingerprint orientation fields[C]//Digital Image Computing: Techniques and Applications, Queensland, 2005: 195: 202.

[11] Jia W, Huang D S, Zhang D. Palmprint verification based on robust line orientation code[J]. Pattern Recognition, 2008, 41(5): 1504-1513.

[12] Kong A W K, Zhang D. Competitive coding scheme for palmprint verification[C]//Proceedings of the 17th International Conference on Pattern Recognition, Washington, 2004: 520-523.

[13] Freeman W T, Adelson E H. The design and use of steerable filters[J]. IEEE Transactions on Pattern Analysis and Machine Intelligence, 1991, 13(9): 891-906.

[14] 楚亚蕴, 詹小四, 孙兆才, 等. 一种结合方向信息的指纹图像二值化算法[J]. 中国图象图形学报, 2006, 11(6): 855-860.

[15] Tuyls P, Akkermans A H M, Kevenaar T A M, et al. Practical Biometric Authentication with Template Protection[M]//Leeture Notes in Computer Science. Berlin: Springer, 2005: 436-446.

[16] Zhang L, Zhang D. Characterization of palmprints by wavelet signatures via directional context modeling[J]. IEEE Transactions on Systems, Man, and Cybernetics: Part B: Cybernetics, 2004: 34(3): 1335-1347.

[17] Lin C L, Chuang T C, Fan K C. Palmprint verification using hierarchical decomposition[J]. Pattern Recognition, 2005, 38(12): 2639-2652.

[18] Zhang D P, Shu W. Two novel characteristics in palmprint verification: Datum point invariance and line feature matching[J]. Pattern Recognition, 1999, 32(4): 691-702.

[19] 徐寒. 掌纹图像的主线特征提取[J]. 淮阴师范学院学报(自然科学版), 2005, 4(4): 341-344.

[20] 黄申, 徐成, 屈景辉, 等. 基于小波理论对掌纹主线提取和修复[J]. 中国图象图形学报, 2006, 11(8): 1139-1149.

[21] 彭其胜. 基于在线掌纹图像的掌纹线特征提取算法研究[D]. 杭州: 杭州电子科技大学, 2012.

[22] 王光辉, 梁毅军, 贺朋令. 视觉皮层中线条检测器的改进算法及应用[J]. 西安交通大学学报, 2000, 34(3): 9-12.

[23] 刘元龙, 李海燕, 唐一吟, 等. 一种改进型圆盘法提取手形特征点的新方法[J]. 云南大学学报(自然科学版), 2015, 37(6): 805-810.

[24] 陈燕新, 戚飞虎. 一种新的提取轮廓特征点的方法[J]. 红外与毫米波学报, 1998, 17(3): 171-176.

[25] Birdal T. Maximum inscribed circle using voronoi diagram[EB/OL]. https://cn.Mathworks.com/matlabcentral/fileexchange/32543-maximum-inscribed-circle-using-voronoi-diagram[2017-3-7].

[26] 王树文, 闫成新, 张天序, 等. 数学形态学在图像处理中的应用[J]. 计算机工程与应用, 2004, 40(32): 89-92.

[27] Srinivasan V S, Murthy N N. Detection of singular points in fingerprint images[J]. Pattern Recognition, 1992, 25(2): 139-153.

[28] Koo W M, Kot A. Curvature-based singular points detection[C]//Proceedings of the 3rd International Conference on Audio-and Video-based Biometric Person Authentication, Sweden, 2001: 229-234.

[29] Nilsson K, Bigun J. Complex Filters Applied to Fingerprint Images Detecting Prominent Symmetry Points Used for Alignment[M]//Biometric Authentication. Berlin: Springer, 2002: 39-47.

[30] Chikkerur S, Ratha N. Impact of singular point detection on fingerprint matching performance[C]. Proceedings of the 4th IEEE Workshop Automatic Identification Advanced Technologies, Buffao, 2005: 207-212

[31] Kawagoe M, Tojo A. Fingerprint pattern classification[J]. Pattern Recognition, 1984, 17(3): 295-303.

[32] Bazen A M, Gerez S H. Systematic methods for the computation of the directional fields and singular points of fingerprints[J]. IEEE Transactions on Pattern Analysis and Machine Intelligence, 2002, 24(7): 905-919.

[33] Zhou J, Chen F L, Gu J W. A novel algorithm for detecting singular points from fingerprint images[J]. IEEE Transactions on Pattern Analysis and Machine Intelligence, 2009, 31(7): 1239-1250.

[34] Fan L L, Wang S G, Wang H F, et al. Singular points detection based on zero-pole model in fingerprint images[J]. IEEE Transactions on Pattern Analysis and Machine Intelligence, 2008, 30(6): 929-940.

[35] Jin C L, Kim H. Pixel-level singular point detection from multi-scale Gaussian filtered orientation field[J]. Pattern Recognition, 2010, 43(11): 3879-3890.

[36] Neto H V, Borges D L. Fingerprint classification with neural networks[C]//Proceedings of the 4th Brazilian Symposium on Neural Networks, Brazil, 1997: 66-72.

[37] Dass S C. Markov random field models for directional field and singularity extraction in fingerprint images[J]. IEEE Transactions on Image Processing, 2004, 13(10): 1358-1367.

[38] Wang Y, Hu J K, Phillips D. A fingerprint orientation model based on 2D Fourier expansion (FOMFE) and its application to singular-point detection and fingerprint indexing[J]. IEEE Transactions on Pattern Analysis and Machine Intelligence, 2007, 29(4): 573-585.

[39] Xie S J, Yoo H M, Park D S, et al. Fingerprint reference point determination based on a novel ridgeline feature[J]. Proceedings International Conference on Image Processing, 2010, 1: 3073-3076.

[40] Zhang Q Z, Yan H. Fingerprint classification based on extraction and analysis of singularities and pseudo ridges[J]. Pattern Recognition, 2004, 37(11): 2233-2243.

[41] Gabor D. Theory of communication[J]. Journal of the Institution of Electrical Engineers, 1946, 93(26): 429-441.

第5章　手掌特征融合及与乳腺癌相关性研究

乳腺肿瘤是生长在乳腺上皮组织中的恶性肿瘤,乳腺癌是新发癌症病例数量最多的癌症之一,近年来平均每年死于乳腺癌的女性数量仅次于肺癌。在美国,平均每年有18.5万名妇女患乳腺癌,并有4.4万人死于这种疾病。中国女性乳腺癌发病率和死亡率在全球处于比较低的水平,但近年来呈迅速增长的趋势,尤其是农村地区近10年上升趋势明显[1]。2011年全国新发女性乳腺癌病例约为24.9万例,位居女性发病率首位。其中城市地区的新发病例约为15.8万例(63.45%)、农村地区约为9.1万例(36.55%)[2]。

乳腺癌的治疗在不同的阶段采取不同的方法,成功率在不同阶段有很大差别,越早发现越容易治疗,所以早期的医学检查和诊断尤为重要。乳腺癌可分为0~IV期,其中,0~I期的乳腺癌为早期乳腺癌,五年生存率达到90%左右,随着乳腺癌期数的增加,生存率逐步降低。在IV期,癌细胞一般存在扩散和转移的情况,即使进行有效治疗,五年生存率也只能达到25%左右。可见,提高乳腺癌患者生存率的关键在于早发现和早诊断。

目前比较常用的乳腺癌早期检测方法有乳腺磁共振成像(magnetic resonance imaging, MRI)、乳腺超声、乳腺X射线钼靶摄影和基因检测等。乳腺MRI检测入侵性乳腺癌的准确性高于乳腺超声和乳腺X射线钼靶摄影,适用于致密型乳腺检测,可以用于新近诊断的乳腺癌患者。但其检测设备昂贵,检测时间很长,检测费用较高,不能显示微小钙化且容易出现假阳性。乳腺超声具有经济、便于操作、无辐射等优点,这种方法比较适用于高密度的乳腺,能观察到0.5cm左右的肿块及周围的血流情况,但检测结果会受检测仪器分辨率和医生经验的影响,无法辨别无肿块型病灶且难以显示微小钙化。乳腺X射线钼靶摄影能够观察到小于0.1cm的钙化点或钙化块,但检测时需要将整个乳腺压扁透视,对于那些腺体丰富的患者,病灶会和腺体重合在一起难以区分,因此不适用于腺体致密的年轻患者。可以用基因检测方法来进行早期乳腺癌的检测,但基因检测只适用于有两位以上直系亲属患乳腺癌的情况。

生物学研究表明,乳腺癌的变异与手掌皮纹特征有关。目前仅有针对手掌某个特征和乳腺癌相关性的研究,没有系统地自动提取、研究特征的筛选及分类系统。因此,本章将建立一个囊括手掌图像数据采集、特征提取、特征筛选和分类判别功能的系统。首先建立有关乳腺癌患者和正常人的手掌图像数据库,并提取出手掌图像中的ATD角、a-b嵴线数、指长比和主线纹型特征;然后对乳腺癌患者与正常人的特征进行对比分析,筛选出两组数据中具有显著性差异的特征;最后建立分类器,用特异性特征进行乳腺癌易感性预测。这为早期乳腺癌的检测提供了一种无创、无害且简便的方法,有助于早发现、早治疗乳腺癌,提高患者的生存率。

5.1 数据库的建立及图像的预处理

本节主要利用设计的采集界面和设备对乳腺癌患者及正常人的手掌、指纹图像进行采集，并将采集的图像存储于数据库中。为了方便后续对手掌特征的提取，本节对采集的图像进行预处理，其中包括掌纹 ROI 图像的提取、指纹图像的增强、手形图像的提取等。

5.1.1 手掌图像数据库的建立

使用 ZK6000A 指纹采集器和佳能数码相机进行指纹和掌纹图像的采集，在采集时统计患者的年龄、籍贯等信息，利用 MFC（微软基础类库）中封装的 Windows API（应用程序接口）设计一个信息和图像采集系统。该系统包括用户登录界面（图 5-1）、信息采集界面、信息查询界面和信息删除界面。

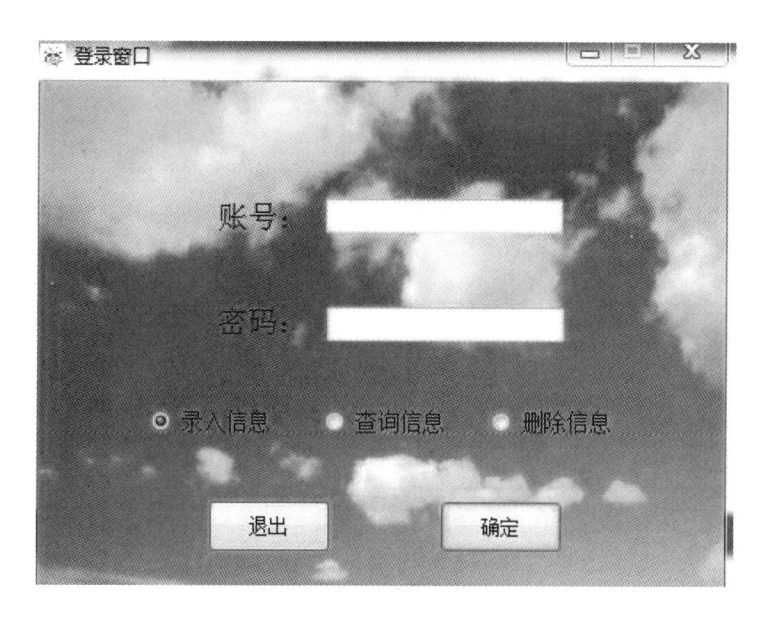

图 5-1 用户登录界面

由图 5-1 可以看出，用户登录界面需输入账号和密码，以及选择"录入信息"、"查询信息"和"删除信息"三个选项之一。在填写正确的账号和密码，并选择"录入信息"选项后，点击"确定"按钮即可进入信息采集界面（图 5-2）。

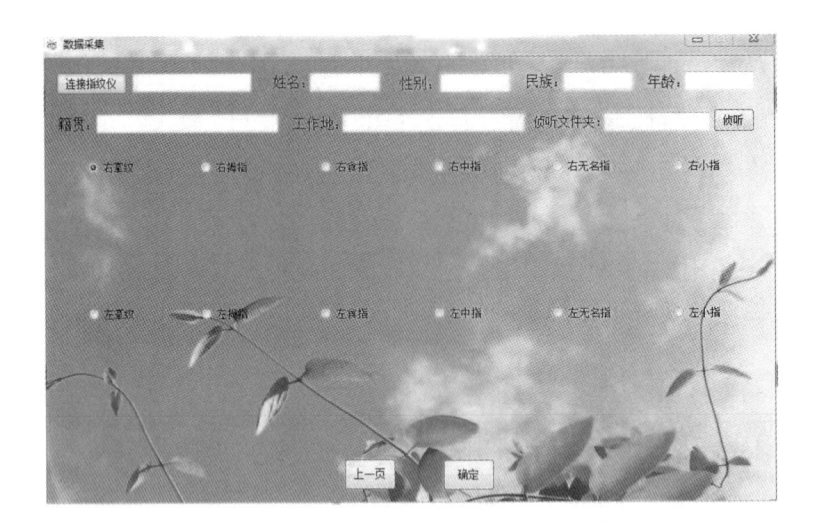

图 5-2　信息采集界面(1)

由图 5-2 可以看出，需要对年龄、籍贯、工作地等基本信息进行填写，然后录入左右手掌及其十个手指的指纹。在连接 ZK6000A 指纹采集器并填写基本信息后，依次单击录入界面的选项，对 10 个手指的指纹和手掌的掌纹进行图像采集。采集过程如图 5-3 所示。

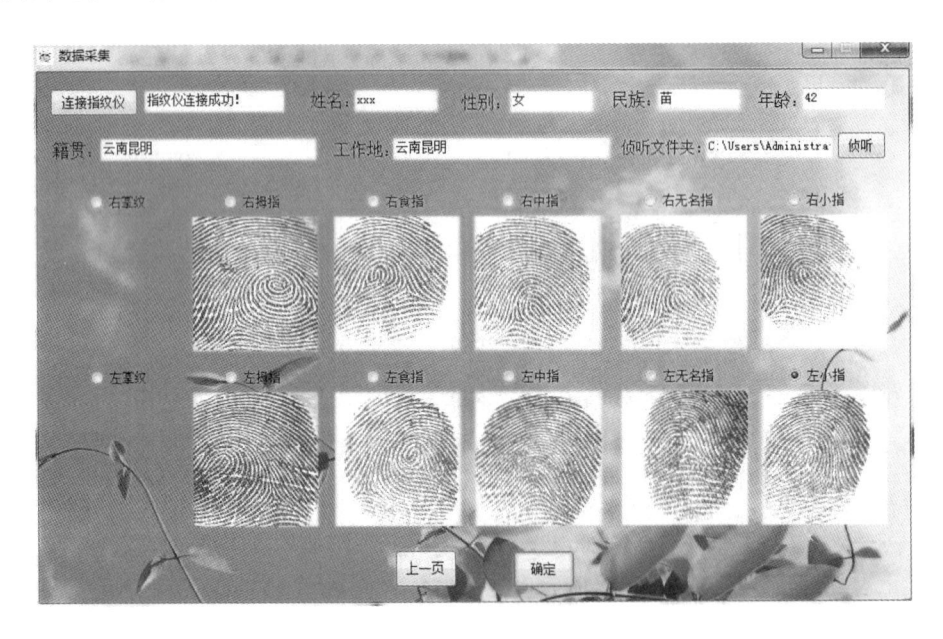

图 5-3　信息采集界面(2)

由图 5-3 可以看出，连接指纹采集器后，可以对手指的指纹进行采集，左右手掌的掌纹由数码相机完成采集，并保存到数据库中。为方便后续对掌纹图像做处理，在对掌纹图像进行采集时需将五指分开，掌心向上，手置于黑色垫子上，如图 5-4 所示。

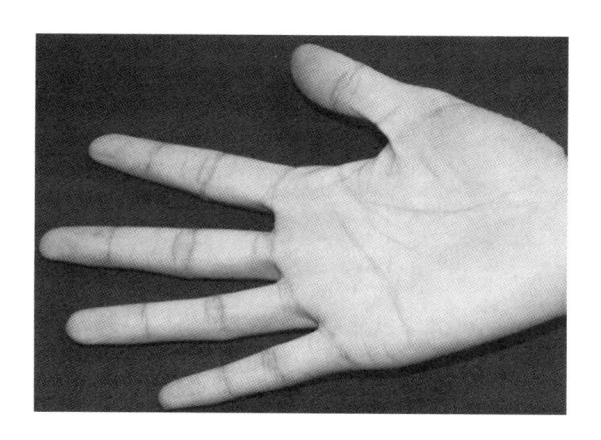

图 5-4 掌纹采集示意图

录入并上传数据后，根据上传完成的时间生成一个 ID，在查询界面和删除界面通过输入这个 ID 进行相应的查询和删除操作。数据上传后返回用户登录界面，选择"查询信息"选项即可进入查询界面。在查询界面的编号输入框中输入 ID 可对之前录入的信息进行查询，单击"保存图片"后就可以在指定目录下找到采集的图像。信息查询界面如图 5-5 所示。

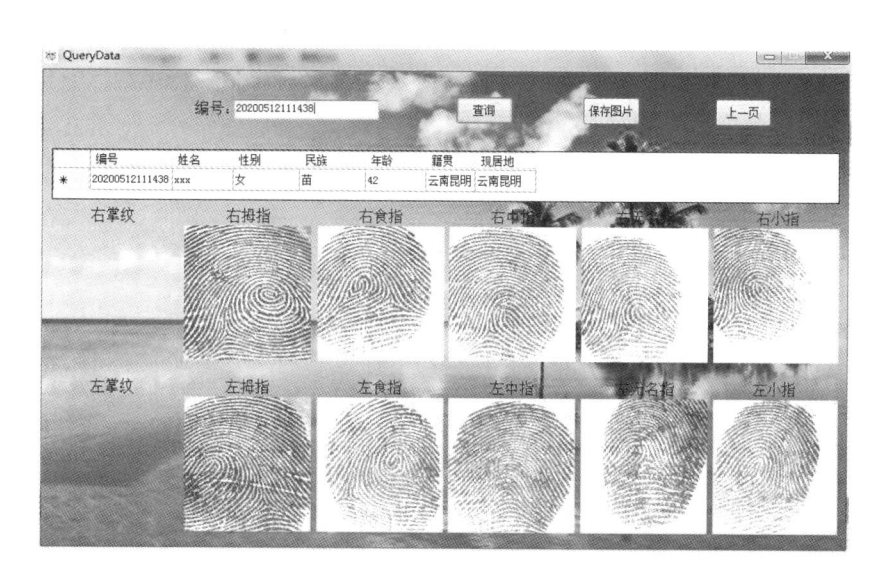

图 5-5 信息查询界面

同样，在用户登录界面选择"删除信息"选项可以进入信息删除界面，如图 5-6 所示，在编号输入框中输入 ID 并选择"单个删除"能删除指定的录入信息。

图 5-6 信息删除界面

采集信息后需要对数据进行存储以方便查看,因此针对采集的信息设计了数据库管理系统,统计了被采样者的姓名、年龄、出生地等基本信息以及采样后生成的 ID,用于查看和管理所有信息。部分信息如图 5-7 所示。

ID	Name	Gender	Nation	Age	BirthPlace
20190925153652		女	回族	23	11
20190925153826		女	汉族	23	1
20190925182147		女	汉族	24	山西大同
20190925182722		女	汉	24	河南驻马店
20190925202327		女	回	24	1
20190925214815		女	汉	2	1
20190925215159		女	汉	23	1
20190925215458		女	汉	1	1
20190926101347		女	汉	25	11
20190926101831		女	汉	23	湖北
20191024200008		女	汉	24	云南曲靖
20191024200720		女	彝族	23	贵州威宁
20191028092422		女	汉	42	云南
20191028093016		女	汉	48	云南玉溪
20191028093318		女	汉	36	黑龙江
20191028093821		女	汉	48	云南文山
20191028094333		女	汉	54	湖南
20191028094819		女	汉	45	昆明
20191028095317		女	汉	50	云南

ID	Name	Gender	Nation	Age	BirthPlace
20191028100130		女	汉	71	四川
20191028100525		女	回	55	云南文山
20191028101024		女	汉	51	曲靖
20191028101345		女	汉	60	云南普洱
20191122204803		女	11	1	1
20191122205135		女	22	21	1
20191129190313		女	2	2	2
20191129200117		女	汉族	23	贵州
20191129200558		女	汉	22	吉林
20191129200850		女	汉	22	河南
20191129201145		女	回	23	云南昆明
20191129201519		女	汉	23	河南
20191129201838		女	汉	23	四川
20191129202147		女	汉族	22	云南
20191129202420		女	汉	23	四川
20191129202820		女	汉	18	重庆
20191129203116		女	汉	24	四川
20191129203412		女	汉	24	山东
20191129203634		女	汉	23	云南

图 5-7 数据库信息统计

图 5-7 展示了统计的部分女性信息，其中包括正常女性和乳腺癌患者的信息。为了保护乳腺癌患者的隐私，将部分信息改为数字、字母或直接省略。

5.1.2 手掌图像的预处理

1. 指纹图像的增强

指纹图像中有很多边缘的嵴线，边缘对图像来说是高频分量，增强掌纹图像可通过增加图像中的高频部分和减少低频部分来实现。时域和频域可通过傅里叶变换进行转换，经傅里叶变换后低频信号转移到图像的中心，然后可采用根滤波增强的方法来增强高频谱并削弱噪声。经傅里叶变换后的图像是二通道图像，一个通道是实数通道，另一个通道是虚数通道。用根滤波分别对实数通道和虚数通道进行增强，如式(5-1)～式(5-3)所示：

$$I_H = \sqrt{I_r^2(i,j) + I_m^2(i,j)} \tag{5-1}$$

$$I'_m(i,j) = \sqrt{I_H^{1.5}} I_m(i,j) \tag{5-2}$$

$$I'_r(i,j) = \sqrt{I_H^{1.5}} I_r(i,j) \tag{5-3}$$

式中，$I_m(i,j)$ 是虚数通道图像的像素；$I_r(i,j)$ 是实数通道图像的像素；$I'_m(i,j)$ 和 $I'_r(i,j)$ 是滤波更新后两个通道的像素。根据式(5-1)～式(5-3)的变换实现图像频率的变化，增强图像高频部分，从而对图像进行增强。滤波前后的指纹图像如图 5-8 所示。

(a)原图　　　　　(b)增强后的图像

图 5-8　指纹图像增强

由图 5-8 可以看出，增强指纹图像后，指纹嵴线变得更粗、更平滑且原指纹图像中断裂的嵴线很好地连接起来，为后续指纹奇异点的检测奠定了基础。

2. 手形轮廓的提取

为了定位手掌中的指根点和指尖点，从而获得手指的长度，需要对数据库中的手掌图像进行预处理，提取手掌的轮廓，其提取步骤如图 5-9 所示。

```
原始手掌    →  灰度化  →  去噪  →  二值化  →  提取轮廓
  图像
```

图 5-9　轮廓提取步骤

(1)灰度化。原始手掌图像是包含色彩信息的 RGB 图像，灰度化是指去除图像色彩信息，只保留亮度信息。常用的灰度化方法有最大值法、平均值法和加权法，这三种方法均是对图像的三原色进行处理。最大值法选取图像三原色中亮度值最大的分量作为灰度图像的灰度值。平均值法对三原色求平均值，平均值作为灰度图像的灰度值。本节采用的是加权法，即对 RGB 图像三原色进行加权求和，如式(5-4)所示：

$$I(i,j) = 0.30R(i,j) + 0.59G(i,j) + 0.11B(i,j) \tag{5-4}$$

式(5-4)中三原色的权重根据人眼的敏感性进行分配，由于人眼对绿色的敏感性最高，故其权重最大，对蓝色的敏感性最低，故其权重最小。相比前两种灰度化方法，用加权法进行灰度化最为合理。灰度化后的手掌图像如图 5-10 所示。

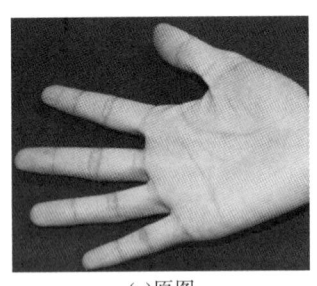

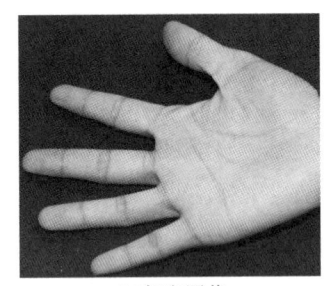

(a)原图　　　　　　　　(b)灰度图像

图 5-10　掌纹图像灰度化

(2)去噪。灰度化后的图像中存在噪声，为了有效地滤除噪声并保留手掌边缘信息，需对灰度图像进行双边滤波。双边滤波器是一种能使图像平滑并保留边缘的非线性滤波器，它不仅考虑了图像像素之间的几何距离，还对像素间的色彩差异进行了处理。在双边滤波器中，像素的输出值与邻域像素值的加权有关，即

$$I(i,j) = \frac{\sum_{m=0}^{n} f(m,n)\omega(i,j,m,n)}{\sum_{m=0}^{n} \omega(i,j,m,n)} \tag{5-5}$$

式中，(m,n) 和 (i,j) 分别代表两个像素点坐标；$\omega(i,j,m,n)$ 则表示两个像素的加权系数，该加权系数与空间域和像素域核的乘积有关。空间域和像素域核的计算公式为

$$d(i,j,m,n) = \exp\left[-\frac{(i-m)^2 + (j-n)^2}{2\sigma_d^2}\right] \tag{5-6}$$

$$r(i,j,m,n) = \exp\left[-\frac{\|f(i,j) - f(m,n)\|^2}{2\sigma_r^2}\right] \tag{5-7}$$

由于双边滤波的权值由空间域和像素域的乘积决定,故式(5-5)中的权值可以表示为

$$\omega(i,j,m,n) = \exp\left[-\frac{(i-m)^2 + (j-n)^2}{2\sigma_d^2} - \frac{\|f(i,j) - f(m,n)\|^2}{2\sigma_r^2}\right] \tag{5-8}$$

由权值公式可以看出,在双边滤波器中两像素点的距离越近则权值越大。双边滤波的结果如图 5-11 所示。由图 5-11 可以看出,双边滤波方法不仅滤除了图像部分噪声,保留了纹线,还增强了手掌与背景的对比度,有利于手掌边缘轮廓的提取。

(3)二值化。图像进行滤波后,需要将其二值化。灰度图像中所有像素点的值都量化为 0~255 的数字,二值化的原理是设置一个阈值,将图像中的所有像素值与阈值进行比较,大于阈值的像素值置为 255,否则置为 0。如式(5-9)所示,阈值为 128。处理后的图像是只有黑白两种像素的二值图像,二值化后的图像如图 5-12 所示。

$$I'(i,j) = \begin{cases} 255, & I(i,j) > 128 \\ 0, & I(i,j) \leqslant 128 \end{cases} \tag{5-9}$$

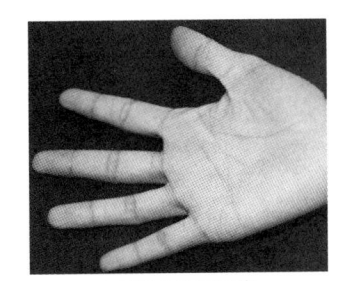

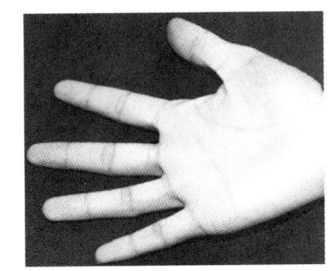

(a)滤波前的图像　　(b)滤波后的图像

图 5-11　掌纹图像双边滤波　　图 5-12　掌纹图像二值化

(4)提取轮廓。图像的边缘轮廓可表示为一阶的过极点或二阶的过零点。本节采用 Laplacian(拉普拉斯)算子,它是一种二阶的过零点微分算子,具有各向同性,比一阶的微分算子更敏感,尤其是对图像边缘的渐变细节。它会在图像的边缘产生尖锐的零交叉,从而检测出图像灰度突变的区域,如式(5-10)所示:

$$\nabla^2 f = \frac{\partial^2 f}{\partial x^2} + \frac{\partial^2 f}{\partial y^2} \tag{5-10}$$

由于图像中像素是离散的,式(5-10)也可以写成差分形式,即

$$\nabla^2 f = f(x,y+1) - 4f(x,y) + f(x,y-1) + f(x+1,y) + f(x-1,y) \tag{5-11}$$

由式(5-11)可以看出,使用 Laplacian 算子提取边缘其实就是对图像用卷积核进行运算,其卷积核如图 5-13(a)所示,通过 Laplacian 算子提取的手掌边缘如图 5-13(b)所示。

0	1	0
1	−4	1
0	1	0

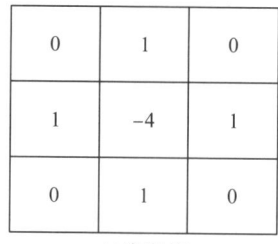

(a)卷积核　　　　　　　　　　(b)手掌边缘

图 5-13　用 Laplacian 提取算子手掌边缘

3. 掌纹 ROI 图像提取

为了方便后续掌纹主线的提取，需对手掌图像进行掌纹 ROI 提取。通过 Laplacian 算子提取手掌的边缘后，通过最大内切圆法来进行分割并初步提取掌纹 ROI 图像。以与轮廓上下左右四边距离最大的点为圆心 (x, y)、与最近切边的距离 r 为半径作圆，然后在圆外作一个矩形截取手掌图像，其中矩形的四个端点坐标分别为 $(x-r, y-r)$、$(x+r, y+r)$、$(x+r, y-r)$ 和 $(x-r, y+r)$。按相同的位置在原图上进行截取，即可得到初步的 ROI 图像。最大内切圆如图 5-14(a) 所示，利用矩形截取的初步 ROI 图像如图 5-14(b) 所示。

为方便后续掌纹主线的提取，将初步截取的 ROI 图像归一化为 128 像素×128 像素大小的灰度图像。得到的 ROI 图像如图 5-15 所示。

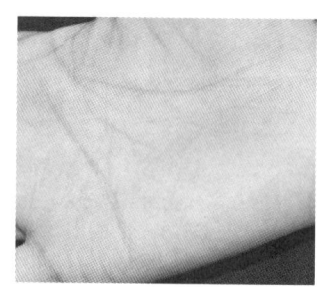

(a)最大内切圆　　　　　(b)初步截取的图像

图 5-14　最大内切圆法　　　　　　　　　　图 5-15　ROI 图像

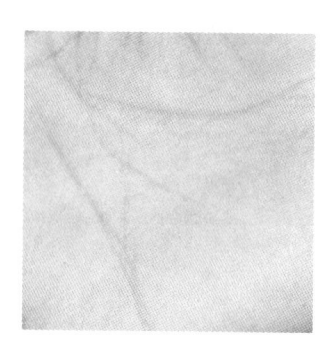

5.2　手掌特征的提取与融合

本节主要介绍掌纹、指长比、a-b 嵴线数、ATD 角等手掌特征的提取。针对传统算法提取掌纹主线后存在断线和噪点的情况，本节提出一种基于多方向滤波和邻域去噪的掌纹主线提取方法，以有效地获取连续、无噪点的掌纹主线图像。

5.2.1　掌纹主线的提取

掌纹是指手掌中的各种纹线，主要包括嵴线、褶皱线和掌纹主线。嵴线、褶皱线和掌纹主线在手掌中的分布情况如图 5-16 所示。

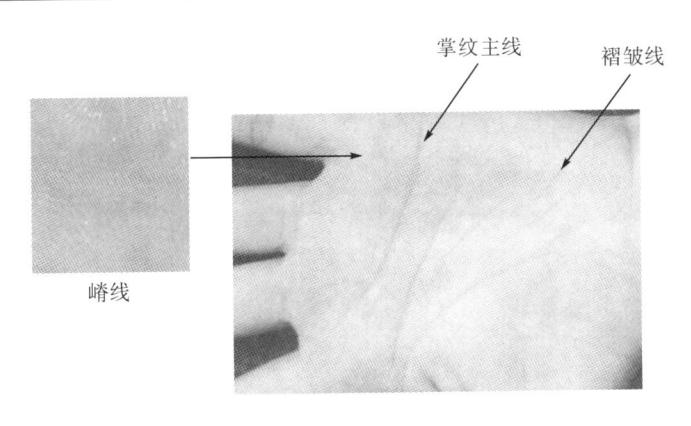

图 5-16 纹线示意图

为了提取出完整的掌纹主线,本节提出一种基于多方向滤波和邻域去噪的掌纹主线提取方法,该方法首先对预处理后的 ROI 图像进行中值滤波,平滑图像中的噪声,然后设计四个符合掌纹主线生长规律的滤波器核,对平滑后的图像进一步进行滤波,完成双重滤波后沿着各个滤波方向进行底帽运算,二值化后得到初步的主线提取结果,此时主线图像中还有噪点,需要进行邻域去噪以得到最终的结果。其整个流程如图 5-17 所示。

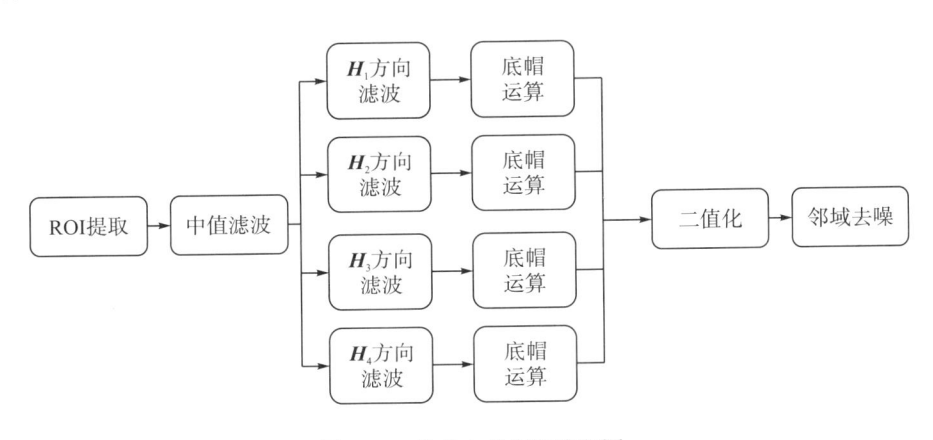

图 5-17 掌纹主线提取流程图

首先需要对 ROI 图像进行中值滤波,中值滤波是指使用奇数个样本组成的观察窗检查输入信号,以观察窗中的中值作为输出。滤波的目的一般有两个:①提取出图像的某个特征,用于识别或其他应用。②适应后续图像处理的要求,滤除图像中的噪声。此处进行中值滤波是为了滤除噪声。具体的操作方法是:首先将输入图像的像素值存储在数组中,对于每个像素,将包含该单元格的所有相邻像素存储在窗口中,然后对窗口中的数组进行排序并把中位数存储为输出图像的像素强度。中值滤波对于去除椒盐噪声和斑点噪声很有效,相比均值滤波,中值滤波在滤除噪声的同时还具有保存边缘的特性,适合用于掌纹 ROI 图像的前期处理。中值滤波器的窗口是二维的,可以是任何中心对称的形状,如正方形、圆盘形、十字形或矩形。本书采用的是 3×3 的二维正方形窗口。中值滤波前后的图像如图 5-18 所示。

(a)原图   (b)滤波后

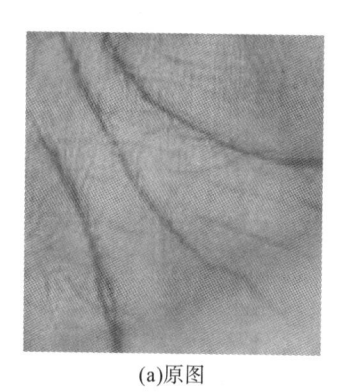

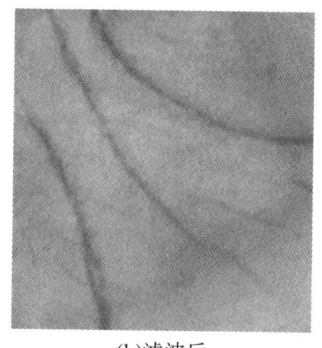

图 5-18　ROI 图像中值滤波

中值滤波是全局滤波，它虽然平滑了噪声，但对主线和较大的褶皱线也进行了平滑，而这些较大的褶皱线对于纹型的分类具有较重要的意义，在提取时应予以保留。因为掌纹的主线和较大的褶皱线总是沿着特定方向，所以根据掌纹的自然生长规律设计 4 个方向的滤波器核 H_1、H_2、H_3 和 H_4，其中 H_1 和 H_2 是分别沿着近水平方向和垂直方向设计的，主要用于检测主线附近较大的褶皱线，H_3 和 H_4 是根据主线常见生长方向设计的滤波器核，能增强主线区域。在使用这 4 个方向滤波器核对图像进行卷积运算时，由于 4 个方向的滤波器都是选择性滤波，故它们能够增强所在方向上的主线，平滑非主线区域的噪声和细节，从而有效提取主线。4 个滤波器核 H_1、H_2、H_3 和 H_4 的计算公式分别为

$$H_1 = \frac{1}{5}\begin{bmatrix} 0 & 0 & 0 & 0 & 0 \\ 0 & 0 & 0 & 1 & 0 \\ 1 & 1 & 1 & 0 & 1 \\ 0 & 0 & 0 & 0 & 0 \\ 0 & 0 & 0 & 0 & 0 \end{bmatrix}, \quad H_2 = \frac{1}{5}\begin{bmatrix} 0 & 0 & 1 & 0 & 0 \\ 0 & 0 & 1 & 0 & 0 \\ 0 & 0 & 1 & 0 & 0 \\ 0 & 0 & 0 & 1 & 0 \\ 0 & 0 & 1 & 0 & 0 \end{bmatrix}$$

$$H_3 = \frac{1}{7}\begin{bmatrix} 1 & 0 & 0 & 0 & 0 \\ 0 & 1 & 1 & 0 & 0 \\ 0 & 0 & 1 & 0 & 0 \\ 0 & 0 & 0 & 1 & 0 \\ 0 & 0 & 0 & 1 & 1 \end{bmatrix}, \quad H_4 = \frac{1}{7}\begin{bmatrix} 0 & 0 & 0 & 1 & 1 \\ 0 & 0 & 0 & 1 & 0 \\ 0 & 0 & 1 & 0 & 1 \\ 0 & 1 & 1 & 0 & 0 \\ 1 & 0 & 0 & 0 & 0 \end{bmatrix}$$

(5-12)

在数字域中，卷积是通过将与两个输入信号相对应的重叠采样的瞬时值相乘并累加来实现的。在图像处理中，卷积有很多作用，图像的增强、去噪、平滑和边缘提取等操作都可以用卷积来实现，如式(5-13)所示：

$$y(i,j) = \sum_{m=-\infty}^{\infty} \sum_{n=-\infty}^{\infty} h(m,n)x(i-m, j-n)$$

(5-13)

式中，x 代表输入的图像像素矩阵；h 表示卷积核；y 表示输出图像。设计的 4 个方向滤波器核中，各个位置上的权值相加并求平均值后结果均为 1，因此与图像进行卷积运算后不会改变图像的灰度。对于 5×5 的卷积核，式(5-13)可以变为

$$y(i,j) = \sum_{m=-\infty}^{\infty} h(m,-2)\boldsymbol{x}(i-m,j+2) + h(m,-1)\boldsymbol{x}(i-m,j+1) + h(m,0)\boldsymbol{x}(i-m,j) \\ + h(m,1)\boldsymbol{x}(i-m,j-1) + h(m,2)\boldsymbol{x}(i-m,j-2) \tag{5-14}$$

卷积操作的步骤：首先将卷积核进行 180°的旋转；然后将旋转后的卷积核滑过待处理的图像，按照从左到右、从上到下的顺序，针对每次滑过的情况计算出相互重叠位置处像素的乘积，并将各个位置处所得的乘积求和，得到的结果就是这个位置的输出像素值；最后更新所有位置处的像素值，得到完成卷积操作后的图像。完成卷积操作后图像比原始图像稍小，卷积的过程如图 5-19 所示。

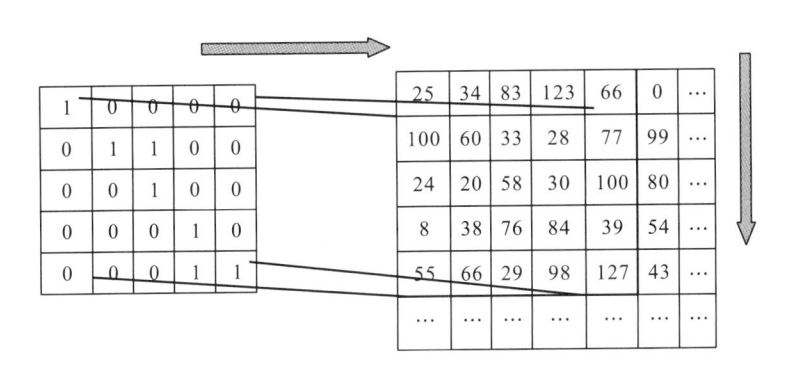

图 5-19　卷积过程示意图

空间坐标(2, 2)处第 1 个卷积结果为 $Y_{(2,2)} = \frac{1}{7}$ (25+60+33+58+84+98+127)≈69.29，则像素值 69 将代替原来的 58。以 5×5 的卷积核对图像进行卷积操作后会出现两个像素单位的边缘空缺，为保证图像的大小不变，需要在图像进行卷积运算之前对其边缘进行填充。常用的边缘填充方法有边缘零填充、边缘复制填充、边缘镜像填充和块填充。本节选择对图像的边缘进行零填充，具体为在进行卷积操作之前对图像边缘前后两行和两列的每个像素都执行像素值为零的填充。图像通过 4 个滤波器核进行卷积操作后的结果如图 5-20 所示。

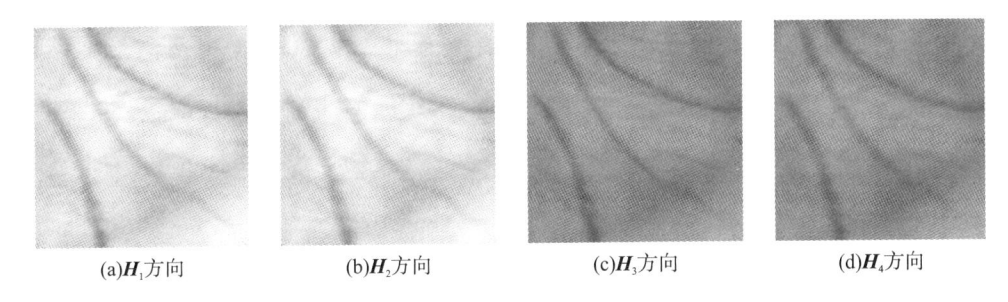

(a)$\boldsymbol{H}_1$方向　　(b)$\boldsymbol{H}_2$方向　　(c)$\boldsymbol{H}_3$方向　　(d)$\boldsymbol{H}_4$方向

图 5-20　方向卷积结果

由于掌纹主线处的灰度值略低于非主线区域的灰度值，所以采用形态学中的底帽变换对滤波后的图像进行运算。底帽变换的基本运算是用原始图像减去其闭运算(先膨胀后腐蚀)的结果，如式(5-15)所示：

$$I_{\text{bt}}(x,y) = I(x,y) - (I(x,y) \oplus s_1) \ominus s_2 \tag{5-15}$$

式中，s_1、s_2 分别为腐蚀和膨胀的结构元素。结构元素是腐蚀和膨胀的重要组成部分，主要用于测试输出的图像，它是仅包含 0 和 1 的矩阵，可以具有任意形状。结构元素中值为 1 的像素决定了邻域像素在进行形态学操作时是否参与运算。$\ominus$、$\oplus$ 分别代表腐蚀和膨胀。腐蚀和膨胀是两个基本的形态学操作，具有消除噪声、分割出独立的图像元素和连接邻近像素等功能。腐蚀的具体步骤是用一个结构元素遍历图像中的每一个像素，当结构元素覆盖某一像素时，遍历被结构元素覆盖的其他像素并将该像素修改为最小值。膨胀与腐蚀正好相反，需将图像中遍历的像素的值修改为被结构元素覆盖的最大像素值。腐蚀和膨胀两个操作的结果如图 5-21 所示。

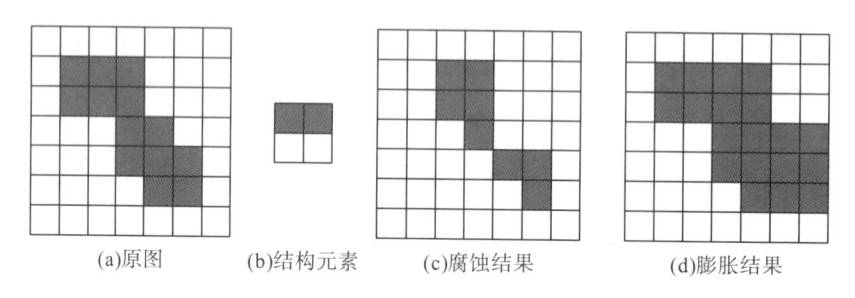

(a)原图　　(b)结构元素　　(c)腐蚀结果　　(d)膨胀结果

图 5-21　腐蚀和膨胀操作示意图

腐蚀可以移除 ROI 图像中边界较小的像素。腐蚀的目的是使 ROI 图像中非主线区域的边界缩小，从而去除那些像素较小且无关的褶皱线。膨胀则正好相反，它可以扩大目标区域，将 ROI 附近的无关点合并到目标对象中，从而达到凸显主线的效果。它不仅可以用来填补图像中的断点，还可以适当消除目标对象中一些细小的噪声。腐蚀和膨胀的公式分别如式(5-16)和式(5-17)所示：

$$I(x,y) \ominus s_1 = \{(x,y) | s_1 \subseteq I(x,y)\} \tag{5-16}$$

$$I(x,y) \oplus s_1 = \{(x,y) | s_1 \bigcap I(x,y)\} \tag{5-17}$$

对完成卷积操作后各个方向的图像使用底帽变换进行合并，然后对合并后的图像进行二值化处理，得到粗提取的掌纹主线图像。整个运算过程如图 5-22 所示。

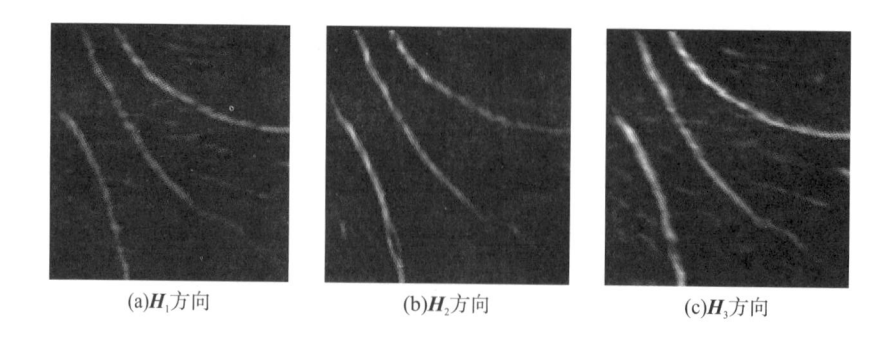

(a)H_1方向　　(b)H_2方向　　(c)H_3方向

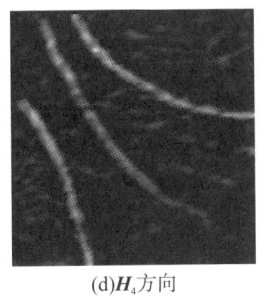

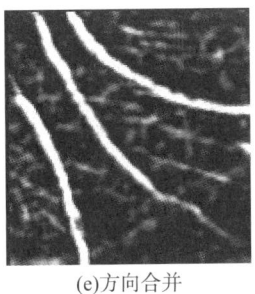

(d) H_4 方向 (e) 方向合并 (f) 二值后

图 5-22 粗提取图像

由图 5-22 可以看出，合并后主线的轮廓非常清晰，而粗提取的主线图像存在许多噪点，为了滤除二值化后的孤立点噪声，采用邻域去噪方法，该方法不仅对孤立的噪点有较好的去除效果，还能连接掌纹主线中的断线，其步骤如下。

步骤 1：对图像进行从上到下、从左到右的扫描，保存扫描后二值图像中每个像素点的像素值。

步骤 2：对图像中某一点的像素值进行判断，若该点的像素值为 0，则对该点 8 邻域中非 0 像素点的个数 S 进行计算。若 $S \geqslant 7$，则将该点的像素值更改为 255，并保存更新后的像素值。若该点的像素值为 255，则计算该点 8 邻域内非 0 像素点的个数 S 是否少于 4，若是，则将该点的像素值更改为 0，否则保持像素值不变，保存更新后的像素值。

步骤 3：重复步骤 2 三次，若仍存在噪点，可增大邻域的范围，再按照步骤 2 去噪，直到完全去除噪点。

去噪前后的结果如图 5-23 所示。

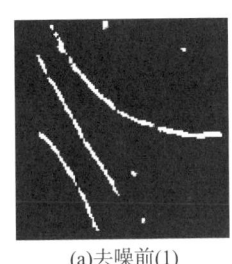

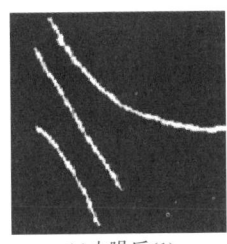

(a) 去噪前(1) (b) 去噪前(2) (c) 去噪后(1) (d) 去噪后(2)

图 5-23 邻域去噪

由图 5-23 中两幅图像去噪前后的结果对比可以看出，邻域去噪方法不仅去除了两幅图像中主线周围的噪点，还有效地连接了图 5-23(a) 中的部分断线，得到了连续、无噪点的掌纹主线图像。

为了验证本节提出的主线提取方法的有效性，选择文献[3]中的数据库图像，用本节提出的方法与文献[4]～文献[7]的方法对掌纹主线进行提取，提取结果如图 5-24 所示。

图 5-24(g) 是专家手动提取的掌纹主线图像，所选择的掌纹图像比较典型，自上而下：第 1 幅图像是三条主线无交点的图像；第 2 幅图像包含了较大的褶皱线；第 3 幅图像比较常见但纹理较浅，提取难度相对较大；第 4 幅图像有罕见的 4 条主线。这四幅图像各有特

点，涵盖了大多数主线提取情况。由对比结果可以看出，对于第 1 幅图像，文献[6]的方法提取的结果有较多的噪点，而文献[4]、文献[5]、文献[7]的方法提取的结果均存在断线。对于第 2 幅图像，文献[4]和文献[7]的方法提取的结果虽有细微的断线但总体上提取效果相对较好，文献[5]和文献[6]的方法提取的结果有明显的断线和噪点。第 3 幅图像纹理较浅，几种方法的提取效果都不是很好。第 4 幅图像中有较大的褶皱线，应予以提取，但文献[5]、文献[6]和文献[7]的方法的提取效果都不好，存在大量断线。本节提出的方法则能提取出连续完整、无噪点的掌纹主线图像，为主线纹型分类奠定了基础。

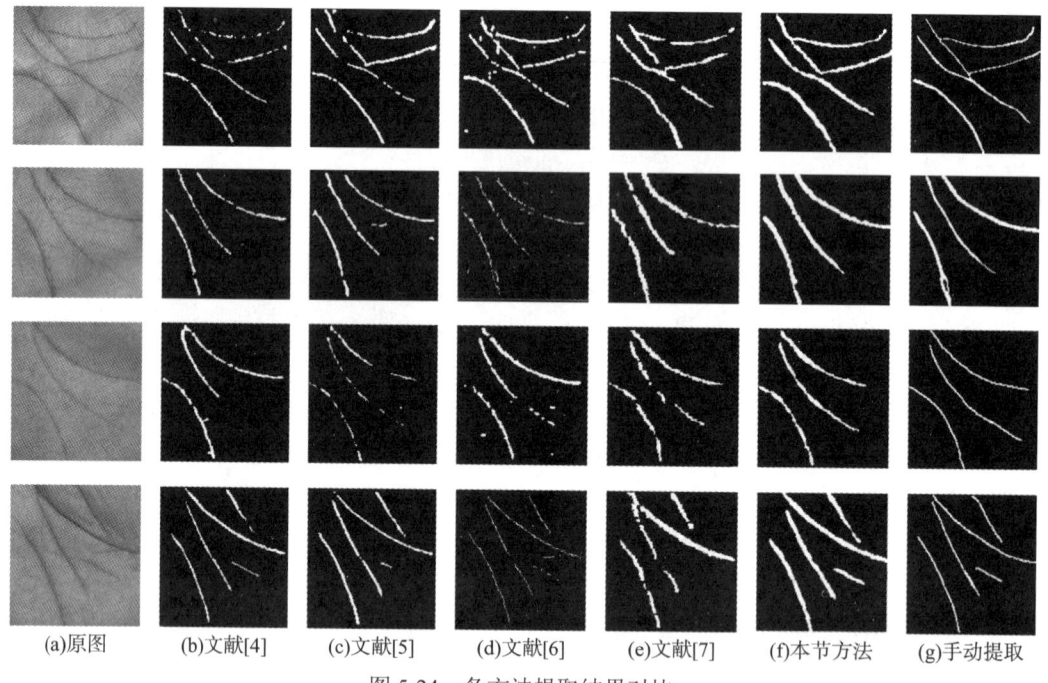

(a)原图　(b)文献[4]　(c)文献[5]　(d)文献[6]　(e)文献[7]　(f)本节方法　(g)手动提取

图 5-24　各方法提取结果对比

为了从客观的角度分析本节提出的方法的有效性，随机从 100 幅 ROI 图像中选取 3 幅图像(图 5-25)，将用各种方法提取的掌纹主线图像与专家手动提取的掌纹主线图像进行 PSNR(峰值信噪比)对比。PSNR 是一种用于评价图像之间相似程度的客观标准，PSNR 的值越大则表明与专家手动提取的图像越相似,提取的效果也越好。其对比结果如表 5-1 所示。

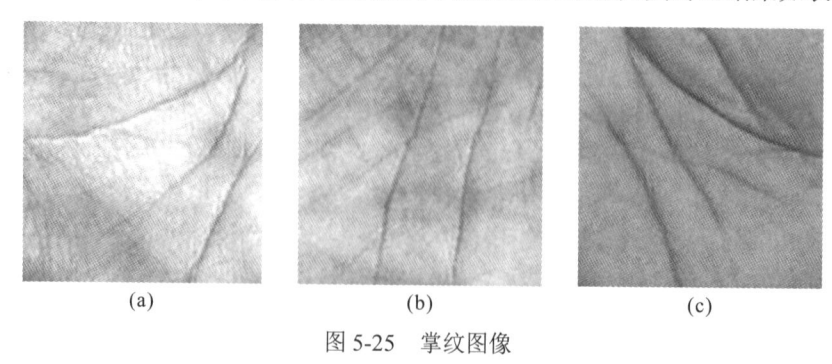

(a)　(b)　(c)

图 5-25　掌纹图像

表 5-1　PSNR 对比

	文献[4]	文献[5]	文献[6]	文献[7]	本节方法
图 5-25(a)	37.0509	36.7753	35.1939	37.4344	38.8711
图 5-25(b)	36.3077	37.2170	35.7766	36.2195	38.2714
图 5-25(c)	38.2038	39.2181	37.0857	36.2638	40.3732

由表 5-1 可以看出，本节提出的方法对随机图像处理后得到的 PSNR 值均大于其他几种方法，说明所提取的主线图像更接近专家手动提取的图像。主客观的实验对比结果均表明，本节提出的方法能够更有效地提取连续、无噪点的掌纹主线图像，便于后续特征的量化与筛选。

5.2.2　ATD 角和 a-b 嵴线数的提取

手掌特征中 ATD 角、a-b 嵴线数的提取均与奇异点相关，奇异点可应用于指纹纹型的分类[8]，也可以应用于身份识别。奇异点包括三角点和中心点，存在于指纹和掌纹中。指纹奇异点的分布是指纹分类的最重要依据，它们收敛或分叉于嵴线的物理中心[9]。中心点是纹线变化最为剧烈的区域，纹线形状大致为半圆形或圆形，且统一向一个方向聚拢，主要存在于指纹图像中；三角点是三条不同方向纹线交会的区域，这个区域呈三角形，三个方向彼此均呈双曲线形式排列[10]。在指纹中和掌部均存在三角点，其具有较重要的统计意义。中心点和三角点在指纹和掌纹中的分布如图 5-26 所示。

ATD 角作为手掌的一个重要特征，与很多疾病都有一定的相关性，具有很重要的统计意义。如图 5-27 所示，手掌区域可大致分为指间区、小鱼际和大鱼际三个部分。在食指到小指的指根部位各有一个三角点，除拇指外，各手指根部的三角点分别命名为 A 点、B 点、C 点和 D 点，在手掌的根部即小鱼际靠近大鱼际的位置处也有一个三角点，常命名为 T 点，ATD 角就是 A 点、T 点和 D 点这三个三角点所形成的夹角。故要想提取 ATD 角，则需首先检测这三个三角点的位置，再根据位置坐标计算角度。

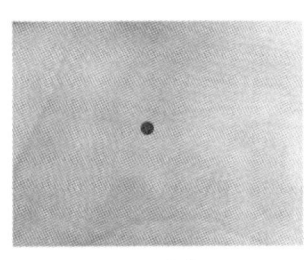

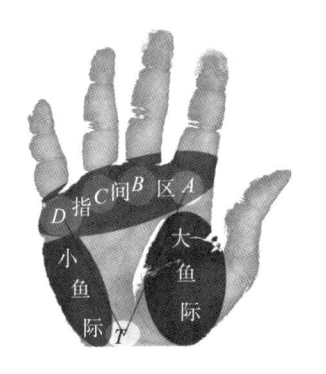

(a)中心点　　　(b)三角点

图 5-26　奇异点　　　图 5-27　ATD 角

a-b 嵴线数是指从指纹中心点向三角点作一连线,去除起止点所经过的指纹纹线的数量[11][图 5-28(a)]。特殊地,针对有两个三角点、一个中心点的情况,应取较远的三角点到中心点所经过的嵴线数[图 5-28(b)]。a-b 嵴线数具有唯一性,它不随图像的缩放或平移而改变,故鲁棒性较强,具有较重要的统计意义。提取 ATD 角和 a-b 嵴线数均需要先对奇异点进行定位及检测。

目前有很多奇异点检测方法,Dass[12]提出了一种基于多尺度高斯滤波器的方向场像素级奇异点检测方法,该方法首先利用多尺度平均框架对像素级方向场进行估计,然后导出复角梯度平面,提取像素级的候选奇异点。Neto 等[13]提出了一种适用于不同分辨率指纹图像的奇异点检测方法,该方法通过分析指纹图像局部方向场的形状来检测奇异点。简兵等[9]提出了基于三方向图的多尺度平滑方法及低质量指纹奇异点检测方法,对预处理后增强的图像基于三方向图进行奇异点检测。首先对图像内任意一个嵴线点的方向进行计算,然后把图像内所有嵴线点的方向归一化为三个不同的方向(0、$\pi/3$、$2\pi/3$),每个方向的嵴线使用不同灰度值的像素代替,其中 0°方向的嵴线使用灰度值为 255 的白色像素代替,$\pi/3$ 方向的嵴线使用灰度值为 0 的黑色像素代替,$2\pi/3$ 方向的嵴线使用灰度值为 128 的灰色像素代替。用像素代替后得到初步的方向图,平滑后得到三方向图[图 5-30(c)],然后在平滑后的图像上根据三种不同灰度值像素相交的点进行奇异点的定位。

通常把指纹嵴线(或谷线)切线与水平方向的夹角定义为指纹局部纹理的方向,主要研究嵴线的方向。指纹中某一点的嵴线方向如图 5-29(a)所示,指纹中大量嵴线点处的方向组合在一起形成方向场[图 5-29(b)],方向场可以更加直观地反映某点处的指纹方向,同时为多方向图的获取奠定基础。

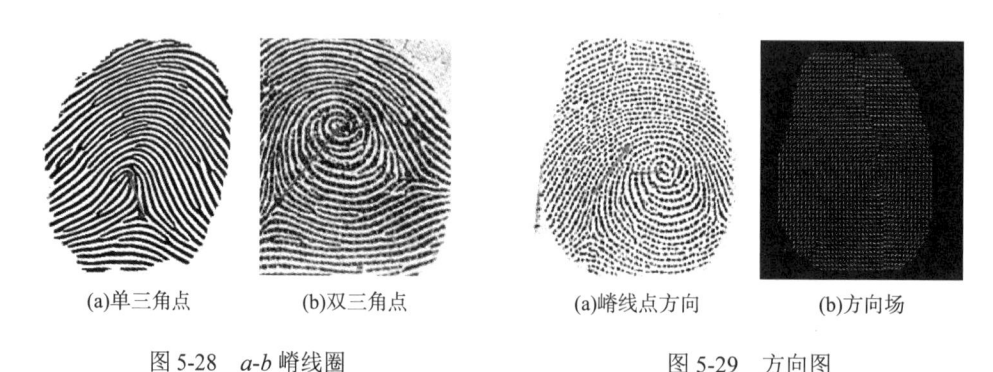

(a)单三角点　　(b)双三角点　　(a)嵴线点方向　　(b)方向场

图 5-28　a-b 嵴线圈　　　　　　图 5-29　方向图

为求取指纹图像中某一点的嵴线方向,采用邻域平均梯度法。该方法首先利用水平方向的 Sobel 算子和垂直方向的 Sobel 算子对预处理后的图像进行方向卷积操作,获取图像水平和垂直方向的梯度 T_x 和 T_y,由于梯度值有正负之分,故取各个方向的平方梯度 T'_x 和 T'_y 进行后续的计算。然后以指纹图像中的某一点为中心,取 $m\times m$ 大小的邻域并计算该邻域内的平均梯度值[式(5-18)]。最后通过平均梯度计算该点的嵴线方向 θ [式(5-19)]:

$$\left[\bar{T}'_x, \bar{T}'_y\right]^{\mathrm{T}} = \left[\sum_{i=1}^{m}\sum_{j=1}^{m}\frac{T'_x}{m^2}, \sum_{i=1}^{m}\sum_{j=1}^{m}\frac{T'_y}{m^2}\right] \tag{5-18}$$

$$\theta = \frac{\pi}{2} + \frac{1}{2}\arctan\left(\frac{\bar{T}'_y}{\bar{T}'_x}\right) \tag{5-19}$$

通过邻域梯度平均法获得方向场后，将方向场中所有点的方向归一化为 0、π/3 和 2π/3，然后以不同的灰度值代表不同的嵴线方向，最后平滑得到三方向图。如图 5-30(c)所示，由三方向图可以看出，三个不同灰度像素的交点即奇异点的位置。根据三方向图可检测出指纹图像中心点和三角点的位置，以便于对 a-b 嵴线数进行提取。

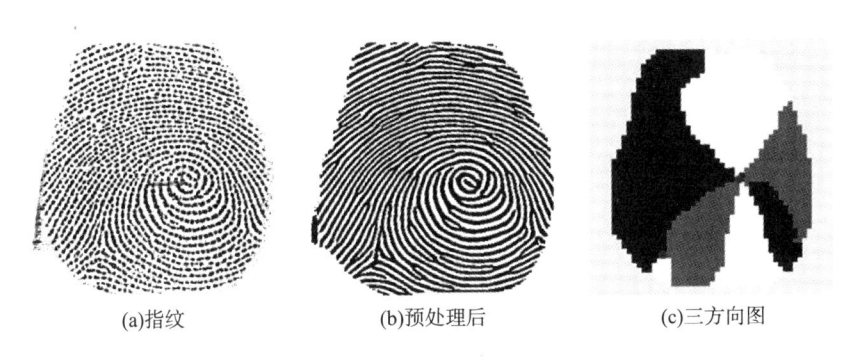

(a)指纹　　(b)预处理后　　(c)三方向图

图 5-30　奇异点检测

检测到指纹的奇异点后，采用遍历像素法提取 a-b 嵴线数。首先，通过一条直线连接奇异点的两端。然后，遍历并统计直线所经过的位置的像素灰度值：从一个奇异点开始，统计遍历时所经过的位置的像素灰度值，值每变化一次 k 就增加 1，直到到达另一个奇异点。最后，由 (k-2)/2 计算得到 a-b 嵴线数。遍历像素法如图 5-31 所示。

掌纹嵴线中的奇异点检测与指纹大致一致，不过由于掌纹是通过拍照获取的，其纹理没有按压的指纹图像清晰，故在对其进行奇异点检测之前需要先进行纹理增强处理。采用的增强处理方法是直方图均衡化，直方图均衡化是指对图像进行非线性拉伸，将原图中随机分布的灰度直方图修改为均匀分布的直方图，使其灰度值在一定的范围内大致相等，改变后的图像拥有均匀分布的概率密度，其灰度直方图几乎均匀分布于整个灰度范围，从而使图像拥有较高的对比度和较大的灰度范围，增强了图像的细节部分。其概率密度分布示意图如图 5-32 所示。

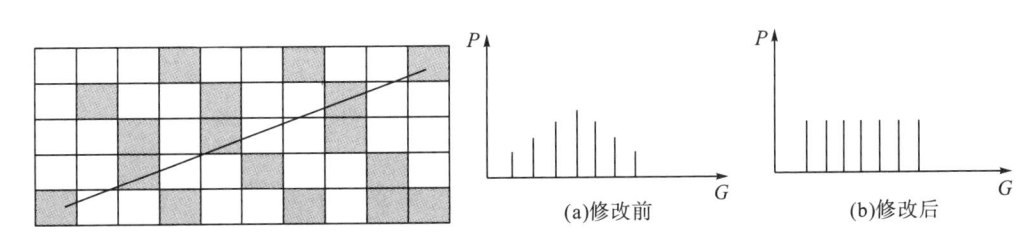

图 5-31　遍历像素法　　　　图 5-32　修改前后概率密度分布示意图

对图像进行灰度化处理后,对所得到的灰度图像进行直方图均衡化处理,均衡化后掌纹嵴线部分的图像得到增强,然后按照指纹奇异点检测方法提取掌纹奇异点。增强后的图像如图 5-33 所示。

由图 5-33(c)可以看出,灰度图像均衡化后掌纹嵴线的纹理细节得到明显增强,有利于嵴线方向的计算。均衡化后根据三方向图进行奇异点的检测,检测结果如图 5-34 所示。

(a)原图　　(b)灰度图像　　(c)均衡化后

图 5-33　直方图均衡化　　　　图 5-34　掌纹奇异点

检测出掌部三个奇异点的位置后,获取这三点的坐标 $A(x_1, y_1)$、$T(x_2, y_2)$、$D(x_3, y_3)$,并根据式(5-20)~式(5-22)得到各边距离 a、t、d,然后根据式(5-23)得到 ATD 角:

$$a = \sqrt{(x_2 - x_3)^2 + (y_2 - y_3)^2} \tag{5-20}$$

$$t = \sqrt{(x_1 - x_3)^2 + (y_1 - y_3)^2} \tag{5-21}$$

$$d = \sqrt{(x_1 - x_2)^2 + (y_1 - y_2)^2} \tag{5-22}$$

$$\text{ATD} = \arccos\left(\frac{a^2 + d^2 - t^2}{2ad}\right) \tag{5-23}$$

5.2.3　指长比特征提取

提取指长比特征,需要提取除拇指外所有手指的长度。本节提及的手指长度是指手指的指尖点与指根点之间的距离,其中指尖点在手形轮廓之上而指根点则不在,故指根点在提取时需要根据相邻两个指谷点的中点进行定位,指尖点、指谷点和指根点在手形图像中的分布如图 5-35 所示。

对于手掌边缘图像中指尖点和指谷点的定位,常用的方法有曲率法和圆盘法。曲率法主要分析手掌边缘点两侧的曲率是否有明显的差别,若有明显差别则为特征点,Gabor[14]采用曲率法进行了指根点和指谷点的提取。本节则采用传统的圆盘法,该方法以目标边界像素点为圆心,适当大小的圆覆盖于掌部与背景之中,该圆沿着手掌边缘移动,如图 5-36(a)所示。当圆移动到指尖点时,手掌区域的面积明显小于背景区域;当圆移动到指谷点时,手掌区域的面积明显大于背景区域;当圆在直线上移动时,则两者的面积相等。根据圆移动时目标与背景区域的大小可得到指尖点和指谷点的位置,应用此方法进行检测的结果如图 5-36(b)所示。由图 5-36(b)可以看出,手形轮廓图像上的小圆圈就是成功检测到的指尖点和指谷点的位置。检测出指尖点和指谷点后,取相邻两指谷点的中点得到指根点，指尖点和指根点之间的距离即手指的长度，然后将各手指的长度两两相除即得到指长比。

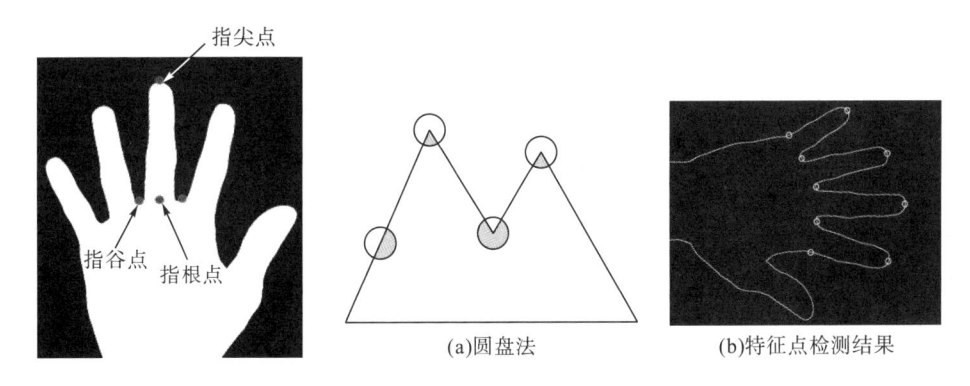

图 5-35　特征点分布　　　　　图 5-36　概率密度分布示意图

按照圆盘法对预处理后的手掌边缘图像进行指长比特征提取，制作指长比分析界面，界面包括图像显示部分、图像位置索引部分、左右手判定部分和指长比展示部分。首先通过指定文件导入手掌二值图像，然后单击"分析"按钮就可以得到指长比，并显示在界面上。使用该方法对两幅手掌图像进行分析，其结果如图 5-37 所示。

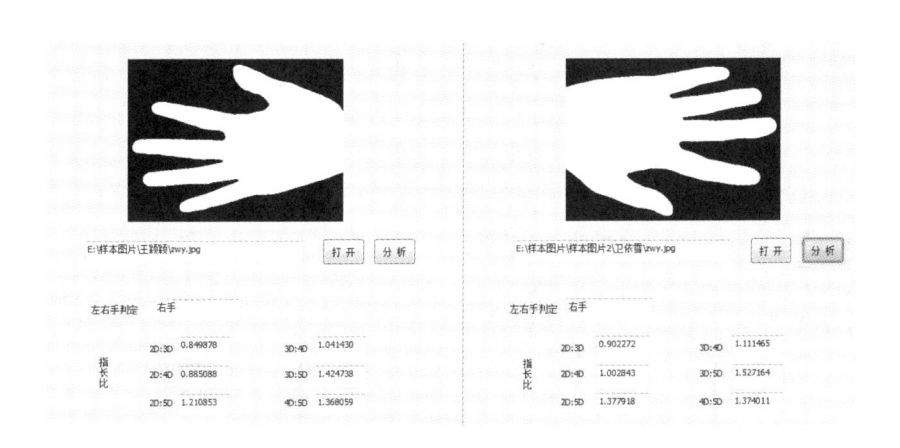

图 5-37　指长比分析界面

5.3　手掌特征统计分析

本节主要介绍对提取的掌纹主线、ATD 角等特征量化的过程，得到数字化的统计特征，然后对这些特征进行对照组和患病组的统计分析，筛选出具有显著性差异的特征。

5.3.1 掌纹主线的量化

根据中国皮纹学专家张海国教授提出的纹型分类方法，手掌根据掌纹主线的方向可以分为 6 种纹型：普通掌、通贯掌、桥贯掌、叉贯掌、悉尼掌和其他掌[15]。如图 5-38 所示，图 5-38(a)为普通掌，是最常见的掌纹纹型；图 5-38(b)为通贯掌，其只有第一条和第二条掌纹主线，且相交于一点；图 5-38(c)为桥贯掌，其第二条和第三条掌纹主线之间有一条褶皱线；图 5-38(d)为叉贯掌，有三条掌纹主线，其第二条和第三条掌纹主线之间有一定的交叉；图 5-38(e)为悉尼掌，其与图 5-38(a)非常类似，但其第二条掌纹主线较长，通常贯通于整个掌部；图 5-38(f)和图 5-38(g)则都归为其他掌，它们共同的特点是三条掌纹主线之间都没有交点。

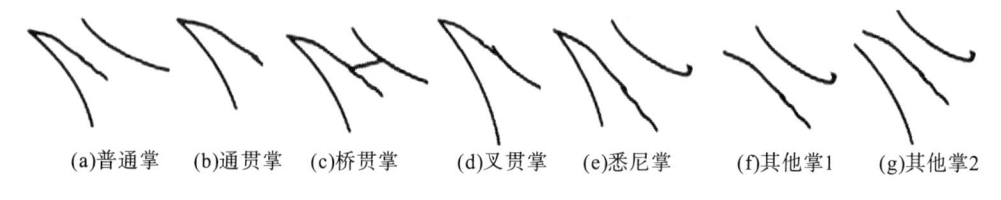

(a)普通掌　(b)通贯掌　(c)桥贯掌　(d)叉贯掌　(e)悉尼掌　(f)其他掌1　(g)其他掌2

图 5-38　纹型图

根据对各个掌纹纹型的观察可知，掌纹主线中没有交点的是其他纹型，有一个交点的可能是普通掌、通贯掌和悉尼掌三种类型之一，有两个交点的是叉贯掌，有三个交点的是桥贯掌。对于有一个交点的掌纹类型，可以通过判断掌纹主线的数目和第二条掌纹主线的长度进行区分。在使用多方向滤波和邻域去噪提取掌纹主线后，通过张海国教授提出的纹型分类方法可将掌纹主线分为 6 种不同的类型，获取掌纹主线的纹型后对其进行量化。将普通掌、通贯掌等 6 种纹型依次量化为数字 1、2、3、4、5、6。对 ATD 角、指长比(各手指长度之比：二指与三指、二指与四指、二指与五指、三指与四指、三指与五指、四指与五指)、$a\text{-}b$ 嵴线数、掌纹主线类型进行量化后的部分统计数据如图 5-39 所示。

2D:3D	2D:4D	2D:5D	3D:4D	3D:5D	4D:5D	atd	1指a-b	2指a-b	3指a-b	4指a-b	5指a-b	主线纹型	label
0.952446	0.935626	1.540952	1.087333	1.617889	1.487943	42.502	11	9	7	8	9	1	0
0.864986	0.944548	1.402836	1.091981	1.621801	1.485193	37.0622	7	9	7	7	10	3	0
0.925996	0.864219	1.697252	1.041277	1.832893	1.760236	34.4062	9	10	6	8	6	3	0
0.813261	0.811264	1.139805	0.997544	1.401524	1.404974	42.7062	3	9	8	6	8	1	0
0.934699	0.941709	1.67013	1.114686	1.786811	1.60326	40.2839	12	15	10	12	11	1	0
0.878353	0.95673	1.274739	1.089231	1.451283	1.332392	41.1715	9	11	6	8	10	1	0
0.853275	0.908373	1.261216	1.064573	1.478089	1.388434	39.4197	6	8	4	0	9	3	0
0.974701	0.891642	1.137002	1.119977	1.166516	1.041552	36.748	3	7	6	8	6	1	0
0.906492	0.916552	1.706351	1.121414	1.882369	1.678567	35.4837	12	8	10	6	12	5	0
0.890154	0.902771	1.306796	1.014274	1.468056	1.447539	42.2366	11	10	11	9	12	1	0
0.794364	0.820901	1.142253	1.033407	1.437947	1.391463	37.1901	6	9	9	2	10	1	0
0.869503	0.939544	1.444606	1.060552	1.661415	1.537561	38.287	6	3	8	10	6	1	0
0.834044	0.874682	1.217873	1.048725	1.460203	1.392361	40.3185	7	9	10	6	10	1	0
0.885088	1.072745	1.87608	1.212021	2.119654	1.748858	36.5665	11	9	11	7	12	5	0
0.879397	1.074856	1.625468	1.222266	1.84839	1.512265	40.4659	15	13	7	11	8	1	0
0.849878	0.885088	1.210853	1.04143	1.424738	1.368059	43.9768	9	11	6	10	8	1	0
0.823572	0.856083	1.25537	1.039476	1.524299	1.466444	42.8797	5	4	0	3	11	3	0
0.858927	0.892294	1.427555	1.038847	1.662022	1.599872	41.0562	7	4	8	7	5	1	0
0.832684	0.951812	1.294896	1.143065	1.555088	1.360454	43.3529	8	6	0	10	9	1	0

(a)对照组数据

```
0.855935  0.943713  1.24181   1.067503  1.450824  1.359082  45.9247   8   0   12  4   6   6   1
0.9221    0.9221    1.37259   1.046431  1.488548  1.4225    44.7274   4   4   8   9   10  3   1
0.799346  0.899974  1.107921  1.000786  1.386034  1.384946  44.9928   11  8   9   12  9   3   1
0.933139  1.020805  1.023111  1.093948  1.096419  1.002258  40.4016   11  9   8   11  10  3   1
0.830413  0.963072  1.158924  1.039329  1.3956    1.342789  47.0227   9   11  9   5   8   1   1
0.918808  1.047159  1.555874  1.139693  1.693362  1.485806  41.9758   8   4   9   10  7   1   1
0.880245  0.913539  1.237095  1.037823  1.405398  1.354179  44.1535   13  14  4   9   8   3   1
0.94223   0.987752  1.555874  1.048313  1.048313  1.485806  38.2828   7   6   12  7   6   6   1
0.815587  0.9747    1.20015   1.072479  1.471516  1.37207   48.2503   13  11  12  6   10  1   1
0.924174  0.941872  1.089007  1.01915   1.178357  1.156215  37.8787   11  14  10  7   8   1   1
0.911082  0.941019  1.197108  1.032858  1.313941  1.272141  47.1088   14  12  15  12  10  3   1
0.883983  1.016248  1.37908   1.149625  1.560075  1.35703   48.4352   11  14  13  13  9   1   1
0.878103  0.897177  1.279953  1.021721  1.457634  1.426646  39.1284   9   11  5   10  8   5   1
0.857496  0.978369  1.449577  1.024342  1.690476  1.650305  37.8288   12  8   11  9   11  3   1
0.918845  1.029224  1.149508  1.011295  1.251036  1.237063  41.7784   12  13  11  7   9   5   1
0.983319  1.087957  1.458252  1.106413  1.48299   1.340359  45.8043   11  9   12  10  12  6   1
0.819523  0.929944  1.150068  1.012716  1.403337  1.385716  41.6184   6   11  7   9   10  3   1
0.975276  1.129069  1.739749  1.157692  1.782828  1.539984  43.2312   7   6   8   8   9   1   1
0.824672  0.843456  1.080536  1.022777  1.310262  1.281083  44.7619   12  13  12  10  11  5   1
0.888791  0.943211  1.348475  1.061229  1.517202  1.429665  44.7619   9   11  11  10  12  3   1
```

(b)患病组数据

图 5-39　掌纹纹型进行量化后的部分统计数据

由图 5-39 可以看出，一共统计了 2D：3D、ATD 角、主线纹型和 a-b 嵴线数等 13 个特征。由于特征数量较多，有的特征对于乳腺癌的分类判别并没有统计意义，故需要对这些特征进行统计筛选，以便对乳腺癌患者进行正确的分类判别。

5.3.2　特征筛选

量化掌纹主线后，需要将 ATD 角、a-b 嵴线数、掌纹主线、指长比特征数据分为患病组和对照组，然后对其进行统计分析，同时采用 t 检验和卡方检验来判断两组数据的各个特征是否具有显著性差异，最后使用具有显著性差异的特征进行乳腺癌易感性的分类判断。

t 检验用于评估两组统计数据的均值在统计学上是否有所不同。t 检验在每次比较时都将两组数据归为一个数值，即 t 值，t 值又和用于判断的 p 值对应。t 检验有两种假设：原假设和备择假设。原假设是指两组数据没有显著性差异，备择假设则刚好相反，当 $p>0.05$ 时，接受原假设即认为两组数据没有显著性差异，否则接受备择假设，即认为两组数据有显著性差异。t 值的计算公式为

$$t = \frac{\bar{X}_1 - \bar{X}_2}{\sqrt{\dfrac{\sigma_1^2 + \sigma_2^2 - 2\gamma\sigma_1\sigma_2}{n-1}}} \tag{5-24}$$

式中，$\bar{X}_1$ 和 $\bar{X}_2$ 分别表示两组数据的样本均值；σ_1^2 和 σ_2^2 分别为两组数据的样本方差；γ 为两组数据的相关系数。

通过对患病组和对照组进行基于 t 检验的统计分析，得到有显著性差异的判断结果。以对 ATD 角的 t 检验为例，在 t 检验中患病组的 ATD 角均值为 43.65338°，方差为 2.1981，对照组的 ATD 角均值为 41.02977°，方差为 2.3546。现假设患病组与对照组的 ATD 角无显著性差异，并对其进行 t 检验，检验的概率密度函数如图 5-40 所示。

图 5-40　t 检验

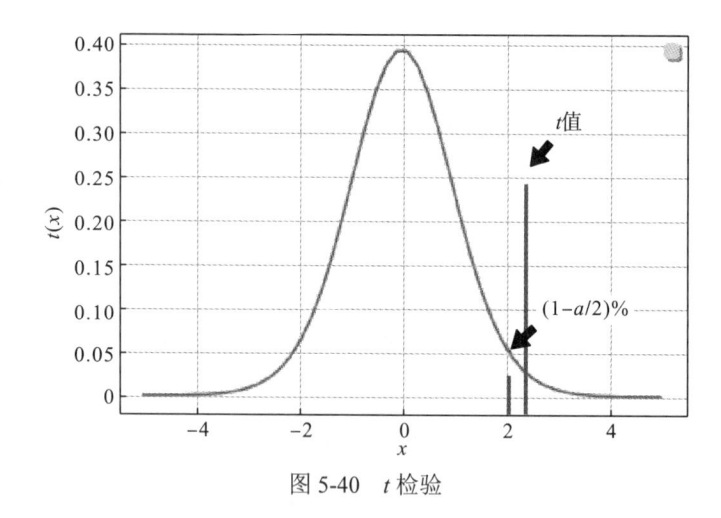

由图 5-40 可以看出 t 值(横坐标值)大于 1-a/2，由此可以得出 p 值(t 值往右部分，曲线与横轴形成的面积)小于 0.05，应该拒绝原假设，故患病组与对照组的 ATD 角具有显著性差异，可以作为乳腺癌的一个特异性特征。同样，对各手指的指长比、a-b 嵴线数以及掌纹主线纹型进行统计分析，得到符合条件的具有显著性差异的 ATD 角特征、2D：4D 特征、3D：5D 特征、中指的 a-b 嵴线数特征，t 检验结果如表 5-2 所示。

表 5-2　t 检验结果

特征	组别	均值	方差	t 值	p 值
ATD 角	患病组	43.653380	2.1981	2.4188	0.042
	对照组	41.029770	2.3546		
2D：4D	患病组	0.9608	0.0042	2.7190	0.038
	对照组	0.9405	0.0038		
3D：5D	患病组	1.4168	0.0315	2.1742	0.048
	对照组	1.4456	0.0349		
a-b 嵴线数(中指)	患病组	8.77	4.6301	3.0423	0.033
	对照组	8.02	6.4465		
主线纹型	患病组	3.35	3.0275	2.1205	0.049
	对照组	2.60	3.3413		

由表 5-2 可以看出，ATD 角、2D：4D、3D：5D、中指的 a-b 嵴线数及主线纹型的 p 值均小于 0.05，说明两组数据在这些特征上具有显著性差异。为了更全面地比较两组数据是否有显著性差异，对两组数据进行卡方检验。卡方检验可统计数据的实际值偏离理论值的程度。卡方检验先假设所提取的手掌特征与乳腺癌没有关系，得出此种假设下的理论值，然后将其与实际值进行比较，得到此时的卡方值，如式(5-25)所示。通过卡方公式获取卡方值后，将其与对应的 p 值进行比较。卡方值越大则说明实际值与理论值的差距越大，即此时的特征具有统计意义。

$$\chi^2 = \sum_{i=1}^{n}\frac{(O_i - E_i)^2}{E_i} \tag{5-25}$$

式中，O_i 和 E_i 分别为实际值和理论值。使用卡方检验后对其所得到的卡方值进行统计，并通过对应结果查表获得 p 的取值范围（自由度为 12），卡方检验结果如表 5-3 所示。

表 5-3 卡方检验结果

特征	2D∶3D	2D∶4D	2D∶5D	3D∶4D	3D∶5D	4D∶5D	ATD 角
χ^2	12.137	25.136	14.538	12.565	17.233	15.245	22.368
p 值	$p>0.10$	$0.01<p<0.025$	$p>0.10$	$p>0.10$	$p>0.10$	$p>0.10$	$0.025<p<0.05$

特征	1 指 a-b 嵴线数	2 指 a-b 嵴线数	3 指 a-b 嵴线数	4 指 a-b 嵴线数	5 指 a-b 嵴线数	主线纹型
χ^2	18.023	14.966	26.327	17.034	17.925	22.875
p 值	$p>0.05$	$p>0.10$	$0.01<p<0.025$	$p>0.10$	$p>0.10$	$p<0.05$

由表 5-3 可以看出，卡方值越大，其对应的 p 值越小。特征 2D∶4D、ATD 角、中指的 a-b 嵴线数及主线纹型的 p 值均小于 0.05，具有显著性差异。综合两种检验方法的检验结果，取检验结果中具有显著性差异的特征作为最终的分类判别标准，故最终选取的特征为 2D∶4D、ATD 角、中指的 a-b 嵴线数、主线纹型。

5.4 手掌特征与乳腺癌的相关性分析

本节主要介绍在确定有效统计特征后，如何根据这些特征对乳腺癌的易感性进行分类判别。首先对特征数据进行基于步长可变的逻辑回归分类，然后融合 Adaboost 增强算法，提升分类判别的准确率。

5.4.1 逻辑回归

乳腺癌易感性是指患乳腺癌的可能性，在正确的判别过程中，患者的易感性系数较大，判别为易感类，正常人的易感性系数较小，判别为不易感类。逻辑回归很早就应用于生物科学中对目标物的分类，陈胜等[16]、刘蕾[17]就通过逻辑回归算法，利用威斯康星的乳腺癌诊断数据集实现了对乳腺癌易感性的分类判别。逻辑回归能将数据拟合到回归模型中，然后通过非线性回归函数预测目标数据的类别，且经常用于二分类，本节研究的乳腺癌易感性判别就是一个二分类问题。逻辑回归在线性回归的基础上增加了一个逻辑回归函数，将线性回归的输出值作为逻辑回归的输入值，常用的逻辑回归函数是 sigmoid 函数[式(5-26)]，该函数具有对称性。如图 5-41 所示，sigmoid 函数可以将所有的实数映射到 0～1，即可将量化的手掌特征线性加权后的值映射为 0～1 范围内的数字（易感性系数），将易感性系数大于 0.5 的特征判定为 1 类（易感类），易感性系数小于或等于 0.5 的特征判定为 0 类(不易感类)。

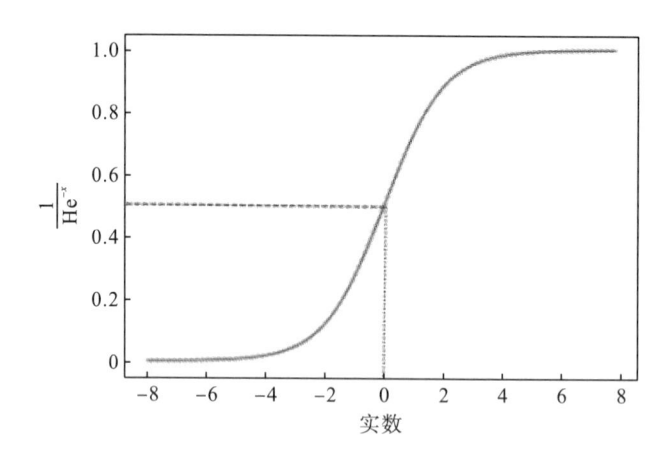

图 5-41 sigmoid 函数

$$S(z) = \frac{1}{1+e^{-z}} \tag{5-26}$$

在回归分类之前需要为各个特征(ATD 角、中指 a-b 嵴线数、主线纹型、2D:4D)分配加权系数，然后将各个特征与系数进行线性组合[式(5-27)]，组合后得到的线性函数就是函数 sigmoid 中的自变量。

$$h_\omega(x) = \omega_0 + \omega_1 x_1 + \omega_2 x_2 + \omega_3 x_3 + \omega_4 x_4 \tag{5-27}$$

当特征的个数为 n 时，式(5-27)可简化为

$$h_\omega(x) = \sum_{i=0}^{n} \omega_i x_i = \boldsymbol{\omega}^\mathrm{T} \boldsymbol{x} \tag{5-28}$$

为求取系数 ω，建立一个损失函数[式(5-29)]，其中 $x^{(j)}$ 表示第 j 个特征的样本值。特征数据在训练过程中，损失函数值达到最小时即最优解，可以得到此时的特征系数。

$$L(\boldsymbol{\omega}) = \sum_{i=1}^{m} \left[h_\omega(\boldsymbol{x}^{(j)}) - \boldsymbol{y}^{(j)} \right]^2 \tag{5-29}$$

为求取损失函数的最小值，采用基于可变步长的梯度下降法，普通的梯度下降法首先设置一个初始步长，然后按照该步长进行迭代运算，直到找到极值点。这种梯度下降法，其步长是随机设置的一个定值，该值不能太大也不能太小。若步长太大，则学习速率过快，往返的频率也较快，不容易找到极值点；若步长太小，则会出现学习速率过慢，最终得到的是局部最优解而不是全局最优解。基于可变步长的梯度下降法则设置一个随着迭代次数的增加而减小的数，在迭代前期适当加快迭代速度，后面迭代速度越来越小以便找到最小值，它既保证了迭代速度，又防止了局部最小情况的出现。梯度迭代公式为

$$\omega_i = \omega_i - \alpha \frac{\partial L(\boldsymbol{\omega})}{\partial \omega_i} \tag{5-30}$$

式中，α 为学习步长，设置为

$$\alpha = \frac{3.0}{1.5+n+i} + 0.01 \tag{5-31}$$

n 为迭代次数；i 为样本的数量。在公式的后面加上一个较小的数字是为了约束步长，防止步长趋于零。将损失函数和梯度迭代公式进行合并并化简为

$$\omega_i = \omega_i - \alpha \frac{\partial}{\partial \omega_i} L(h_\omega(\boldsymbol{x}) - \boldsymbol{y})^2 = \omega_i - 2\alpha[h_\omega(\boldsymbol{x}) - \boldsymbol{y}]x_i \tag{5-32}$$

将式(5-32)推广到更多的数据中，可得

$$\omega_i = \omega_i - 2\alpha \left\{ \sum_{j=1}^{m}(\boldsymbol{x}^{(j)}) \sum_{j=1}^{m}[h_\omega(\boldsymbol{x}^j) - \boldsymbol{y}^j] \right\} \tag{5-33}$$

通过式(5-33)对统计的特征数据进行迭代运算，得到最优解和各个特征的权值，然后将权值代入线性回归公式中，得到线性回归结果，将线性回归结果作为自变量引入 sigmoid 函数中，通过映射得到 0~1 的值，该值就是乳腺癌的易感性系数，最后根据该系数可得到对乳腺癌易感性的分类判别结果。应用基于可变步长的逻辑回归进行分类判别的结果如图 5-42 所示，图中展示了不同回归系数下的分类情况。

```
In [17]: runfile('F:/LR+Ada/logistic.py', wdir='F:/LR+Ada')
step 1: load data...
step 2: training...
Congratulations, training complete! Took 0.174000s!
[[ 0.02303207]
 [ 0.70997687]
 [-2.66686675]
 [-7.64037248]
 [22.37631779]]
step 3: testing...
step 4: show the result...
The classify accuracy is: 70.833%
```

(a)系数1下的分类情况

```
In [21]: runfile('F:/LR+Ada/logistic.py', wdir='F:/LR+Ada')
step 1: load data...
step 2: training...
Congratulations, training complete! Took 0.206016s!
[[ 0.15554256]
 [ 0.36765558]
 [-2.50383086]
 [-5.01731325]
 [ 9.80083572]]
step 3: testing...
step 4: show the result...
The classify accuracy is: 69.444%
```

(b)系数2下的分类情况

图 5-42 逻辑回归分类判别结果

由图 5-42 可以看出，逻辑回归虽然可以对乳腺癌易感性进行分类判别，但在数据量较少的情况下，其分类判别结果并不理想，正确率仅为 70%左右。为进一步提高分类判别的准确率，需在逻辑回归的基础上融合 Adaboost 增强算法。

5.4.2　Adaboost 增强算法

泛化能力是机器学习中的概念，即将根据给定数据集获得的结果应用于未知新数据的能力。Adaboost 增强算法是具有很强的概括能力的算法，其基本思想是：首先初始化待分类数据的权值，令其均相等，并将这组数据进行逻辑分类，得到一个弱分类器；然后更新数据集中每个数据的权值，得到一组新的数据，并将这组新的数据进行逻辑分类，得到第二个弱分类器，循环 n 次得到 n 个弱分类器；最后将这 n 个弱分类器进行线性加权组合，得到最终的分类器。在训练过程中，若其中一组样本数据已得到正确的分类，则在更新数据时，此组样本数据的权值将会降低，而那些未正确分类的样本数据的权值将得到提高，以便于得到更好的分类器。最终分类器的加权组合公式为

$$H(\boldsymbol{x}) = \sum_{i=1}^{n} \alpha_i h_i(\boldsymbol{x}) \tag{5-34}$$

由式(5-34)可知，要想得到最终的分类器，需要获取各个分类器的权值和分类器本身的更新方式，分类器的权值与上一次未正确分类样本的数量相关，如式(5-35)所示：

$$\varepsilon_m = \sum_{i=1}^{n} p(h_m(x_i) \neq y_i) \tag{5-35}$$

式中，ε_m 表示分类误差率。获取分类误差率后，再通过式(5-36)可得到分类器的权值，由此可以看出当误差率 ε_m 等于 0.5 时，分类器的权值 α_m 为 0，且分类器的权值随着误差率的增大而减小，说明误差率越小的分类器重要性越高。

$$\alpha_m = \frac{1}{2} \ln \frac{1 - \varepsilon_m}{\varepsilon_m} \tag{5-36}$$

获取分类器的权值后还需与各个分类器相乘才能得到最终的结果。首先需将输入数据的权值初始化，令每个数据的权值均相等，并基于这组数据进行分类判别，得到一个弱分类器。然后通过数据更新公式对原数据的权值进行更新，得到一组新的数据，并根据这组新数据进行回归运算，得到另一个弱分类器，依次迭代可得到更多的弱分类器。数据更新公式如式(5-37)～式(5-39)所示：

$$D_{m+1} = (\omega_{m+1,1}, \omega_{m+1,2}, \cdots, \omega_{m+1,n}) \tag{5-37}$$

$$\omega_{m+1,i} = \frac{\omega_{mi}}{Z_m} \exp\{-\alpha_m (2y_i - 1)[2h_m(x_i) - 1]\} \tag{5-38}$$

$$Z_m = \sum_{i=1}^{n} \omega_{mi} \exp\{-\alpha_m (2y_i - 1)[2h_m(x_i) - 1]\} \tag{5-39}$$

式中，D_{m+1} 表示第 m 轮更新后的数据集；$h_m(x_i)$ 表示分类器的分类结果。通过 50 轮数据更新得到 50 个弱分类器，再将这 50 个弱分类器和它们的权值代入式(5-34)中，得到最终的分类器。将分类器 $H(x)$ 所得到的值代入 sigmoid 函数中，得到乳腺癌的易感性系数，

并通过这个系数对两组数据进行乳腺癌易感性的分类判别,判别后所得到的部分结果如图 5-43 所示。

real	coe	pred	real	coe	pred
0	0.39	0	0	0.24	0
0	0.28	0	0	0.22	0
0	0.26	0	0	0.18	0
0	0.58	1	0	0.38	0
0	0.45	0	0	0.42	0
0	0.38	0	0	0.89	1
0	0.45	0	0	0.37	0
0	0.33	0	1	0.88	1
0	0.27	0	1	0.59	1
0	0.39	0	1	0.65	1
0	0.67	1	1	0.41	0
0	0.24	0	1	0.55	1
0	0.45	0	1	0.69	1
0	0.42	0	1	0.93	1
0	0.25	0	1	0.37	0
0	0.79	1	1	0.91	1
0	0.26	0	1	0.78	1
0	0.19	0	1	0.54	1
0	0.64	1	1	0.65	1

(a)预测对比

```
In [27]: runfile('F:/LR+Adat/adt_lr.py', wdir='F:/LR+Adat')
Reloaded modules: logistic
step 1: load data...
step 2: training...
Congratulations, training complete! Took 0.172997s!
step 3: testing...
step 4: show the result...
The classify accuracy is: 80.556%
```

(b)准确率

图 5-43 Adaboost 增强算法结果

图 5-43(a)展示了部分预测结果,其中 real 列为实际类别(0 表示正常人,其特征为不易感类;1 表示患者,其特征为易感类),coe 列为易感性系数(当系数大于 0.5 时,判定为 1 类即易感类,否则判定为不易感类),pred 列为预测得到的类别,可以看出实际类别与预测类别大部分一致,一共对 72 个对象进行分类判别,其中 58 个对象能够被正确分类。由图 5-43(b)可以看出融合 Adaboost 增强算法后分类判别准确率为 80.556%。

5.4.3 小结

本章主要通过设计的采集界面和设备,对乳腺癌患者及正常人的手掌、指纹图像进行了采集,并将采集的图像存储于数据库中。为了便于后续对手掌特征的提取,进行了图像预处理,包括掌纹 ROI 图像的提取、指纹图像的增强、手形图像的提取等。首先,针对传统算法提取掌纹主线存在的断线和噪点问题，提出了一种基于多方向滤波和邻域去噪的掌纹主线提取方法，以获取连续且无噪点的掌纹主线图像。然后，介绍了对提取的掌纹主线、ATD 角等特征的量化过程，得到数字化的统计特征。随后，对这些特征进行了对照组和患病组的统计分析，筛选出具有显著性差异的特征。在确定有效统计特征后，介绍了如何根据这些特征对乳腺癌的易感性进行分类判别，先对特征数据进行基于步长可变的逻辑回归分类，再融合 Adaboost 增强算法，以提升分类判别的准确率。

参 考 文 献

[1] 黄文政, 郭碧珍. TPD 值和 atd 角与大脑机能关系的研究[J]. 体育科技, 1992, 13(2): 38-40.

[2] 赵阳, 傅晓海. 掌纹 ATD 角与 21-三体综合症相关性研究[J]. 科技视界, 2016, (24): 59, 121.

[3] Chikkerur S, Ratha N. Impact of singular point detection on fingerprint matching performance[C]//Proceedings of the 4th IEEE Workshop on Automatic Identification Advanced Technologies, Buffalo, 2005: 207-212.

[4] 付佳, 潘伟, 郝重阳. 基于加权平均梯度方向场和改进 Poincare Index 的指纹奇异点检测算法[J]. 计算机应用, 2007, 27(10): 2563-2565.

[5] Nilsson K, Bigun J. Complex Filters Applied to Fingerprint Images Detecting Prominent Symmetry Points Used for Alignment[M]//Biometric Authentication Berlin: Springer, 2002: 39-47.

[6] Bazen A M, Gerez S H. Systematic methods for the computation of the directional fields and singular points of fingerprints[J]. IEEE Transactions on Pattern Analysis and Machine Intelligence, 2002, 24 (7): 905-919.

[7] Zhou J, Chen F L, Gu J W. A novel algorithm for detecting singular points from fingerprint images[J]. IEEE Transactions on Pattern Analysis and Machine Intelligence, 2009, 31(7): 1239-1250.

[8] Liu X W, Pedersen M, Charrier C, et al. An improved 3-step contactless fingerprint image enhancement approach for minutiae detection[C]//The 6th European Workshop on Visual Information Processing. Marseille, 2016: 1-6.

[9] 简兵, 庄镇泉, 李海鹰, 等. 基于嵴线跟踪的指纹图细节提取算法[J]. 电路与系统学报, 2001, 6(3): 1-5.

[10] 吴秀华, 黄兴裕. 掌纹 ATD 角与智力关系的研究: 以大学生为例[J]. 内蒙古体育科技, 2012, (2): 46-48.

[11] 王光辉, 梁毅军, 贺朋令. 视觉皮层中线条检测器的改进算法及应用[J]. 西安交通大学学报, 2000, 34(3): 9-12.

[12] Dass S C. Markov random field models for directional field and singularity extraction in fingerprint images[J]. IEEE Transactions on Image Processing, 2004, 13 (10): 1358-1367.

[13] Neto H V, Borges D L. Fingerprint classification with neural networks[C]//Proceedings 4th Brazilian Symposium on Neural Networks, Goiania, 1997: 66-69.

[14] Gabor D. Theory of communication[J]. Journal of the Institution of Electrical Engineers, 1946, 93(26): 429-441.

[15] Kawagoe M, Tojo A. Fingerprint pattern classification[J]. Pattern Recognition, 1984, 17(3): 295-303.

[16] 陈胜, 李磊. 基于大数据逻辑回归算法的乳腺癌诊断模型研究[J]. 科技经济导刊, 2019, (24): 34-37.

[17] 刘蕾. 基于逻辑回归算法的乳腺癌诊断数据分类研究[J]. 软件工程, 2018, 21(2): 21-23.

总结与展望

本书介绍了从数据采集、特征提取、统计分析到分类判别的完整过程。由于时间和作者水平有限，书中仍有许多不足之处，后续的改进工作主要集中于以下几个方面：

(1)对于数据采集，作者仅到云南省肿瘤医院进行手掌图像的采集，患病组数据明显不足，造成结果对比性不强，个别样本偶然性较大，分类正确率不高。今后将到更多地方采集更多的样本，降低样本的偶然性，使判别结果更具稳定性和可靠性。

(2)在样本图像较少的情况下，采用基于Adaboost增强算法的逻辑回归分类方法，该方法在样本量少的情况下分类较为有效，日后在获取更多的样本后考虑采用神经网络和深度学习来实现疾病的易感性判别，提升分类判别的正确率。

(3)指长比提取方面，在进行手掌图像采集时，由于相机没有统一的固定方法，存在一定程度的倾斜，且对提取的图像没有进行归一化校正，提取结果可能存在一定的偏差。同时指长比特征也仅仅采用传统的圆盘法进行提取，其准确率有待后续使用相关算法来提高。

(4)虽然通过对手掌特征的提取与筛选实现了对乳腺癌易感性的分类判别，但鉴于目前水平有限，只自动提取了4个手掌特征，以后将提取更多的易感性特征来提高分类判别的正确率。

(5)目前许多模块都是分离的，没有形成一个完整的系统。以后需要设计一个完整的系统，将图像采集、特征提取、特征筛选以及疾病的易感性判别模块整合在一起，以方便临床使用，同时也希望能将该系统应用到手掌特征与其他疾病相关性的研究中。